# 宗教学
## キーワード

有斐閣双書
KEYWORD
SERIES

島薗　進・葛西賢太
福嶋信吉・藤原聖子[編]

RELIGIOUS STUDIES

## ●はじめに──この本の特徴と使い方●

### ◆この本の特徴

『宗教学入門』『世界の宗教』などと題した本はすでに数多く出版されているが，本書は，これまでの類書とは異なる新しいタイプのテキストを作ろうという意欲から生まれたものである。それは何よりも，「①知識つめこみ型から問題発見型への転換」「②古典的な事例や理論を踏まえ，最近の事例や理論にも対応」という二点である。

**①問題発見型**　本書はキーワード集だが，中身は単なる語句説明ではない。キーワードごとに，初学者が宗教について疑問を持ちそうなことをまず「問い」の形で提示し，問いかけることで現状に切り込んでいくというスタイルをとっている。専門語をただ覚えてもらうことが目的なのではなく，宗教に対するよくある思いこみに気づき，具体例を通して新しい見方を知ってもらうことをめざしているからである。「カリスマ」や「日本人は無宗教だ」といった，日ごろよく耳にする言葉ほど，思いこみに染まっているものである。そういった言葉を読者とともに考え直すことから本書の各項目は始まっている。

本文部分も，通り一遍の説明ではない。「この語は，○○という学者が○○という書の中で示した○○理論の基礎概念で，～という意味で，○○に影響を与え……」といったとっつきにくい形は避け，専門語や理論を「どう使うのか」を，身近な事例を中心に具体的に示すよう試みた。また，そもそもなぜその専門語や理論が必要とされたのか，なぜ役に立つのかという，根本的なところが伝わるよう配慮した。そこがわからないままに知識を増やしても，頭でっかちになるだけで，学問の力が本当に身についたことにはならないと考えるためである。

このように，「知識の伝達」よりも「自ら考える」よう促すことを目的としているため，話題性や意外性のあるテーマが多くなっている。だが，決してジャーナリスティックな内容ではなく，宗教学という1世紀以上続く研究領域で蓄積してきたさまざまな道具立てを用い，アカデミックに宗

教を分析する手ほどきをする書である。

②**豊富な最近の事例・理論**　一般に教科書というものは，ある程度評価の定まった事例や理論を載せるので，情報が古くなりがちである。これに対して本書は，読者がいままさに関わっている，現代社会のさまざまな問題を優先的に盛り込んでいる。現代人の生活の中で出会う宗教のさまざまな形や宗教が取り組もうとしてきた重い問題，また宗教をめぐって生じる難しい問題が取り上げられている。たとえば，一方ではバイオテクノロジーの急速な発達により「いのち」の境界が揺らぎ，他方で戦争や冷酷な犯罪，不可解な犯罪により「いのち」が蔑ろにされている現在，生命倫理や教育を宗教学の立場からどう考えるかを語っている。

理論のほうも，ジェイムズ・フレイザー，ウィリアム・ジェイムズ，マックス・ウェーバー，柳田國男といった古典から説き起こし，この20～30年のポストモダニズムやポストコロニアリズムやスピリチュアリティ研究の流れまでしっかりとカバーしている。それらの理論をよく吟味し，新たな事例につき合わせ，これからの宗教学の方向性を展望しながら語り直している。高度の学問的論題をわかりやすく印象的に説明することをめざしているので，入門書でありながら，すでに一定の知識がある読書人や専門家にも何らかの発見があることだろう。

◆**この本の使い方**

全体は三部に分けられている。各部は宗教に向けて「問い」を投げかける際の立ち位置を大きく類別している。第Ⅰ部では，広く現代を生きる個々人の生きる場からの「問い」が，第Ⅱ部では，宗教の内側から宗教とは何かを考える姿勢での「問い」が，第Ⅲ部では，宗教に距離をとって客観的に捉えようとする姿勢での「問い」が投げかけられている。自分の立ち位置を振り返り，近づきやすい「問い」から接近してほしい。

それぞれの部や章は問いに導かれて体系的に構成されているので，一つの章，一つの部を通読すればその領域で問題となることがまとまって学べる。もちろん通読していただくに越したことはない。通読すれば，宗教学の全体について基礎的知識がほぼカバーできるはずだ。だが，この本は通読しなくても十分使えるようになっている。ぱっと開いたところから辞書

のように読んでもよい。興味のおもむくままに次々と項目を飛び回れるように，関連項目を **参照するための番号** をつけた。これはインターネットでまず検索をかけてリンクをたどるのに似ている。ただしネットではひどい勘違いや悪意をもって流された誤情報もあるが，本書では安心してあちこちへ飛んでいける。**参照番号**はこんな風に使う。

　　人気のある美容師が「カリスマ美容師」とテレビで紹介されたりする。ところでカリスマというのは宗教社会学の基礎概念なのだ（→ **44**；**44**「権威とカリスマ」の項目へ）。カリスマというのは「超自然的な権威」と言い換えられ，教祖や預言者がもっていると信じられている（もっていなくともよい！）神秘的な賜物をさす（カリスマ美容師だって会ってみたら評判倒れということもある）。この語を学術的に用いたのはマックス・ウェーバーで，とりあえずは「支配の諸類型」を問うという文脈でのことだった（→ **69**；**69**「マナとタブーとカリスマ」の項目へ）。

見開き2頁に1項目という体裁はぎりぎりの量だ。もっと知りたい，物足りないと思う人のために，さらに読み進められるものを用意した。本や論文だけでなく，インターネットで入手できる公文書や公的機関のウェブサイトなども積極的に入れた。それらは以下の二つのカテゴリーに分けて整理してある。**参考図書**——各章の終わりごとに，興味をもったら読んでもらいたい資料を紹介した。**引用・参照文献**——巻末には，執筆にあたって引用・参照した資料などを示した。本文中に気になる言葉や魅力的な表現があったときなど，（**著者名 刊行年**）もしくは **著者名（刊行年）** から引用・参照文献を簡単に見つけられるだろう。

いくつか使い方について示したが，結局のところどんな使い方でもよい。とにかくよく使っていただきたい。そしてこの本が示すキーワードの数々が，また宗教をめぐるさまざまな「問い」が読者にとって少しでも身近にかつ「使える」ものになることを願っている。

2006年7月

編者一同

● **執筆者紹介** （あいうえお順，＊は編者） ●

＊**葛西賢太**（かさい けんた）
　現　職　上智大学グリーフケア研究所特任准教授
　研究テーマ　専門は宗教社会学，宗教心理学，アメリカ宗教史。現代を生きる個人をつなぐ絆としての宗教に関心をもってきた。断酒自助会の研究のほか，人間心理と霊性についての業績あり。
　主　著　『仏教心理学キーワード事典』井上ウィマラ・葛西賢太・加藤博己編，春秋社，2012年。
　　　　　『断酒が作り出す共同性――アルコール依存からの回復を信じる人々』世界思想社，2007年。
　　　　　『現代瞑想論――変性意識がひらく世界』春秋社，2010年。

**黒崎浩行**（くろさき ひろゆき）
　現　職　國學院大學神道文化学部教授
　研究テーマ　専門は宗教社会学，近代日本宗教史。コミュニケーション形態の変化が宗教とどう関わってきたかに関心がある。その視点を，ここ数年は特に神社神道に向けている。
　主　著　「現代のメディア・コミュニケーションにおける宗教的共同性」『構築される信念――宗教社会学のアクチュアリティを求めて』大谷栄一・川又俊則・菊池裕生編，ハーベスト社，2000年。
　　　　　『震災復興と宗教』（叢書宗教とソーシャル・キャピタル4），稲場圭信・黒崎浩行編著，明石書店，2013年。
　　　　　『神道文化の現代的役割――地域再生・メディア・災害復興』弘文堂，2019年。

＊**島薗　進**（しまぞの すすむ）
　現　職　上智大学グリーフケア研究所所長，東京大学名誉教授
　研究テーマ　専門は宗教社会学，宗教人類学，近代日本宗教史。「救済」の理念が人類を魅了してきたわけについて考えてきた。宗教と医療の接点や死生観に関わる領域にも関心がある。
　主　著　『精神世界のゆくえ――現代世界と新霊性運動』東京堂出版，1996年。
　　　　　『時代のなかの新宗教――出居清太郎の世界1899-1945』弘文堂，1999年。

**島田勝巳**（しまだ かつみ）
　現　職　天理大学人間学部教授

研究テーマ　専門は宗教学，西洋中世末期の神学思想。特にニコラウス・クザーヌスの「否定神学」思想を中心に研究している。また，広く神学的言説をめぐる比較宗教学的な関心ももっている。
主　著　「クザーヌスの『知ある無知』における二つの「否定神学」」『中世思想研究』(60), 2018年。
　　　　「「神秘哲学」から「東洋哲学」へ」『井筒俊彦の東洋哲学』澤井義次・鎌田繁編，慶應義塾大学出版会，2018年。

\*福嶋信吉（ふくしま しんきち）
研究テーマ　専門は宗教学，近代日本民衆宗教研究。信心・信仰という営みの構築や実践のあり方に関心がある。現在は，現代における苦難・難儀と民衆宗教との関わりにも関心を向けている。
主　著　「明治後期の『新仏教』運動における『自由討究』」『宗教研究』316, 1998年。
　　　　「〈お道〉として語られる〈宗教〉世界」『〈宗教〉再考』島薗進・鶴岡賀雄編，ぺりかん社，2004年。

\*藤原聖子（ふじわら さとこ）
現　職　東京大学大学院人文社会系研究科教授
研究テーマ　専門は比較宗教学，アメリカ文化研究。現在の研究テーマは「宗教と教育の関係」。授業では，比較の視点を活かしていかに「フェア」に語るかの術を伝えるのに苦心している。
主　著　『教科書の中の宗教——この寄妙な実態』岩波新書，2011年。
　　　　『世界の教科書でよむ〈宗教〉』ちくまプリマー新書，2011年。
　　　　『現代アメリカ宗教地図』平凡社新書，2009年。
　　　　『ポスト多文化主義教育が描く宗教——イギリス〈共同体の結束〉政策の功罪』岩波書店，2017年。

宮本要太郎（みやもと ようたろう）
現　職　関西大学文学部教授
研究テーマ　専門は比較宗教学，民衆宗教論。新宗教教祖，ジェンダーや家族の宗教的意味，聖伝などを研究してきた。現在は，教祖伝の構造や現代社会における救済宗教などに関心がある。
主　著　『聖伝の構造に関する宗教学的研究——聖徳太子伝を中心に』大学教育出版，2003年。
　　　　「聖なる『家族』の誕生」『世界の民衆宗教』荒木美智雄編，ミネルヴァ書房，2004年。

## ●も　く　じ●

序　章　宗教学への入り口 ——————————————— 1
　　*1*　自分と宗教との関わりを振り返る　2
　　*2*　日本社会において宗教とは　4
　　*3*　宗教への三つのアプローチ　6

### 第Ⅰ部　現代の生の現場から問う

第1章　生と死の意味を問う ——————————————— 11
　　*4*　「いのちの尊さ」と宗教　12
　　*5*　いのちの始まりと宗教　14
　　*6*　いのちの操作と宗教と家族　16
　　*7*　死の判定と宗教文化　18
　　*8*　死と向き合う場の喪失と回復　20
　　*9*　死の比較文化　22
　　*10*　死といのちの不可分の関係　24

第2章　生命の循環と継承 ——————————————— 27
　　*11*　神と人と自然　28
　　*12*　人間と自然との関わりを反省する　30
　　*13*　人間形成と宗教　32
　　*14*　家族と宗教　34
　　*15*　共同体と宗教　36
　　*16*　学校教育と宗教　38

第3章　救いと癒しの現場 ——————————————— 41
　　*17*　健康・癒しと宗教　42

- *18* 病・苦痛・障碍の宗教的意味　44
- *19* 宗教性と霊性　46
- *20* 教団制度と求道者　48
- *21* 宗教とボランティア，宗教と社会との関わり　50

## 第4章　差別・暴力・権力と宗教 ——————————————— 53
- *22* 神の属性をめぐる対立　54
- *23* 男性性・女性性と宗教　56
- *24* 宗教的権威の行使　58
- *25* 宗教と紛争　60
- *26* グローバル化と宗教テロ　62
- *27* 宗教の社会行動，宗教NGO　64

## 第5章　政治と宗教の相克 ——————————————— 67
- *28* 政教分離とナショナリズム　68
- *29* 戦死者の慰霊・追悼，モニュメンタリズム　70
- *30* 公共と宗教　72
- *31* 多文化主義と原理主義（ファンダメンタリズム）　74
- *32* 9.11テロ後，パレスチナ問題　76

## 第6章　現代社会における宗教 ——————————————— 79
- *33* 「カルト」と「マインドコントロール」　80
- *34* 原理主義（ファンダメンタリズム）　82
- *35* 宗教のグローバル化とローカル化　84
- *36* 消費社会と聖なるもの　86
- *37* メディア・情報化と宗教　88
- *38* 家郷の喪失・回帰と宗教　90

## 第Ⅱ部 宗教の立場に即して考える

### 第7章 宗教における実践 ——————————— 95
- *39* 身体と聖なるもの　96
- *40* 祈りと瞑想　98
- *41* 祭祀と儀礼　100
- *42* 参拝と巡礼　102
- *43* 信仰と修行　104
- *44* 権威とカリスマ　106
- *45* 教団（教会）　108
- *46* 伝道・布教　110
- *47* シャーマンとプリースト　112

### 第8章 宗教における言葉 ——————————— 115
- *48* 言葉と聖なるもの　116
- *49* 神話と物語　118
- *50* 教義と神学　120
- *51* 声と文字　122

### 第9章 宗教における世界像 ——————————— 125
- *52* 先祖と他界観　126
- *53* 神と他者　128
- *54* 涅槃, 解脱, 空　130
- *55* 夢　132
- *56* 時間と歴史　134
- *57* 終末論と現世利益　136
- *58* 苦難と幸福　138
- *59* 教祖と聖者　140
- *60* 場所と記憶　142
- *61* 都市と文明　144

  *62* 善 と 悪  146

## 第10章　宗教における本質と規範 ——————————— 149
  *63* 神 秘 主 義  150
  *64* 戒律と禁欲  152
  *65* 正統と異端  154
  *66* 正義は普遍的か  156
  *67* 宗教の本質への問い  158

## 第11章　諸宗教の見取図 ——————————————— 161
  *68* 未開宗教・原始宗教  162
  *69* マナーとタブーとカリスマ  164
  *70* アニミズム  166
  *71* 民 族 宗 教  168
  *72* 民 俗 宗 教  170
  *73* 救 済 宗 教  172
  *74* 枢軸時代と歴史宗教  174
  *75* 民衆宗教と新宗教  176
  *76* 市民宗教とナショナリズム  178

### 第Ⅲ部　宗教に距離をとって問う

## 第12章　「宗教」概念と宗教学 ——————————— 183
  *77* 日常的「宗教」概念  184
  *78* 「宗教」概念の近代性と宗教学の成立  186
  *79* 宗教学と哲学・神学  188
  *80* 宗教学と科学  190
  *81* 宗教比較の方法  192
  *82* 類型論（タイプ別比較）  194

## 第13章　宗教を心理において問う ─────── 197

*83* 回　心　198
*84* 宗教体験の普遍性　200
*85* 宗教としての心理学　202
*86* 強さと宗教　204
*87* 弱さと宗教　206
*88* サイコヒストリー，信仰の発達段階説　208
*89* 心霊研究，臨死体験　210

## 第14章　宗教を社会において問う ─────── 213

*90* 巨匠の宗教社会学　214
*91* 巨匠以後の宗教社会学　216
*92* 宗教人類学・宗教民俗学の流れ　218
*93* 宗教の広い定義と「聖と俗」　220
*94* 呪術・占いと宗教　222
*95* トーテミズムと供犠　224
*96* 儀礼と暴力と境界性　226
*97* 宗教的指導者崇拝の歴史と現在　228
*98* 「宗教の進化」という考え方　230
*99* シンクレティズムと神仏習合　232
*100* 世俗化論の妥当性　234
*101* 宗教集団の類型論　236
*102* 機能主義，剥奪理論　238
*103* 象徴と社会　240
*104* 構造主義，二項対立　242

## 第15章　宗教を思想において問う ─────── 245

*105* 宗教多元論とその問題性　246
*106* ポストモダン思想における仏教評価　248
*107* 無神論，ヒューマニズム　250
*108* 神義論（弁神論）　252

*109* 独裁制・陰謀説との比較，進化論批判　254

*110* 二元論，選民思想，聖戦と正戦　256

## 第16章　新しい問いと宗教学 ——————————— 259

*111* 異文化理解とポストコロニアリズムの間　260

*112* オリエンタリズム，アイデンティティ　262

*113* 本質主義，構築主義　264

*114* ハイブリッド，クレオール　266

*115* フェミニズム　268

*116* 「人権」対「文化」　270

## 終　章　宗教学の実践 ——————————— 273

*117* 他者の宗教とどう関わるか　274

*118* 宗教から人間と世界を問う　276

*119* 宗教を生きることと宗教を学ぶこと　278

資料——各種統計でみる世界の宗教の現状 ——————————— 281
引用・参照文献一覧　285
事項索引　　298
人名索引　　307

凡　例

[本文中]
・(著者名 2006) もしくは，著者名 (2006) の西暦は，巻末「引用・参照文献一覧」所載の文献の刊行年を示す。
・『書名』(2006) の西暦は，原著刊行年を示す。
[章末「参考図書」リスト中]
・訳本については，欧文原著刊行年を（原著：○○年）と記した。
・文庫版について，元となる版がある場合は，元となる版の刊行年を（初刊：○○年）と記した。

本書のコピー, スキャン, デジタル化等の無断複製は著作権法上での例外を除き禁じられています。本書を代行業者等の第三者に依頼してスキャンやデジタル化することは, たとえ個人や家庭内での利用でも著作権法違反です。

序　章
# 宗教学への入り口

61 カ国から 1800 人が参加した 2005 年国際宗教学宗教史学会議（IAHR）東京大会（©中外日報社）

　この章ではあなたを宗教学という学問のスタートラインに招待する。宗教学というのは宗教について考える学問のことだが，一般にはあまりなじみのないものである。宗教について書かれたものは膨大な数に上り，ジャーナリストによるレポートや，宗教学以外の学問から言及されたものも豊富に存在する。しかし，その中にあって宗教学の立場から書かれたものはさほど多くは存在しない。つまり，宗教についての情報はかなり豊富にあるものの，宗教学という学問が宗教をどのように捉えようとしているのか，についてはほとんど知られていないというのが現状である。宗教学は宗教に対して，宗教を信じている人やまったく信じていない人，また，ほかの学問の立場から研究している人やジャーナリストとは，ややというかかなりというか，異なったアプローチをとっている。それはまず，自分について振り返るというところから始まる。

> ***1*** 宗教に対して，私たちは何らかのイメージで判断している。それは確かなものなのだろうか？ 一度それについてじっくりと考えてみるのも悪くはないのでは？
> ●自分と宗教との関わりを振り返る

◆**無宗教だから自由にものがみえる**

現代日本社会で生活している人の多くは，自分を「無宗教」であると考えている（→ 77, 107）。

各種の世論調査によれば，何らかの「宗教」や「信仰」をもっている人の割合は約 2～3 割にすぎず，「自分は無宗教だ」という意識を約 7～8 割の人が分け持っていることがわかる。しかも，従来，高齢者になると「信心深く」なると考えられていたところが，近年，その常識は通用しなくなっている。現在の高齢者はすでに宗教離れした世代なのである。

さて，「無宗教」を自認する私たちは，「宗教」の「しばり」から自由であるため，「宗教」を客観的にみることができる，と考えがちである。実際，ニュースなどで世界各地のテロや戦争の現場に熱狂的な「～教徒」たちの姿を認めると，「宗教」の排他性や独善性ばかりが目につき，「無宗教」である私たちのように冷静にものを考えることができればよいのに，などとつい思ってしまう。

このような私たちの考え方には，「宗教を信じていると特定の宗教的考え方にしばられるが，無宗教であれば，宗教を客観的・公平に考えることができる」という前提がある。

◆**無宗教であれば自由なのか**

NHK 放送文化研究所が 2003 年に行った「日本人の意識」調査では，最も「無宗教」である比率の高い若年層において，「宗教や信仰とかに関すること」を何も信じていないと答える人は 26% である。つまり，「無宗教」であると自覚している人のかなりの人が，宗教的な何かを信じているということになる。また，「何も信じていない」という 26% の人々も，宗教に対して何らかのものの見方をもっており，宗教に関して考えたり発言したりするときは，そうした自分の考え方を土台にして行っているはずで

ある。自分の価値観や視点は客観的であり、公平公正であるといえる人がはたしているだろうか。むしろ、自分を「無宗教」であると思っているぶんだけ、宗教に対する自身の偏見に気がつかないのではないだろうか。逆に、たとえ特定の宗教をもっていたとしても、自身の宗教的価値観や偏見を自覚することで、そこから自由なもう一つの目や耳をもつことのできる可能性はおおいにあるはずである。つまり、宗教の有無が、宗教に対する見方の客観性や公平さを左右するわけではないのである。

だとしたら、「無宗教」であり、日頃から宗教についてあまり考えなくてすむ現代日本社会に生きる私たちは、宗教に対する知識や意識が未熟な上に、宗教を主体的に問題にする姿勢をもっていないのだから、むしろ問題が大きいのではないだろうか。私たちは「無宗教」であることに安住しているがゆえに、かえって宗教に対して不自由なのではないだろうか。

◆宗教的な問いとの関わり

私たちは生きている。この地球の自然環境と関わりながら、また、世界や国家、地域をはじめさまざまな縁で結ばれた社会と関わりながら、いのちを受け継ぎつつ、老い、病み、死すべき存在として生きている。そもそもこの生は生きるに値するものなのか。何を目標にして生きていけばよいのか。この私はいま現在、自らの生を自らにふさわしい生として生きているのだろうか。また、自らの生がどのようなものであれば、他者との不和や無理解を超えて、よりよい関係の中で生きていくことができるのか。

生きがいの根を問うこうした問いは、まさに宗教的な問いであり、さまざまな宗教の歴史の中で問われてきた問いである。宗教とはこうした問いのあるところに生まれ、生きられてきた。だとしたら、宗教の有無にかかわらず、自らの生への主体的な問いをもつことによって、宗教について正面から問いかけたり、対話のできる関係に入っていけるのではないだろうか。信仰をするしないにかかわらず、宗教から学ぶこともできれば、宗教の問題を深くみつめつつ人間について考えていくこともできるはずである。

自分が生きるということと、宗教において問われてきた問いとの以上のような関わりをみつめることが、宗教学という探求のスタートラインに立つ一つの条件であるといえるだろう。

〔福嶋〕

**2** お寺や神社がたくさんあるのに,「無宗教だ」と思う人が多いのはなぜだろう。政治や教育などに宗教が登場することはよくないことだと感じるのはなぜだろうか？
●日本社会において宗教とは

　私たちの宗教に関する生きた知識は自分が生まれ育った環境から身につけるしかない。そこで私たちが身につけた知識を反省的に捉え直すには，現代日本社会における宗教の現状，また現代日本人の宗教観の現状がどのようなものかをじっくりと考えてみる必要がある。自らの社会をよくみつめることで，世界の諸宗教を考える入り口に立つことができるはずである。

◆宗教史から捉え直す

　日本社会においては，織豊期から徳川時代に至る転換期に，政治や経済に影響力をもった仏教勢力は急速に後退した。徳川時代の寺檀制度の下で全人民が特定寺院に所属することとなり，〈家〉を基礎とする社会の形成と相まって，仏教は〈家〉の祖先祭祀と深く関わる葬祭仏教として展開することとなった。人々は仏教徒であるとともに，〈家〉が帰属する地域共同体の神社の氏子でもあり，修験道や陰陽道などの影響を受けたさまざまな民俗信仰とも関わり，孝行，勤勉，倹約，謙譲などを尊ぶ通俗道徳思想にも親しむようになった。観光的な寺社参詣や巡礼も盛んとなった。

　こうして日本社会においては，一つの宗教だけが支配的とはならず，人々が複数の宗教伝統と関わるという状況が形成された。そのことは，〈家〉を基盤とした宗教性がほぼ解体した現在も，お正月は神社，結婚式はキリスト教，お葬式は仏教，合格祈願には有名な寺社に参詣し，バレンタインデーやクリスマスを楽しむといった行動へと引き継がれている。こうした宗教との関わりは，日本社会だけの特徴なのかどうかは，東アジアのほかの地域にも目を配りながら，よく考えておく必要があるだろう。

◆宗教と関わる政策

　明治維新以降，日本の諸宗教は大きく分けて二度の大きな政治的転換期を迎えている。私たちの宗教に対するイメージはこれらの時期に受けた変化によるものが大きい。まず，明治政府は近代西欧諸国に対抗しうる近代

社会を形成するために、人々が関わっていたさまざまな信仰世界を、「宗教」とそうでないものとに区別した。前者は信教の自由という近代的な原則の下、国家が公認したものに限定し、後者には全国民が尊崇すべき国民道徳（「宗教」ではない）とされた神社神道と、近代化の妨げとなる「迷信」として抑圧したものなどがあった。宗教は国家による公認のために教団として再編された教派神道、仏教、キリスト教の諸団体に限定された。それらは普遍的な救済を掲げるがゆえに、近代天皇制の下で再編された（神社）神道を奉じる日本国家においては特殊なものとされたのである。

次の転換期は、敗戦後GHQの指導の下に行われた国家神道の解体と、信教自由と政教分離の原則を徹底した憲法の制定である。公認宗教制度が廃止され、宗教活動は結社の自由と相まって国家の介入を受けないこととなった。また、公教育をはじめ行政などの公共の場が特定の宗教と関わることが禁止された。それは国家神道体制への反省からかなり厳格に適用されたため、戦後の知識人の世俗的な宗教観や「新興宗教」への批判的な報道と相まって、宗教のイメージを低下させる結果をもたらした。

◆現代の日本社会と宗教

戦後、伝統的な地域共同体や祭祀の場としての〈家〉は解体していった（→ 38）。宗教は公の場ではばかられる個人的なものという性格を増した。家庭生活や社会生活の場で宗教に関わる知識や技を身につける機会は縮小を続ける一方、宗教に関する情報量は増大している。近代合理主義の価値が疑われるポストモダンとよばれる状況にあって、非合理的なものへの関心は一定の高まりをみせている。このため、例えばテレビ放送などでは、特定の宗教に関わる放送には厳しいしばりがかかる一方で、占い師や霊能者、超能力者などが登場するバラエティ番組は極めて自由に制作されている（→ 37）。宗教教団の活動は常に警戒の目にさらされ、例えば阪神淡路大震災においても、各宗教によるかなりの規模の支援活動が行われたが、それは宗教名を隠したみえないかたちのものが多かった（→ 21）。こうして、現代日本社会に生きる私たちは、生きた宗教がいかなるものであるのかをほとんど知らない状況にある。それははたして健全なことなのかどうか、立ち止まってじっくりと考えてみる必要があるだろう。　〔福嶋〕

> *3* 宗教についての情報は巷にあふれている。もちろん，宗教を信仰している人は体験もあるしよく知っているはずだ。だとしたら，それらと異なる「宗教学」の知とは何なのだろうか？　　　　　　●宗教への三つのアプローチ

　宗教について考えることは色々な立場から可能であろう。ある宗教について，自分の宗教として考えることもあるだろうし，他者の宗教として考えることもあるだろう。宗教を肯定的に評価したり，徹底的に否定することもできる。学問的にも，精神医学，臨床心理学，社会学，政治学，経済学，情報学……などさまざまな領域で宗教を関心の対象とすることがある。このような多彩な考え方の中にあって，宗教を人間によって生きられる身近な現象として正面から捉えようとしてきた宗教学の立場の特徴はどこにあるだろうか。次の三つの側面は特に宗教学らしい特徴を示すものだ。

◆現代の生の現場から問う──苦難・難儀の現場から考える

　私たちは宗教を自分とはまったく別世界のことであるように感じることが多い。聖典を読めば難しい内容が多いし，自分が夢にも実行しようとは思わないことを実践している信徒も少なくない。そこでついつい「宗教」というものが自分自身の生とは無縁な場所に存在しているように思い，遠くから眺めることになりがちだ。しかし，よくよく考えてみると，宗教は一人ひとりの人間によって生きられることではじめて存在するものだ。切実な問題に向き合う人間こそが宗教を支えている。だとしたら私たちが生きているこの現代の，とりわけ苦難・難儀の現場においてこそ，宗教的な生が立ち現れてくるのに気づくだろう。いうまでもなく私たち自身もまたこの現代の苦難・難儀から無縁ではありえない。自分がぶつかってきた，またぶつかるかもしれない苦難・難儀に対して，宗教の現場においてどのような問いや応答がなされているのかに関心を寄せ，現場の声に耳を傾けることは宗教理解の基礎となりうる。それを通して宗教を身近に，生き生きとした姿で理解することができるだろう。また現代の苦難・難儀を捉える私たちの視点を豊かなものにすることもできるはずである（→第Ⅰ部）。

◆宗教の立場に即して考える──他者を通して問う

宗教の外側にいると内側から捉えた宗教の姿を捉えることが難しい。そのことは宗教が人によって生きられているということへの感覚をも鈍らせてしまいがちである。また、近代の知が客観的、合理的であることに価値をおいてきたため、当事者の、ときに論理的整合性を欠く主観的な理解を軽んじる傾向が私たちの知的態度にはある。しかしそれでは、宗教世界の醍醐味を理解することはどこまでいっても困難なままだろう。確かに当事者たちと同じ信仰をもったつもりになれるわけではないし、当事者の語る言葉を鵜呑みにするような表面的な理解でも困る。しかし世界にはどのような宗教が生きられているかの輪郭を知るとともに、それらの宗教が生きられている現場に即して、当事者たちが自らの営みをどう理解し、それをどう実践的に生きようとしているのか、また、世界をどのように捉え、自らの生をどう位置づけようとしているのか、さらに自らの営みにどのような疑念を感じ、それをどう問い直し更新しようとしているのか、などの問いをもって当事者の語る言葉に耳を傾けていくことは、私たちの宗教への理解と問いをより豊かで研ぎ澄まされたものにしていくだろう（→第Ⅱ部）。

◆**宗教に距離をとって問う——学問の方法を用いて考える**

　以上のようなかたちで、宗教と関わる自己への問いや、他者への関心を豊かにすることができると、さまざまな学問が培ってきた分析や理解の方法や技法を、宗教という対象にふさわしいものへとつくり直して、宗教研究を展開していくことができる。それが宗教学の歴史であるといえよう。宗教に対する偏りのない、公平で公正な分析や理解をめざして、人文科学、社会科学のさまざまな成果と関わりながら宗教学は展開してきた。その研究の歴史や、そこで培われた方法を学ぶことで、私たちは宗教に適切な距離をとり、宗教に対する反省的、批判的な思考のあり方を身につけていくことができる。宗教学は大きく分けて、宗教を心理において問う領域、社会において問う領域、思想において問う領域において展開するとともに、宗教を問う学問のあり方、知のあり方そのものを反省的に問い直すという営みが存在する。宗教学が育んできた、宗教に距離をとって問う態度、宗教に対する反省的、批判的な考え方を学ぶことを通して、宗教へのまなざしが豊かになることが期待されるのである（→第Ⅲ部）。〔福嶋〕

●序章参考図書
[入門書]
阿満利麿『日本人はなぜ無宗教なのか』ちくま新書，1996年。
井上順孝『宗教社会学のすすめ』丸善，2002年。
井上順孝ほか編『宗教学を学ぶ』有斐閣，1996年。
『宗教学がわかる。』(AERA Mook 11)，朝日新聞社，1995年。
宗教社会学研究会編『いま宗教をどうとらえるか』海鳴社，1992年。
棚次正和・山中弘編『宗教学入門』ミネルヴァ書房，2005年。
細谷昌志・藤田正勝編『新しい教養のすすめ 宗教学』昭和堂，1999年。
脇本平也『宗教学入門』講談社学術文庫，1997年。

[基本書]
『岩波講座 宗教』全10巻，岩波書店，2003-04年。
『岩波講座 宗教と科学』全10巻＋別巻2，岩波書店，1992-93年。
『叢書 現代の宗教』全16巻，岩波書店，1996-98年。
脇本平也・柳川啓一編『現代宗教学』全4巻，東京大学出版会，1992年。

[事典・辞典など]
荒木美智雄・田丸徳善総監修『図説 世界の宗教大事典』ぎょうせい，1991年。
井上順孝編『現代宗教事典』弘文堂，2005年。
井上順孝ほか編『新宗教事典』(縮刷版)，弘文堂，1994年。
井上順孝ほか編『新宗教教団・人物事典』弘文堂，1996年。
エリアーデ, M.・I. クリアーノ／奥山倫明訳『エリアーデ世界宗教事典』せりか書房，1994年（原著：1990年）。
小野泰博ほか編『日本宗教事典』(縮刷版)，弘文堂，1994年。
佐々木宏幹ほか編『日本民俗宗教辞典』東京堂出版，1998年。
ヒネルズ, J.／佐藤正英監訳『世界宗教事典』青土社，1991年（原著：1984年）。
村上重良『日本宗教事典』講談社学術文庫，1988年（初刊：1978年）。
村上重良『世界宗教事典』講談社学術文庫，2000年（初刊：1987年）。
山折哲雄監修・平凡社編集部編『世界宗教大事典』平凡社，1991年。

第 I 部

# 現代の生の現場から問う

　自分にとって宗教がとても身近だという人もいる。しかし，これまで宗教とはあまり接点がなかったという人も多いだろう。この第I部はそのような人にとっても，実は宗教は遠い事柄ではないと思われるような問題領域を取り上げている。たとえば，身近な人の死はほぼすべての人が経験することであり，自らの死のことをまったく考えない人もいないだろう。しかし，一度，死をめぐる文化や思想にまで思いをめぐらすと宗教に近づいていかざるをえない。死だけではなく，いのち，癒し，差別，暴力，国家，「カルト」問題など現代の苦難・難儀と関わる話題を通して，日常生活のすぐ隣にある宗教の領域に問いを向けていこう。

# 第1章
# 生と死の意味を問う

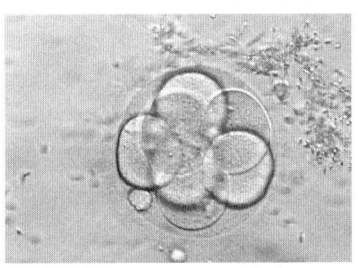

（国立成育医療センター・不妊診療科・齋藤英和氏提供）

　多くの宗教が共通の関心を分けもっているのではなかろうか。「いのちの尊さ」や「いのちの源泉への畏敬の念」や「いのちの侵害へのおそれ」はその一部だ。また,「死を超えるいのち」や「死の向こうにあるもの」や「死者をともに悼むふるまい」もその主要な部分に含まれるだろう。人類史とともに古い, この「生死の意味を問う」試みは, 近年, 新たなチャレンジを受けている。科学技術の発展と個々人の自由の領域の拡大により, 新たに「生命倫理」をめぐって難しい問題が噴出する時代となった。それはまた,「いのち」と「死」をめぐる謎が, 狭い意味での「宗教」の枠を超えて, 広く問い直されるようになってきたことをも意味する。「死生観」と「生命倫理」は現代宗教学の中心的な課題の一つになっている。

### 4 宗教は人のいのちを尊び，その源泉に深い敬意を捧げるが，他方，ときにいのちを軽んじるようにもみえる。それはなぜか？　●「いのちの尊さ」と宗教

「生命」と書かずに「いのち」と書くのはそこに尊いもの，授かるもの，偉大な力を与えられるものといったニュアンスが込められるからだ。アメーバのような単細胞生物も雑草やゴキブリも，自分の親や子どもや最愛のパートナーも「生命」ということでは同じだが，その尊さにはとほうもない違いがある。人間の体の一部は本体から切り離しても生命を保つことがある。卵子や精子は試験管の中でも生きていて，そこから十全ないのちが生まれる。細胞の中にはいのちの大事な部分がある。だがそれらを尊ぶといっても限度がある。まったき人間のいのちは比較を絶して尊い。

◆尊いいのちの源

多くの宗教は個々の人間のいのちの尊さをそれぞれに理由づける。神はいのちを与える存在という性格をもつ。自分のいのちの本となった親が亡くなると先祖として尊ぶというのは日本人にはわかりやすい。多神教の神々もそれぞれにいのちを与える存在とされることが多い。例えば，田の神や産土神は稲やほかの作物のいのちを産み出し，それによって人を生かす存在だ。宇宙の中心であるような大文字の神（God）の場合，いのちの源という性格は明確だ。唯一の神とはすべてのいのちの大本ともいえる。こう考えると，いのちの源を尊ぶことが宗教の重要な性格の一つだといってよさそうだ。特に諸宗教はいのちが個々人の自律的な意志やコントロールの範囲を超えたものであることに注意を促す。わかりやすい表現を用いると，「自分で生きているのではなく生かされているのだ」とか「いのちは授かりもの」というような考え方だ。

もっとも神の偉大さが強調されるようになると，それに比べて人のいのちの尊さはとるに足らぬものと考えられるようにもなる。現実の人のいのちよりも高次のいのちがあると信じ，現に与えられたいのちを比較的軽いものとみようとする。これも宗教が宿しやすい特徴の一つだ。「永遠のいのち」を信じるという立場では，天国・浄土や輪廻を繰り返すいのちに対

して，いまのこの世のいのちは相対的に軽いものとして遇されることにもなる。仏教ではいのちにつきものの煩悩の火が消える「涅槃」をめざす。この場合，この世のいのちへの執着は涅槃の妨げともみられる。このように，宗教は人のいのちをいつも絶対に尊いとするわけでもない。

◆いのちを捧げるということ

「人を殺してはならない」とは，多くの宗教の主要な掟の一つである（→ 64）。ところが「供犠」つまり「いのちを捧げる」行為も，宗教の深層をなすものらしい。もちろん人身供犠はまれである。だが，殉死や殉教など自らのいのちを投げ出す行為には，与えられた現実のいのちを軽んじる意味が含まれていないとはいえないだろう。仏教では「捨身供養」といって，自己のいのちを犠牲にしてほかの生き物を生かすことを究極の慈悲とみなすこともある。聖戦によって，あるいはオウム真理教のように「ヴァジラヤーナ」の教えによって他者のいのちを奪うことを正当化する言説がでてくるのも宗教の犠牲肯定に根がある。現実の人のいのちを超えた偉大ないのち，例えば神や仏，また来世でのいのちを尊ぶことと深い関わりがある。

個人のいのちが軽んじられるのは，集団や共同体のいのちが重んじられるからではないか。いのちの源は先祖とか「大自然」とか神とか目的をもたぬ生命意志であると信じられているが，実際にはそれは集団のことではないか。この見方によれば，「いのちを捧げる」行為とは実は集団の永遠性に投資することだということになる。だが，集団のいのちの存続のために個々人のいのちが軽んじられるような人類社会のあり方に，根底的な疑問を投げかけるというのも宗教の働きの一つだろう。いのちの犠牲という暴力が集団存続の基盤にあるのがこの世の生のあり方だとすれば，それを超えた生のあり方とはどのようなものかを追求しようとするのだ。

「いのちを尊ぶ」ということには，「与えられた個々のいのちを尊ぶこと」「現実のいのちを超えたいのちを尊ぶこと」「個々のいのちに集団のいのちが優先すること」「そうしたいのちのあり方を超えようと願うこと」などが含まれる。こんな事情だから，「いのちを尊ぶ」とは何かという問いに鮮やかな答えはなかなかだしにくい。　　　　　　　　〔島薗〕

> **5 胚や胎児は，殺してはならない「人」なのか？ 信心深い人が多かった過去の時代に，堕胎が多かったのはなぜか？**　●いのちの始まりと宗教

個々人のいのちと個々人のいのちを超えた大いなるいのちの関係はさまざまだが，「いのちを尊ぶ」ことは宗教の根幹に関わる。だから，人を産むこと，人が生まれてくることは宗教にとって極めて重い関心事だ。子どもが生まれると喜びに包まれて宮参りをしたり（神道），洗礼の水を注いだり（キリスト教）する（→ 41）。

◆まだ人ではない？

だが，生まれくるいのちが歓迎されないこともある。親がいま生まれてくる子どもを育てるのは好ましくないといって，生まれくるいのちを「除去」することがある。卵子と精子が合体して受精卵ができてから生まれるまでを「胚」とよび，人の形をとるようになってから生まれるまでを「胎児」とよぶことが多い。胚（embryo）から胎児（fetus）に変わるという言い方もできるし，ある段階以後の胚を胎児とよぶという語法もある。

流産で受精卵（胚）や胎児が消失（死亡）してしまうことは少なくない。だが，人工妊娠中絶（堕胎）となるとこれは「殺害」ではないかという疑念が生じる。生まれてこようとして育っていたいのちがなきものにされるのだ。現代のキリスト教徒の保守派（カトリック教会やプロテスタントの福音派）はそう考えて，妊娠中絶反対を唱えている。母胎の中のいのちを尊ぶことを主張するので，「プロライフ」派とよばれている（→ 31, 107）。

これに対して，子どもを産むか産まないかは親が選んで決める権利をもつ，特に女性がその権利をもつという考えもある。「プロチョイス」派の立場だ。では，生まれくる人のいのちを断絶してもよいのか。ここで登場するのが，「まだ人ではない」という論理だ。ある段階までの胚は，まだ自己意識をもっていないから人格をもった人間ではない。受精卵という細胞から人格をもつまでの萌芽的ないのちは「人」以前のものなので，ある段階（例えば25週）までの中絶は「人を殺してはならない」という宗教的な掟に背くことにはならないとする。

◆**集団のいのちを尊ぶ**

近代化前の社会では堕胎どころか，飢饉のときなど間引きする（生まれた赤子をすぐ殺してしまう）ことさえあった。日本の近世などもそうだ。人口が増えれば老若男女が悲惨な飢えに苦しみかねない。無理な中絶は母体を脅かす。ならば間引きのほうがよいという判断もあっただろう。では，これは「いのちを軽んずる」行為なのだろうか。

近世後期以降，仏教宗派や政府は間引きや堕胎を禁ずる姿勢を強めていく。これは生まれくる一人ひとりのいのちを尊ぶ考え方である。だが，その背後には人口増加政策もあった。政府は人口増加を集団の力と考え，促進することがある。個々のいのちを尊ぶ動機は敬虔な宗教心・道徳心によるものであっても，攻撃的な集団意志と歩調を合わせることもある。

一方，人口増加が起こりにくかった地域では，人口増加を恐れて堕胎・間引きを行ったとしても，なきものとされるいのちを慈しむ気持ち，尊ぶ気持ちが欠けていたわけではない。日本の場合，始まりかけの小さないのちに対して，しばらく近くのあの世に帰っていてもらい，改めて生まれ直してもらうという考えがあった。生まれ変わるいのちはだいたい同じ家に生まれてくると考えることが多かった。これは個々のいのちが集団のいのちと融合しているとする信仰と結びついている。

そこでは生まれくる小さないのちは軽んじられているようにみえることもある。少なくとも現代人の目からはそうみえる。だが，現代人も国家や神のためにいのちを投げ出すことはある。個としてのいのちを尊ぶという考え方は現代人の倫理に欠かせないものだが，いつも絶対の力をもっているわけではない。

日本では 1970 年代以降，水子供養がたいへん盛んになった。現代人は胚のいのちに対して，以前より強く意識するようになった。一つには科学技術の発達のおかげで，現代人は子宮の中にいる胎児の姿を目の当たりにすることができるようになったからだ。また，現代日本人は以前ほど集団のいのちの一体性や永続性を信じられなくなっている。先祖のいのちの集合体よりも，個々のいのちへのいとおしみが強くなってきているのだ（→ *15*）。

〔島薗〕

## *6* クローン人間は授かりものか？

●いのちの操作と宗教と家族

◆生命操作と宗教

2002年12月,スイス人クロード・ラエルが始めた新宗教,ラエリアン・ムーブメントの関連団体,クロネイド社がクローン人間を誕生させたと発表した (→ *109*)。実際どうかはわからないが,この宗教教団がクローン人間をつくることを熱心に主張してきたのは確かだ。子どもができずに悲しんでいたカップルに子どもができるのは善だ。また,これによって自分の遺伝子を次世代にも生かすことになり,人類が永遠のいのちを獲得する第一歩だという。オウム真理教の「尊師」麻原彰晃が自らのクローンをつくるのだと公言していたことも思い出される。

これらは特異な宗教集団の例にすぎないかもしれない。クローン人間は世界中で禁止の方向に動いているが,ほかにも生命科学を発展させ,人間の願望を満たす方法が次々に開発されている。薬で感情を自在にコントロールしたり,自分の意志に合った子どもをつくったり,また,クローン技術や受精卵を用いて新しい治療法を開発するために,生命科学と医療技術を利用することに大きな期待がかけられている。

体外受精でつくられた受精卵の遺伝子を調べ,親の希望に合うものだけを子宮に着床させる着床前診断も行われ始めている。人の遺伝子を入れ換えてもっと健康な体をつくろうとする遺伝子治療や,動物に人間の臓器をつくらせることまでめざす再生医療も科学者の研究課題に入ってきている。

ラエリアン・ムーブメントやオウム真理教のような一部の新宗教は肯定的だったが,多くの宗教教団はこうした医療革新が引き起こすかもしれない,いのちの操作の行き過ぎを警戒しており,生殖技術の拡充や胚の研究利用や遺伝子操作に批判的である。

カトリック教会やプロテスタントの保守派は神によって創造され,神からいのちを授けられている人間が,勝手に自分たちの手近な都合でいのちをつくりかえようとしているとみて,「神を演ずる」(play God) ことを人

のいのちの尊厳への冒瀆として批判する。

◆**家族を通して授かるいのち**

　ラエリアン・ムーブメントとオウム真理教に共通にみられるのは、家族への不信である。人間には男と女の両性があり、セックスを通して子どもが母体に宿り、生まれた子どもを母と父が育てる。人のいのちが受け継がれていくのはこの家族の営みがあるからだが、ときにその家族が人を束縛したり、集団を守って個や他者を排除したりする原因をつくる。だから、宗教はときに家族を否定して、独身や僧院での修行生活を勧める。「家族からの自由」を求めるのだ。

　家族を通してこそ尊いいのちは授かり、育つ。だからこそ、宗教は家族の秩序、親子の絆を重んじるように促す。その一方で、家族や親子の絆を超えた「永遠のいのち」を求めるようにも説く。どちらにしても家族へのこだわりがかつての宗教の根底にあった。だが、現代の生命科学と医療技術の発展により、人のいのちにとっての家族の地位が副次的なものになる可能性がある。家族を通して神（仏・神々）から授かったはずのいのちが、人間のさまざまな意図によって操作を加えられ、デザインされたものになろうとしている。女性同性愛のカップルが精子をもらって子どもを得ようとしたり、クローン技術を用いて独身女性が子孫を残そうとするのはその例だ。臓器を再生できるようになってますます長寿が進み、子育て後の人生が長くなれば、親子関係が重要である期間が人生の中で相対的に短くなる。社会の中で親子を基軸とする家族の意義は弱まるだろう。

　別の危険は、親が自分の都合に合った子どもを「つくろう」とする傾向だ。障害者を生まないように胚を選別する医療はすでに始まっている。インドや中国や韓国では男の子の数が相当多くなってきているが、今後は体力や知力を考慮に入れた選別が行われるようになるかもしれない。

　これらは家族と親からあるいは目に見えぬ何ものかから尊いいのちを授かるという意識を脅かすものだ。人のいのちを意図的につくったり、つくりかえたりできるようになると、宗教が提供してきた秩序感覚や奥深い安心感が失われていくのかもしれない（→ *14, 15*）。

〔島薗〕

## 7 脳死が人の死だという議論に，日本で反対論が強いのはなぜか？　宗教文化は生命倫理の判断にどう関わるか？
●死の判定と宗教文化

　心臓や肝臓を移植するには，脳死の段階の臓器を取り出さなくてはならない。脳死がもし人の死でないとしたら，まだ生きている人から臓器を取り出すことになる。臓器移植を進めるには「脳死が人の死だ」とする必要があった。世界で初の心臓移植が行われたのは1967年だったが，その年にアメリカのハーバード大学は脳死の定義を検討する委員会を設置し，翌年には脳の障害による「不可逆的昏睡」，つまりもはや意識といのちが元に戻ることがない状態を脳死として新たに死を定義することになる。

### ◆脳死をめぐる文化の違い

　欧米では脳死は人の死であるとし，脳死判定による臓器移植を積極的に進めようとする世論が強く，脳死をめぐる議論はさほど真剣にはなされなかった。宗教の立場から生命操作に厳しい態度をとっているカトリック教会が脳死・臓器移植については賛成で，推進派であることも影響していよう。欧米では臓器のドナーとなるように人々に勧め，人のいのちを救うために善意で自分の臓器を提供することを倫理にかなったことと考え，それを「いのちの贈り物」と捉える。

　ところが日本では，脳死を人の死とする死の定義に対して，強い反発が生じ，長期にわたって立ち入った論議がたたかわされることになった。1980年代の半ばから行われてきた議論の一応のまとめは，92年にいわゆる脳死臨調（臨時脳死及び臓器移植調査会）が首相に答申を提出し，これに基づき「臓器の移植に関する法律」が施行されたのは，ようやく97年のことである。

　これによって一応脳死による臓器移植は行われることになったが，脳死を人の死とするという死の定義は採用しなかった。「脳死した者の身体」という概念を用い，そこから臓器を取り出すことはできるとしたが，それが「人の死」であるとはしていない。これは脳死が人の死であるというコンセンサスが得られなかったという事態を反映している。そして，法律の

施行後も脳死による臓器移植はあまりはかばかしく行われていない。脳死・臓器移植はたいへんよいことだという認識が乏しいためである。

◆脳死批判の理由と宗教文化

「脳死が人の死だ」とする推進論に反対する根拠は何か。そこに日本的な宗教文化が反映しているようだ。まず、医療の都合で人の死の時点を決めてしまおうとすることへの反発がある。これまでの死の定義では、心臓の停止が決定的な意義をもつが、これは体の機能全体の停止につながるので違和感がない。ところが脳死の段階では心臓が動いているので体は動いているが、それを人の死とするのは機器を用いた医師の判定だ。死は見送る人のみえないところで起こることになる。

そもそも死とは生理学上の出来事なのだろうか。医学や生命科学の基準ではそうなろう。しかし、死とは人と人との間の出来事でもある。生者とやりとりしながら、境を隔てて死へと移りゆくプロセスの中にこそ、死があるのではなかろうか。脳死判定された人には温みがあり、家族はその人に話しかけたいという気持ちをもち、それに応答するかにみえることさえある。この二人称的な関わり合いと、その中での死の経験こそいのちの尊さの感受に深い関わりをもつ——こう論じられる（→ 80）。

また、からだが生きていても脳が死んでいれば死んだとみなすというのは、意識や理性中心に人間をみる見方によっており、体を軽んじているように思える。このように精神と身体を二分し、前者にこそ人間の本質をみるという考え方はキリスト教や西洋文化の伝統では当然なのかもしれないが（→ 106, 107）、精神と物質、心とからだを不可分のものとする日本の宗教文化にはなじまない。

日本人は自然の中にも聖なるいのちが宿るというアニミズム的な感性をもっている（→ 11）。生き物と人の間、環境と人との間に絶対的な断絶があると考えないし、人間の主体性の中心に位置する精神と、精神に支配されるべき体との間に断絶があるとも考えない。脳の死こそ人の死というのは実感に合わない。そもそも脳死体からの蘇生が絶対にないとは証明できない——こうも論じられる。さて、読者の皆さんはどうお考えだろうか。

〔島薗〕

## *8* 近代人はなぜ死と向き合うことを避けてきたのか？死と向き合う心構えを養うにはどうしたらよいか？
●死と向き合う場の喪失と回復

　近代化が進む以前の社会では、人々は子どもの頃から死を身近に経験して育った。家族や近隣の人の死は家の中や周りでたびたび起こり、葬式の行列にはよく慣れており、お盆などの慰霊の行事にもよく親しんでいた。宗教者との交流も頻繁で、あの世の消息も儀礼や物語や所作を通していつしか感じ取っていた。また、若くして病気で死ぬことは少なくなく、兄弟姉妹や遊び友達の死も経験しながら育った。何教、何宗と意識するわけではないが、宗教的な死生観は皮膚から染み込むように身についていった（→ 38, 39）。

### ◆隠される死

　近代化が進むと人々は死から遠ざけられていく。1905年生まれのイギリスの人類学者、ジェフリー・ゴーラーは子どもの頃、第一次世界大戦を体験したが、身近に多くの死者がおり、死にどう向き合えばよいか自然に倣い覚えることができたという。ところが、63年、イギリス住民にインタビュー調査を行うと、多くの住民が、自ら出会った身近な人の死について、自分の子どもにどのように話してよいか困っている様子が明らかになった。死を迎える作法が、また死の悲しみを表現し察する手掛かりが失われてきたのだ。この世で欲望をみこし、善を成し遂げることに熱心な近代人にとって、死は単に意味がない不吉なものであり、隠しておくべきものだという態度が広まるようになったという。

　この変化が起こった一つの理由は、「死んだら天国に行く」といった宗教的な他界観（→ 52）が疎遠なものになり、また、親族や地域の交わりの中で死の習俗に親しむ機会が減ったことによっていよう。もう一つの理由は近代医療の発達と関わっている。

　19世紀後半、近代医学は大成功を収め、コレラや天然痘などの感染症の克服が急速に進んだ。20世紀に入ると衛生や栄養状態の改善も加わり、結核や脚気も克服されて、平均寿命は目覚ましい勢いで延びていくことに

なった。みなが長生きするようになり、また家族生活の規模が小さくなり、核家族が増えていくと、当然のことながら子どもの頃から中年に至るまで、死者を見送ることが少なくなる。たまたま見送る死者がでる場合も、死者は家の「畳の上で」死ぬのではなく、病院のベッドの上で死ぬ割合が高まっていく。これでは、死が隠され疎遠なものになるのも当然だろう。

◆死と向き合う医療と教育

　死と向き合うすべを知らない近代人。このことが自覚されるようになると、新たに死に向き合うすべを生み出そう、また学ぼうとする試みが育ってくる。その代表的なものはホスピスであり、緩和ケア（終末期介護）である。病院と近代医療はひたすら病人を治療し、健康な体に戻すことに力を注いできた。すべての患者は健康になって退院するという想定の下に受け入れられているかのようだ。

　だが、実際には確実に病状が死に向かって進んでいく患者もいる。そうした患者に対しても「生命の質」（QOL：quality of life）を高めるケアが必要である。1967年にイギリスでシシリー・ソンダースが現代ホスピスを始めたのは画期的な出来事だった。同じ頃、エリザベス・キュブラー＝ロスは死にゆく人々の揺れ動く心を活写した『死ぬ瞬間』（原題は『死と死の過程について』）を刊行した。アメリカでは61年には90％の医師が患者にがん告知をしなかったが、77年には97％の医師が告知するようになった。自分の死には自分で向き合うという考え方が優勢になってきたのだ。

　死を看取る側の心のケアにも注意が向けられるようになった。親しい人を失った人が語り合うグリーフワークの集いももたれるようになった。子どもの頃から死について学ぶ機会を設ける「死の準備教育」（death education）の試みも増えている。「死に向き合う」場を提供するという、かつて宗教集団が果たしていた役割は、いまではこうした形態に移行しようとしている。現代の市民はこうした場に出会ったり、自ら情報を集めたりしながら、自分なりに死に向き合う仕方を模索するよう求められている。映画や小説やマンガ作品も役立つかもしれない。かつては宗教組織や伝承文化を受け入れていくうちに自然に養われたものを、現代人はこうして自分のうちに、自分なりに育てていくのだ（→ 36, 37, 89）。　　　〔島薗〕

> **9　死後の霊魂の存続を信じる人は減っているか？　死んだらすべてはなくなってしまうのだろうか？**
> ●死の比較文化

### ◆死後の生についてのさまざまな考え方

　霊魂からの働きかけをはっきり感じたという人がいる。死者があの世から語りかける声が聞こえたり，夢の中で自分の意志を伝えてきた。だから，確かにいまも故人の霊魂は存在しているという。他方，そのような信念は錯覚に基づくもので，とるに足りない迷信だという人もいる。もっともそう考える人のすべてが，霊魂は存在しないと考えるわけでもない。死者の魂は遠い天国や極楽浄土で永遠の安らぎを得ており，地上のあれこれのことに思い惑ったりしないという立場もある。安らぎを信じるのは，地獄で苦しみ続けるのを恐れるのと裏腹のものなのだが。さらに，死んだ後に魂は生まれ変わるという人もいる。魂は何度も生まれ変わり，いつも人に生まれ変わるという信仰も，動物などに生まれ変わるという信仰もある。

　魂は身近な他界にとどまり，ときにこの世に来たり働きかけたりするという信仰，永遠の生を得て究極の救いを得る，あるいは永遠の苦しみに堕ちるという信仰，そして何度も生まれ変わる輪廻転生の信仰は，それぞれアニミズムやシャーマニズムや民俗宗教，キリスト教やイスラーム，ヒンドゥー教や仏教の死生観，霊魂観として現れている（→ 47, 70-73）。これらすべてを信じるに足りないと考える人は，第二次世界大戦後，確かに増えただろうが，大多数になることはない。

### ◆現代人も死後の生の観念に関心をもつ

　だが，実際に人がどのように行動しているかという方面からみると，変化は小さくないかもしれない。かつてと比べて死者の霊の近くにともにいるという感覚は薄まってきている（→ 38, 52）。日本の場合に限定していうと，これは家族生活の中に死者が常在しない家庭が増えてきたという理由が大きい。家の墓や仏壇といっても，同じ家の系譜を受け継いできた先祖代々を祀る，供養するという意識は弱くなっている。将来，自分の霊魂が子孫に祀られ，供養されるだろうという期待をもたない人が増えた。結

婚しない人，子どもがいない人なら，当然ともいえる。

一方，お通夜や葬式，あるいは法事はますます簡略になってきた。地域社会に

表1　死後の霊魂を信じる／信じない人の割合

|  | 1952年 | 1994年 |
|---|---|---|
| 死後の霊魂を信じる | 54.6% | 43.8% |
| 信じない | 18.2% | 23.0% |

(出所)　読売新聞社，世論調査 (1994)

あったお盆行事などは，真剣になされるというより，形式的になされる例が増えている (→ 41)。僧侶の唱えるお経や引導が死者を成仏させるといった意識は力を失っているようだ (→ 48)。とすれば，確かにあの世のリアリティは薄れてきているのではないか。

確かに家族・親族や地域社会の絆を基盤とした死の儀礼は力を弱めている。しかし，かわって新たに霊魂の存続を感じさせるような観念やイメージが広まってきている。臨死体験はその一つだ。事故や大病で死に直面した人がどうにか生き延びた後，その体験を語った話を集めてみると，死後の世界がみえたという話が多い。しかもその内容がよく似ている。そして，この臨死体験に出会った人はあまり死を怖がらなくなる。アメリカの医師，レイモンド・ムーディ，Jr. が臨死体験の話を集めた本を著したのは1975年だが，その後臨死体験は世界中で注目されるようになった。

関連する別の例は，輪廻転生の観念である。死んだ後，別の人や生き物となって，また生まれてくるというインド的な死生観が，新たに先進国住民に歓迎されるようになった。輪廻転生の観念はいまの生での家族などの絆を，いまの一生だけの一時的なものにすぎないとみなすわけだから，孤独な個人の意識に受け入れられやすい。はじめにいくつかあげた死後の生の考え方のうち，現代の先進国では輪廻転生が力を得ている気配がある。

自分自身の経験からこの問題を考えると，「これだ」とはいいにくいかもしれない。多くの人は自分がどんな考えかはっきりいえない，あるいはいいたくないと感じるかもしれない。それでも，死後の霊魂の存続という観念にまったく無関心ともいいにくいのではなかろうか。少なくともそうした観念を用いた物語には心をひかれたりする (→ 52, 89)。　　〔島薗〕

## *10* 宗教はなぜ死に向き合うことを教えるのか？　死に向き合うことが大切なのはなぜか？
●死といのちの不可分の関係

### ◆いのちのはかなさ

　諸宗教の中には，「死を忘れるな」「死をみつめて生きよ」と説くものが多い。浄土教徒にとっては，死によってこそ極楽浄土への往生が現実のものとなるという信仰がある。欲と苦に満ちたこの娑婆世界を離れて，阿弥陀仏のもとに迎え取られて究極の安らぎに至るわけだから，それは一生のすべてにまさる重要なときなのだ。

　生前の行為の善悪をもとにして，死後にその後の運命を決める重大な裁きがあると信じる場合も，死をみつめて生きることは大切だ。天国の喜びとともに地獄に堕ちる恐怖を思い起こし，宗教的な善を積み上げて生きていくことを促すだろう。死後の審判や死後の究極の救いを信じるという立場からは死をみつめて生きることはごく自然なことである。

　だが，死後の審判，極楽浄土や天国での救いを強く信じるというわけではない人の立場からはどうだろうか。死が近いことを知らされた人のことを想像してみるとよい。多くの人は死に直面すると，これまでしなかったような仕方で自己を振り返り，人生の意味を考え直すだろう。限られた最後の時間を生きようとすると，ときの過ごし方，他者への接し方が変わってくるだろう。小さなことに惑わされたり，他者の思惑を気にしたりすることなく，真剣で覚悟の据わった日々を過ごそうとするかもしれない。少なくともそうしたいと願う人は多いだろう。

　思えば人間の一生の時間には限りがあり，日々の経過がかけがえのない一瞬，一瞬のはずだ。死へと歩んでいく者という自覚をもつと，何気なく見過ごしてきた自己のいのちの，また他者のいのちの奥深い意味がみえるように感じる。いのちのはかなさの自覚であり，死とともに生きるという事実への覚醒である。仏教の言葉でいえば，無常の自覚ということになる。

　これはいのちの充実や喜びと裏腹にあるものだ。欲望充足の反面には苦痛や悲しみがある。いのちの誕生，成長，若さの謳歌の陰には，死と老い

と病とがある。いのちが尊いと痛切に感じるということは、いのちとその充足が、死や苦難や暴力や衰滅とともにあるのを知ることでもある（→ *18*）。

### ◆死と宗教

「死に向き合って生きる」ことをこのように「救い」から切り離して考えていくと、「宗教」だけでなく、人間誰でもが関わり合わざるをえないこととして現れてくる。神仏や他界（天国・地獄・あの世）を信じなくても、人は死に向き合い、そうすることで、与えられたいのちをより十全に生き抜きたいと考えるようになりうる。死に向き合わずに生きているとすれば、人間が与えられた条件を無視して、真実から目をそらして生きていることになる。「宗教」を信じなくても、死を自覚した本来的な生き方はできるだろう。大戦の世紀だった 20 世紀に人々がよく耳を傾けた実存主義者たちは、それこそが人間本来の「実存」に立ち返ることだと考えた。

これは理性をもち、自立した人間にふさわしい勇気ある立場にみえるが、実際に個々人が「死に向き合う」道を求めようとすると、多くの場合やはり宗教に目を向けることになる。例えば死者を送り、死者を追悼するということを考えよう。一人でなすにせよ、他者とともになすにせよ、死者を偲ぶには作法が必要と感じられるだろう。「向こう側にいる」存在に思いをこらす作法を人はどのようにして身につけるのだろうか。かけがえのない親しい他者の死がもたらす測り知れない悲しみ。その悲しみを入れる器として、聖典や神話に基づく語り、宗教建築のたたずまい、宗教音楽や宗教美術の慰めは大きな力となる。「理性」自慢の現代人も、それらなしに自力で死に向き合えると胸を張れるほど、みな一様に芯が強くはないらしい。「究極の救い」が強く信じられるようになると、「聖戦」や殉教に躊躇しない人もでてくる。「武士道と云は死ぬ事と見付たり」（いつでも死のうと覚悟することこそ武士道精神だ：山本常朝『葉隠』1716 年）というように、潔い生き方のために死が強いて持ち出されるのもちょっと構え過ぎで強がっているようにも思えてくる。宗教で死が神聖化されるとついていきにくいと感じる人も、かといって宗教なしで死と向き合うのがよいと断言するのも容易ならぬことのようだ（→ *29, 52*）。　　　〔島薗〕

●第 1 章参考図書
[入門書]
井上治代『墓をめぐる家族論――誰と入るか，誰が守るか』平凡社，2000 年。
小松美彦『死は共鳴する――脳死・臓器移植の深みへ』勁草書房，1996 年。
立川昭二『日本人の死生観』筑摩書房，1998 年。
波平恵美子『いのちの文化人類学』新潮社，1996 年。
フクヤマ，F./鈴木淑美訳『人間の終わり――バイオテクノロジーはなぜ危険か』ダイヤモンド社，2002 年（原著：2002 年）。
森岡正博『脳死の人――生命学の視点』（増補決定版），法藏館，2000 年。
脇本平也『死の比較宗教学』岩波書店，1997 年。

[基本書]
アリエス，P./成瀬駒男訳『死を前にした人間』みすず書房，1990 年（原著：1977 年）。
有元正雄『真宗の宗教社会史』吉川弘文館，1995 年。
荻野美穂『中絶論争とアメリカ社会――身体をめぐる戦争』岩波書店，2001 年。
香川知晶『生命倫理の成立――人体実験・臓器移植・治療停止』勁草書房，2000 年。
加藤尚武・飯田亘之編『バイオエシックスの基礎――欧米の「生命倫理」論』東海大学出版会，1988 年。
キュブラー＝ロス，E./川口正吉訳『死ぬ瞬間――死に行く人々との対話』読売新聞社，1971 年（原著：1969 年）。
教皇ヨハネ・パウロ二世/裏辻洋二訳『いのちの福音――教皇ヨハネ・パウロ二世の回勅』カトリック中央協議会，1996 年（原著：1995 年）。
小松美彦・土井健司『宗教と生命倫理』ナカニシヤ出版，2005 年。
ゴーラー，G./宇都宮輝夫訳『死と悲しみの社会学』ヨルダン社，1986 年（原著：1965 年）。
島薗進『いのちの始まりの生命倫理――受精卵・クローン胚の作成・利用は認められるか』春秋社，2006 年。
ジャンケレヴッチ，V.・F. シュワップ/原章二訳『死とはなにか』青弓社，1995 年（原著：1994 年）。
千葉徳爾・大津忠男『間引きと水子』農山漁村文化協会，1983 年。
ボウカー，J./石川都訳『死の比較宗教学』玉川大学出版部，1998 年（原著：1991 年）。
ムーディ，R. A. Jr./中山善之訳『かいまみた死後の世界　よりすばらしい生のための福音の書！』評論社，1977 年（原著：1975）。

第 ❷ 章
# 生命の循環と継承

石川・岐阜両県県境にある白山。山頂まであと一歩のところに祈禱所があり、山全体が神聖なものとかつて信じられていたことがわかる。

　私たちがいま生きている環境は、私に先立つ誰かによってつくりだされたものだ。この私の生命も、私に先立つ者によって生み出され、支えられてきた。生命は環境によって影響を受けながら受け継がれ、また複雑に発展してきた。生命や環境は何もしなくとも「自然に」維持されると考えられがちだが、実は、それらを維持する家族や共同体は、「自然」と言い切ってしまうにはあまりにも「よくできた」システムであり、宗教はそこで根幹に関わる役割を果たしてきた。生命を囲む家族、共同体、環境の自然さがどのように維持され、どのように変わり、宗教はそれにどう関わってきたのかを考えてみよう。

> *11* アニミズム的な日本の宗教は自然を神聖視してきたとする見方がある。それは何に基づくのだろうか？ 現代ではどうだろうか？　　　　　　　　●神と人と自然

### ◆日本の宗教伝統と自然

　自然は神聖なものか。日本人の多くはこの問いに肯定的に答えるのではないだろうか。たいていの神社には周りに注連縄(しめなわ)を張った御神木があるし，鎮守の森はそこが聖域であることを厳かに主張している。西洋のゴシック式教会建築が自然を排除しているのに対し，日本ではむしろ自然環境が神社仏閣に森厳さを与えている。そもそも神道では岩や山が御神体とされることは珍しくなく，仏教でも，山川草木にはすべて仏性があるとする見方が受け入れられ，そこから派生した草木成仏の思想は，文学や芸能にも多くの影響を与えてきた。

　「古事記」や「日本書紀」では，国土をはじめ自然現象は，イザナギ，イザナミ夫婦神によって生み出されたものとして神格化されている。また，そこで展開されている世界観では，神々の世界と人間の住む世界，そして死者の世界との間が連続したものとして描かれている。この，神々や霊が私たち人間と同じ地平に存在しているという感覚は，唯一絶対神信仰の世界観や近代合理主義的な世界観とは大きく異なるものだといえよう。

　このような世界観は，中国から「自然」という概念を借用するまでは，もっぱら「モノ」という大和言葉で表されていたと考えられる。それは，形ある物体だけでなく，大物主神(おおものぬしのかみ)や物の怪という言い方にもみられるように，カミ・仏・鬼・霊魂などの目にみえない存在をさす言葉でもあった。道教や陰陽道，仏教や儒教とともに「自然」（概して「じねん」と訓じられた）という中国語が伝えられると，存在するすべてを包み込む一つの原理としての自然認識が，〈気〉や〈道〉などの諸観念と結びついて，「おのずからなる」存在として万物を一体視する自然観を育んだ。中世の日本で広く共有された「自然法爾(じねんほうに)」ないし「法爾自然」（法然の名はこの言葉の略である）という理念は，この「おのずからなる」法をあるがままの状態でそのまま受け入れるということであって，そこでは外なる自然と内なる自然

とが連続したものとして捉えられている。したがって，感覚的に捉えられる自然現象（もの）と人間の感情（あはれ）とが連動しているのは当然であり，そこに人間と自然との調和的情趣の理念としての「もののあはれ」が生まれてくる。

◆**近代日本における「自然」概念の広がりとイデオロギー性**

さて，現代日本に生きる私たちにもこのような自然観は受け継がれているのだろうか。そもそも，「自然」という概念が西洋語の nature の翻訳語として，今日的な意味で用いられるようになったのは，明治に入ってからである。したがって，明治以降の日本語における「自然」は，「文化」や「精神」や「歴史」と対置されることの多い近代西欧の「自然」概念の影響を離れてはありえない。そこから，自然に対する愛を日本精神固有の特徴として強調する多くの日本人論者たちによって主張されるように，近代日本における自然破壊や高度経済成長期にとりわけ顕著になった公害問題を，近代化＝西洋化の悪しき帰結の一つとする見解もでてくるのだろう。

しかし，日本人が古来愛してやまない自然は，実は自然そのものではなく，例えば盆栽や日本庭園などに具現されるように，むしろ意匠をこらした「自然」，あるいは美的価値・文学的価値を有する限りでの「自然」であって，それ以外の自然は享受の対象外であったとする指摘もある。あるいは，宮崎駿のエコロジカルなアニメーションを日本文化の伝統の延長線上に据えるとしても，それがあくまでイメージされた「自然」であることを意識しておく必要があろう。

これらを考慮すると，日本宗教を「自然宗教」に位置づける言説の背後に，本居宣長や和辻哲郎などのナショナリスティックな自然観に通ずるものを看取することもできよう。また，日本の宗教には，自然はいのちに満ちている（nature of life）というアニミズム的な観念と，カミも人も含めて自然全体が一つの生命体である（life of nature）という汎神論的な観念の融合がしばしばみられるが，このような見方が，かえって自然を対象化してみることを妨げており，したがって真の意味でのエコロジカルな意識が育たないのではないかという指摘があることも忘れてはならない（→70）。

〔宮本〕

> *12* 地球環境問題が危機として叫ばれているが、その原因と宗教との関係はあるのだろうか？ また課題の克服に宗教はどう関わっていくのだろうか？
> ●人間と自然との関わりを反省する

### ◆環境問題との関わり

現代の重要な課題の一つに地球環境問題がある。温暖化、オゾン層の破壊、砂漠化、土壌汚染・水質汚染・大気汚染、酸性雨、森林の減少、水資源の枯渇、海洋資源の枯渇、生物多様性の減少……。どれもこれも極めて「重要」な課題だということを、私たちは耳にし、感じてもいる。しかし、よほど社会的な関心がない限り自らの問題としては実感しにくい。それらはすべて地球規模の問題であり、人類社会といった規模での課題であるとされている環境問題の根底には、人口の増大と消費の拡大があり、快適で自由な生活を望む一人ひとりの欲望が生み出すライフスタイルの問題が横たわっていることも気にはなっているが、なかなか生活を改めようとはしていないというのが正直なところではないだろうか。

### ◆環境問題と世界観・自然観

それに伴うある種のやましさを解消してくれるのが、環境問題の犯人捜しだ。確かに環境問題は、「西洋」近代が生み出した科学技術による、人間中心主義的な自然の支配・利用に原因の一端がある。さらにその背景には、「ユダヤ‐キリスト教的な世界観・自然観」があるとされている。

旧約聖書の「創世記」1章にある、神にかたどって創造された人間が、「産めよ、増えよ、地に満ちて地を従わせよ。海の魚、空の鳥、地の上を這う生き物すべてを支配せよ」と神の命を受けたことが、人間中心主義とそれに基づく自然支配を正当化し、生態学的危機をもたらす淵源となったのだと、L. ホワイト, Jr. (1990) をはじめとする「西洋」の人々による自己反省の声がある。それに呼応するかのように、「東洋」の「多神教的」「アニミズム的」な世界観・自然観にこそ、問題解決の糸口があるとする声がある。それは、「東洋」や「日本」の伝統や文化を賞賛する声でもあり、「日本」の人々の間でささやかれている。環境問題への救世主は、「東

洋」「日本」の伝統思想だというわけである（→ 11, 53, 70, 110）。

しかし，「西洋」の自己反省と「東洋／日本」の自己讃美とが結びついた，「森を破壊する文明＝西洋」対「森を守る文明＝東洋」といった図式での，環境問題をめぐる「犯人」「救世主」捜しには，それほど確かな根拠があるわけではない。実際，日本の環境破壊の歴史や現在のアジアにおける問題の深刻さを見逃してはならない。また，荒井 (1995) が注目するように，旧新約聖書の中には，人間を自然とともにあるものとする自然観も存在する。また，J. パスモア (1998) が提示した，人間には神の代理人として自然を世話する責任があるとするキリスト教的な環境思想も有力である。さらに，欧米の環境哲学や環境倫理学の思想的な淵源の一つが，自然との直接的な交流を説く R. W. エマソンや H. D. ソローなど 19 世紀アメリカの超絶主義にあることも忘れてはならないだろう。

◆人間と自然との関わりを問い直す

環境倫理学においては近年新たな試みが展開している。生業や生活の視点から環境問題を問い直している鬼頭 (1996) は，環境問題の本質を，人間と「生身」の関係にあった自然が，「切り身」化していくことであるとし，「生身」関係＝人間と自然の「かかわりの全体性」の回復がその解決の鍵であるという。この「全体性」とは，「社会的・経済的なリンク」と「文化的・宗教的リンク」の総体であり，この両者が切断されることで自然との関係が「切り身」化されるのだという。

こうした議論は，宗教を教義や思想レベルではなく，人々に生きられている姿で捉えようとする近年の宗教学の関心とも重なり，興味深い。人と自然とがいかなる関わりの中にあるかということは，神話や民話をはじめ上述したような宗教的物語において語られ，生活上のモデルともなっている。しかし，それを思想的に検討するだけではなく，また，宗教だけを切り離すのではなく，そのような宗教的物語を生きようとしていた人々が，生業や生活においてどのような人間 - 自然関係を結んでいたのかを問い直していくことは，重要な課題であろう。「つながり」を志向する，いわゆるスピリチュアリティの実践における自然 - 人間関係への検討とあわせて，考えていくことが求められているようである（→ 15, 60, 64）。〔福嶋〕

> *13* どうもいまの人間はおかしい，といった危機感を背景に，いま，宗教教育への問いかけが盛んとなっている。人間が育つということと宗教との関係を問い直す必要があるようだ。　　　　　　　　　　　　●人間形成と宗教

　私たちはいま，生きづらさを抱えたり，生きる意味がみえなかったりといった問題と隣り合って生きているように思われる。また，少年による不可解で「凶悪」な犯罪が過熱に報道されたり，引きこもりやニートといった若者の新たな問題が大きく取り上げられたりすると，治安や社会秩序への不安が増し，青少年も含めて現代人はどこかおかしくなっているのではないかという危惧を抱くことがしばしばある。

### ◆宗教情操教育

　こうした状況は，「心の問題」として理解されて，臨床心理学や精神医学にその解決が委ねられることが多い。他方それを，一人ひとりの生きる力が弱まっている，あるいは，いのちへの畏敬の念や公共的な道徳心などが失われている，などといった問題として認識すると，「心の教育」の問題としても捉え直されることになる。そこではしばしば，「戦後教育」に欠けていたものとして，伝統文化や宗教を通して豊かな情操や公共心を育むことが指摘され，その重要性と復興が叫ばれる。

　1998年に発表された中央教育審議会の答申には，「我が国は，継承すべき優れた文化や伝統的諸価値を持っている。誠実さや勤勉さ，互いを思いやって協調する『和の精神』，自然を畏敬し調和しようとする心，宗教的情操などは，我々の生活の中で大切にされてきた」とある。そして，「宗教的な情操をはぐくむ上で，我が国における家庭内の年中行事や催事のもつ意義は大きい。日本人の宗教観や倫理観は，日常生活そのものと深く結び付いている。我が国の伝統的な家庭内行事は，例えば，初詣や節分で無病息災を祈ったり，家族一緒に墓参りをして先祖と自分との関係に思いを馳せることなどを通じて，人間の力を超えたものに対する畏敬の念を深めるなど，宗教的な情操をはぐくむ貴重な契機となってきた」という認識が示されている。答申は「家庭」を「宗教的な情操」を涵養(かんよう)する場の一つと

して捉え直すことを説いているのである (→ 16)。

　こうした見解は，一見一理あるようにみえ，保守的な心情には訴えるものがある。しかし，「無病息災を祈」り「先祖と自分との関係に思いを馳せる」ことや，「人間の力を超えたものに対する畏敬の念を深める」ことは，国家が求めるような公共心とは必ずしも結びつかない。それは，国家が民衆の信仰世界を絶えず警戒し，巧みにコントロールしようとした，国家神道体制下の民衆の宗教の歴史が物語っている。また，さまざまな宗教伝統が育み，かつ，根ざしている「情操」は，ここに語られているような「和の精神」や「畏敬の念」に限定されるものではない。例えば，多くの救済宗教で説かれているような，人の痛みをみてわが身のことのように感じる心であるとか，小さきもの弱きものを慈しむ心は，ときに国家権力あるいは多数派や強者の利害と対立する。したがって，ここで語られようとしている「宗教的な情操」とは，人々の生活の中から生まれた宗教がいわば自然なかたちで育むものとは，異質なものといわざるをえないだろう。

◆現代的課題としての宗教的人間形成

　社会の変化に伴い「家庭」も「地域」も変容を重ねている。自己中心的で功利主義的な個人主義に価値をおく社会へとますますシフトしつつあるようにもみえる。それは答申が願うような「公共心」と結びついた「宗教的な情操」の涵養をさらに困難にしていくのではないだろうか。

　しかし，そのことがはたして，宗教的な人間形成を必要としない，あるいはそれがまったく不可能な社会の到来を告げているのかどうかは疑問である。私たちがいま抱えている生きづらさや，生きる意味がみえないという問題，高齢者介護や終末期医療などにおけるケアへのニーズの高まり，ますます複雑化する生命倫理的な課題への応答，環境問題の生活の場からの問い直し，大規模災害時に求められる助け合い，憎しみや暴力の連鎖の克服……，こういった現代の諸課題が求めている人間のあり方は，さまざまな他者とのつながりの再構築，そこにおける自己の発見といった宗教的な問題にほかならず，こうした諸課題がある限り，私たちは宗教的な人間形成の新たな回路を創造していかざるをえないからである。　〔福嶋〕

> ***14*** 聖職者は家族をもってはいけないとする宗教がある。宗教の中には信者とその家族が鋭く対立しているところもある。宗教と家族は本来対立するものなのだろうか？
> ●家族と宗教

◆聖なる宗教と俗なる家族

　王子であった釈迦は，解脱への道を求めたとき，沙門となって修行するために家族を捨てた。それに倣って仏教教団では，正式の修行者になるためには家庭生活を離れなければならないとする出家の伝統が生まれた。イエスも，自身の母や兄弟たちを前にして，群衆に対し，「わたしの母とはだれか。わたしの兄弟とはだれか。だれでも，わたしの天の父の御心を行う人が，わたしの兄弟，姉妹，また母である」（新約聖書「マタイによる福音書」12章48-50節，一部省略）と述べ，血縁よりも信仰が勝ることを宣言している。この言葉に従って，修道院では独身制が制度化され，ローマ・カトリック教会では聖職者は結婚できない。

　J. ヴァッハ（Wach 1944）は，宗教共同体を，血縁や地縁などの非宗教的共同体と重なる「合致的集団」と，特定の宗教的目的の共有に基づく「特殊的集団」とに二分し，後者は宗教的個人主義の展開がその契機となることを指摘した。確かに，出家や修道院への参入は，本来，個人の宗教的使命感が動機となっているといえよう。しかし，出家集団や修道院などの宗教共同体の存続には，地域の社会の支えが必要である。聖なるコミュニティは，俗なるものとしてそれとは区別される俗社会なしには存続しえないのである（→ *20*）。

　逆に，社会から広く受容されていない宗教集団の場合，その信者たちはしばしば「カルト」とよばれることがある（→ *33*）。それらの集団に対抗してアメリカをはじめ各地で反カルト運動が結成されているが，その中心になっているのは「カルト」に子どもを奪われたと主張する親たちである。この事例は，特殊な宗教集団が社会に受け入れられていく際の最も大きな障害が家族であることを物語っている。状況はかなり異なるが，ここでも，家族からの分離が集団への本格的な没入のしるしとなっているのである。

◆宗教を支える〈家族〉のメタファー

　興味深いことに、自然＝俗なる絆を否定・超越することで成立するはずの宗教共同体においても、家族的なシンボリズムがみられる。例えば、ローマ・カトリックでは司祭のことを「神父」と呼び、修道院では「ブラザー」「シスター」で互いを呼び合う。天なる神は「父」であり、「神の子」イエスを産んだマリアは「聖母」である。信仰によって結ばれる宗教共同体は、合致的共同体と一線を画することで新たな共同性を獲得するが、しばしばそれは家族のメタファーを取り入れた情緒的人間関係の新たな宗教的表現によって支えられているのだ。

　一神教的な宗教では、概して神のイメージが「父」なる存在として語られることが多いようである。そこでは、絶対的な正義で人々の生き方を律する厳父のイメージが前面に打ち出され、規範的な世界＝あるべき世界の範型が示される。もっとも、キリスト教のマリア信仰にもうかがえるように、母親的なイメージが払拭されているわけではない。そこにみられるのは、人間をあるがままに優しく包み込む慈母の像であり、自然の世界＝あるがままの世界の無条件の受容である。他方、日本における神仏のイメージは、どちらかというと母親のイメージがより強く反映されていることが多い。例えば、アマテラス、阿弥陀、観音などである。もちろん、儒教の伝統に代表されるような、父性的な要素がないわけではないが（→ 23）。

◆近代家族の檻

　近代は、親子関係を主軸とする新しい家族モデルが浸透していく時代でもあった。一方で、伝統的な「家」の観念は、核家族が増大するに伴い、身近な祖先とのつながりを重視する新しい「祖先教」によって、より限定的なものへと凝縮され、他方、「マイホーム」としての家庭は、主婦が、自己犠牲の精神で「子育て」という〈聖職〉に専念するプライベートなサンクチュアリ（聖域）となった。ところが、このようなモデル家族に合致しない人々にとっては、家族がむしろ〈情愛〉という〈戒律〉の下に個人を束縛する檻となりうる。しかもその情愛は、愛他主義でありながら同時に排他主義でもあり、ゆえに根深いものがある。伝統的に保たれてきた宗教と家族のバランスを考え直してみる時期かもしれない（→ 6）。〔宮本〕

> *15* グローバル化が進み絆が薄れていくにつれ,「いのちの実感」が軽くなっていないだろうか? 共同体を結束させ,いのちの循環と継承を体験させる装置だった宗教は,その機能を果たし続けることができるのか? ●共同体と宗教

## ◆個人化と絆の弱体化

現代は個人化が進む時代である。人は何らかの共同体に属しているという実感を得にくくなっている。家族はますます小さな単位になっている。以前は,お正月やお盆にかなりの数の人が集まった。2世代の夫婦が同居する家族はにぎやかだったし,核家族の家庭でも同じ地域に近しい家族や親戚がいて,ときどき,集まって絆を確認していた。お葬式や法事は一族の顔を確認し合う場だった。共同体と宗教は不可分の関係にあった。

だが,家族や親族の絆は20世紀の後半にはすっかり薄まった。家族同士が遠く離れて暮らすことも多くなった。同じ家に住んでいても,顔を合わせたり,話をしたりする機会は少なくなった。親族の範囲はたいへん狭くなり,お正月やお盆はせいぜい数人で過ごすことが多く,中には一人で過ごす人も少なくない。葬式や法事に集まる人数も少なくなった。

家族や親族だけではない。地域社会や職場の絆もどんどん薄まってきている。だが,それは宗教によって保たれてきた,「いのちのつながり」の実感が薄れていくことと並行していないだろうか。宗教儀礼や祭は家族・親族や地域社会,また職場の絆を確認し合う重要な機会だった(→ 41)。多くの人が同じ神話や宗教的物語に親しむことで,いのちが循環し継承されていく世界の安定したあり方に信頼をもつこともできた(→ 49)。経済のグローバル化が進み,個々人が行動の自由を増していくにつれ,個人化も進み,絆の弱体化が進んでいくようにみえる(波平1996)(→ 38)。

## ◆伝統的な共同体から新たな共同性へ

共同体の結束が確認される際,宗教は大きな役割を果たしてきた。宗教的儀礼によって,人々は同じ共同体に属しているという感覚を確認し合った。儀礼や祭に加わって昂揚感をもった人々の顔は晴れ晴れとしている。故人を偲ぶ儀礼も,それがあるおかげで鬱屈してしまいそうな気持ちがい

くらかでも晴らされる。来訪者は儀礼の場に加わることによって、悲しみに暮れる人々への連帯の気持ちを伝えることができる（→ 41, 96）。そのように宗教を通して、同じ大きないのちの循環と継承の中で生きていることをともに実感してきたのだった（デュルケム 1941-42）。

では、グローバル化と個人化が進み、共同体の絆が弱まっていくとき、「いのちの実感」はどのように確認されていくのだろうか。確かに共同体的な宗教の果たす役割が小さくなっているようにみえる。集団で儀礼に参加する機会が減っているのはそのことの顕著な兆候だ。現代人は共同体とともにあった宗教から離れていくことで「いのちの循環と継承の実感」をも喪失しつつあるのだろうか。

固定した共同体とは結びつかないかたちで、「いのちの実感」を得ようとする人々がいる。こうした人々はしばしば自分は「宗教」は好きではないという。個々人が自分らしさを失わずに求める、もっと自由な「スピリチュアリティ」に関心があるのだという。自然の中に「永遠のいのち」の源泉を見出す人もいる。「気」のような「宇宙的なエネルギー」にひかれるという人もいる。あるいは孤独な魂が響き合って一時的に生じるネットワーク的な「つながり」に希望を託す人もいる。これらは「宗教」が後退して、「スピリチュアリティ」が興隆してくる流れに沿った現象だ（島薗 1996）（→ 19, 36, 100）。

だが、そうはいっても、共同体は根強いし、共同体的な宗教の影響力も急に弱まっていくようにはみえない。特に第三世界では宗教は共同体にますます強い支えを提供することをめざしているようにみえる。共同体的な結束を強めるという点で宗教と似た働きをするナショナリズムも、一段と強まるかに思えることも少なくない。宗教的な共同体よりも自由な個人による「スピリチュアリティ」に関心を寄せる人たちも、「共同性」は強く求めているようだ。メディアを通じて、さまざまなかたちでゆるやかなネットワークを形成する動きも顕著にみられる。また、軽くて薄いつながりを頼りないと感じて、堅固な共同体に属することを選ぶ人たちも少なくない。人間は孤立した「いのち」として生きていくことができないという事実を反映する事柄なのかもしれない。

〔島薗〕

***16*** 最近, 宗教教育をめぐる議論が盛んになっている。学校で宗教を「教える」とはどういうことを意味するのだろうか？ 「信教の自由」との関係は？　●学校教育と宗教

### ◆政教分離の下での宗教教育

日本国憲法の 20 条には,「国及びその機関は, 宗教教育その他いかなる宗教的活動もしてはならない」とあり, 教育基本法の 9 条にも,「国及び地方公共団体が設置する学校は, 特定の宗教のための宗教教育その他宗教的活動をしてはならない」と定めている。これらの条文は, 戦前の学校で「教育勅語」を中心として「天皇制イデオロギー」が教えられ, その結果, 国家によって管理された神道が同時にその国家を神国として祀り上げるという政治と宗教の癒着によって, 信教の自由や言論の自由が著しく侵害されたことなどへの反省から規定されたということになっている。

ところが, オウム真理教事件の後, 学校で宗教のことをちゃんと教えていればこのような事件は避けることができたはずだという論調がわき起こってきた。他方, 道徳教育の見直しの必要性も感じていた政府の要請により, 中央教育審議会が教育基本法の改正に関する答申 (2003 年 3 月) を行い, その中では「宗教は, 人間としてどう在るべきか, 与えられた命をどう生きるかという個人の生き方にかかわるものであると同時に, 社会生活において重要な意義をもつものであり, 人類が受け継いできた重要な文化である」とされ, また,「人格の形成を図る上で, 宗教的情操をはぐくむことは, 大変重要である」とも述べられている。こうした流れの中, 現在, 宗教教育がおおいに注目されているようだ (→ *13*)。

### ◆宗教教育の類型

ところが一口に「宗教教育」とはいっても, その意味は多様であり, そのことをきちんと踏まえておかないと議論が噛み合わない。宗教教育は大きく, ①宗派教育, ②宗教知識教育, ③宗教的情操教育の三つに分類できる。概して, ①は特定の宗教に対する信仰を, ②はさまざまな宗教に関する客観的な知識を, そして③は一般的な「宗教の情操」を養うことをそれぞれ眼目としている。今日, その必要性が論じられているのは②と③だが,

宗教に関する知識といっても特定の宗教に偏ってしまうのではないか，知識だけを教えるとしても公平な立場で教えることは不可能ではないか，など，また，宗教的情操教育をめぐっては，特定の宗教に基づかない普遍的な「宗教心」などありえない，ありえたとしてもそれをどう教えればよいのか，など議論が尽きない。宗教教育の必要性については，総論では一致しても各論では対立するというのが，しばしばみられるパターンのようだ。

なぜそのように議論が分裂するのか考えてみると，そもそも何を「宗教」とみなすかという定義の問題が根本にありそうだ。「教え」のほうに重点をおいた「宗教」理解では，広く行われている宗教的儀礼が「宗教」ではなく「習俗」とみなされ，その意義もまた「伝統」の一言で片づけられてしまいがちだ。「宗教的情操」の教育についても，単に心の問題とするのか，あるいは社会規範と結びつけて考えるのか，その場合道徳や倫理とどう重なってくるのか，など整理されるべき問題は多い。

◆宗教を「教える」ことと「信教の自由」は両立しうるか？

このように世論の統一をみるのは困難な宗教教育ではあるが，グローバル化が進む現代社会において，しばしば「宗教オンチ」と酷評される日本人に宗教（特にイスラーム）に対する常識が不足していることは紛れもない事実だし，また，宗教についての知識を教えないことが結果的に「宗教否定の教育」につながったり，逆に非合理的なものを無批判に信じたりしてしまう若者の誕生を促進するという主張にも一理あるので，宗教教育の必要性はかなり高いといえよう。もっとも，宗教を「教える」ことが「信教の自由」（そこには宗教を信じない自由も当然含まれる）に抵触するのではないかという危惧は，当然無視できない。

ライシテ（政教分離）の名の下，フランスの公教育でムスリムのスカーフなど「宗教的象徴」とみなされるものの着用が禁じられたことは，大きな議論を巻き起こしているが（→ 28），信仰を「私」の領域に押し込むことで「公」の学校教育から疎外してきた近代教育のつけが回ってきたとみなせないこともない。今日，宗教教育の名の下で最も教えられなければならないのは，宗教的寛容ということではないだろうか。　　　　〔宮本〕

●第2章参考図書
[入門書]
鬼頭秀一『自然保護を問いなおす——環境倫理とネットワーク』ちくま新書, 1996年。
島薗進『いのちの始まりの生命倫理——受精卵・クローン胚の作成・利用は認められるか』春秋社, 2006年。
下村哲夫ほか編『学校の中の宗教——教育大国のタブーを解読する』時事通信社, 1996年。
『新環境学がわかる。』(AERA Mook 46), 朝日新聞社, 1999年。
菅原伸郎『宗教をどう教えるか』朝日選書, 1999年。
関根清三ほか『宗教の倫理学』丸善, 2003年。
柳父章『翻訳の思想——「自然」とNATURE』ちくま学芸文庫, 1995年(初刊:1977年)。

[基本書]
石牟礼道子『苦海浄土——わが水俣病』講談社文庫, 1982年(初刊:1969年)。
石牟礼道子・島尾ミホ『ヤポネシアの海辺から——対談』弦書房, 2003年。
井上順孝編『宗教と教育——日本の宗教教育の歴史と現状』弘文堂, 1997年。
井上治代『墓と家族の変容』岩波書店, 2003年。
島薗進『精神世界のゆくえ——現代世界と新霊性運動』東京堂出版, 1996年。
『宗教研究』〔特集「宗教と自然」〕, 69(1), 1995年。
鈴木正崇編『大地と神々の共生』(講座 人間と環境10), 昭和堂, 1999年。
高橋哲哉『教育と国家』講談社現代新書, 2004年。
田邉信太郎ほか編『癒しを生きた人々——近代知のオルタナティブ』専修大学出版局, 1999年。
デュルケム, E./古野清人訳『宗教生活の原初形態』上・下, 岩波文庫, 1941, 42年(原著:1912年)。
波平恵美子『いのちの文化人類学』新潮社, 1996年。
日本宗教学会「宗教と教育に関する委員会」編『宗教教育の理論と実際』鈴木出版, 1985年。
パスモア, J./間瀬啓允訳『自然に対する人間の責任』岩波書店, 1998年(原著:1974年)。
ホワイト, L./青木靖三訳『機械と神——生態学的危機の歴史的根源』(新装版), みすず書房, 1990年(原著:1968年)。
間瀬啓允『エコフィロソフィ提唱——人間が生き延びるための哲学』法藏館, 1991年。

# 第3章
# 救いと癒しの現場

イスラームのラマダーン（断食月）あけのお祝いの会（イード）で曲を披露する子供たち（ロサンゼルス）。断食がただ苦しいだけでなく、喜ばしいものでもあると語ってくれた。

ずっと願い続けてきたことが実現したのに、意外にうれしくないことがある。願いを実現させようと努力し続けてきた日々のほうが充実していたかもしれないと。一方、大病などのつらかったことが、それを言葉にできるようになり、語り直しを重ねていくうちに、貴重な経験と思えるようになることもある。悩み苦しみは人間を押しつぶすことも多いが、それらを通して人生に意味が与えられることも往々にしてあるのだ。その意味で、願いがかなったり、奇跡が起こったりすることと同じくらい、それを人間の側がどう受け止めるかを観察することは興味深い。

### 17 「癒し」という言葉を最近よく聞くけれど,これは「治療」とは違うのか?

●健康・癒しと宗教

◆健康へのこだわり

　超高齢化社会へと移行しつつある日本において,健康についての関心は高い。『安心』『だいじょうぶ』といった健康雑誌は売れている。ハーブなど薬効が明らかになっている植物や,ビタミンや食物繊維などのさまざまなサプリメントが製品化されている。また,赤ワインに含まれるポリフェノールが健康によいという話が出回ると,あっという間にワインが品切れになる。

　人々がとてもこだわっている,健康という目標。しかし,その目標は,明確なものだろうか。血液がサラサラであればそれで100%健康なのだろうか。人間関係のトラブルを頻発していたり,暴飲暴食を続けていたら？いや,これらの状態は「不健康」だろう。あるいは,少々風邪気味でもバリバリ働いて治してしまうという人はどうだろうか。「元気」かもしれないが,これが「健全」な状態かはやや疑問が残る。こうやって思いつく限りの「不健康」をしらみつぶしに消していったら健康になるだろうか。

◆健康な心の状態とは

　健康という目標はみえにくい。できる限り目標を明確にしなければ,健康もどきをめざしてしまいかねない。それで,WHO(世界保健機関)では,「健康」を以下のように定義してきた(憲章前文)。「健康とは,身体的,精神的,ならびに社会的に,完全に好ましい状態であり,単に疾病がないあるいは病弱でないということではない」(Health is a state of complete physical, mental and social well-being and not merely the absence of disease or infirmity, 筆者訳)。

　ところでこの定義には,1998年,「健康」は「霊的」(spiritual)にも好ましい「動的」(dynamic)な状態をさす,という追加が提案された。ここでのspiritualは仮に「霊的」と訳してあるが,幽霊をみたり超能力を発揮したりするという意味ではなく,生きている意味・生きがいなどの追

求・実感を重視する含意である。

議論は二つに分かれた。spiritualityのような概念は測定ができず，また，特定の宗教を重視したり，信仰治療（手かざしや祈禱など）や代替療法（鍼灸など，近代西欧医学に代わる療法），伝統医療（伝統的に処方されてきた薬草など）などをWHOが支持するかと誤解されるという危惧が示された。だがこのような治療法を伝統的に行ってきた社会では，患者にとって西欧医学よりも安心して受け入れられる，また宗教的な価値観は人間の尊厳や健全さに関わって重要だという意見もだされた。

結果としてWHOは，この提案を保留にした。なお，spiritualityを測定する指標づくりのための調査は世界各国で行われ，公表を待っている。明らかに間違った治療法にお墨付きを与えることは問題だが，西欧医学に欠けている何かは補う必要があると，強く感じる人たちがいたのである。「治療」ではなく「癒し」というのは，それに関連がありそうだ（葛西 2003）。

◆不自然な「治療」，自然な「癒し」？

西欧医学を特徴づけるのは，特定の疾患や器官に焦点を当てて病理を捉え，薬物の使用や外科的処置を行うアプローチであり，身体に対して侵入的なイメージを残す。体にメスを入れて，器官にできた癌をざっくり切り取るような，「不自然な」方法が重視されている。これに対置する「自然な」方法では，直接的に疾患や器官に働きかけるのではなく，身体全体に，あるいは精神にも働きかけ，心身両面を対象とするようなアプローチが試みられている。美しい景色をみて心がほぐれるように，また鍼を打つことで肩の異様な凝りが自然な疲れへと変わっていくように。ほのぼの顔の女性タレントが「癒し系」といわれるのも，この用法の延長上にあるといえる。「癒し」は，宗教的な「救い」とはどう違うのか。重なり合う部分も多いが，後者は宗教的・倫理的思想によって苦難の意味を明らかにすることに力点がおかれている（↗18）のに対して，前者では身体に直接働きかけることがより重視されている。「癒し」について，医療領域以外でも語られるようになった背景には，人間関係の希薄化や，自然や社会との調和への諸動向も指摘されている（弓山1996）（→ *12, 15, 36, 38*）。　　〔葛西〕

> **18** 病気治しの奇跡が宗教で語られる一方,苦行や殉教を尊ぶ文化もある。病や身体的苦痛は宗教的にどういう意味を与えられているのだろうか？
> ●病・苦痛・障碍(しょうがい)の宗教的意味

◆苦難の神義論

　沖縄の伝統的宗教者ユタは,故人の霊やさまざまな神を自身に宿らせ語らせることができると信じられている。先祖の霊や神が,病気やトラブルに苦しむ人々にアドバイスをするというのである。ユタは沖縄の近代化を妨げる迷信として批判されている。しかし,アドバイスで効果があった,救われたという人が少なくないため,またユタ(神様や先祖霊の代理人とされる)のアドバイスを拒んだときの結果が恐れられているため,沖縄社会の中にいまだ根強く残っている。

　ところで,アドバイザーのユタ自身,実はトラブルや病気と無縁ではない。彼女たちも,人生の転機となるほどのしつこい病気や身体の不調で苦しめられた経験をもっているのだ。また,彼女らの多くは,もともとユタになろうと望んでいたのではない。近代医学では明確な説明を得られないままユタの下を訪れ,「病気は神から特別に選ばれたしるし,カミダーリィ(神祟り)なのだ,だから修行してユタになりさえすれば病気は治る」と説明されるのだ。偶然の不幸と思っていたことに宗教的な意味が与えられるだけでなく,ユタとしての修行を経れば,彼女は特別な能力をもつ宗教者として俗世の人々に貢献することとなる(佐々木1980)(→ 97)。

　なぜ私はこのように不幸なのだろうか。自分が何か前世で罪深いことをした報いだろうか。神が戯れに自分を不幸にしたのか,あるいは来世で幸福を得るための試練を与えられているのだろうか。あるいは自分を特別に選んだしるしとしてこのような不幸があるのではないか。神にも不可能なことがあるのだろうか。神が実在し,基本的に善であると考え,深い配慮の下に人類に苦しみを与えているという信念に立って行われた,上のような思索を神義論(苦難の神義論)という(→ *58, 73, 108*)。

◆苦難の意味

苦難は宗教においてしばしば特別な意味を与えられる。よく知られているのは旧約聖書「ヨブ記」であるが、キリスト教以外でも多くの例がある。イスラームの断食月ラマダーンとメッカへの巡礼は、受難を想起する苦行の中でも最も大規模なものであろう。ラマダーンにおいてムスリム（イスラム教徒）は日中飲食を慎む（水も飲まない）。巡礼においては、貧富や立場を問わず同じ衣に着替え、預言者ムハンマド（マホメット）のなめた辛酸を思いつつ、道をたどる。

　苦難の重みゆえに自らの体を傷つけることもある。映画『薔薇の名前』（1986年）では修道僧がキリストの受難を想起して自らの体を鞭打つ場面があったが、同じことがイスラームのシーア派でも行われる。西暦680年、イスラム暦の1月10日、シーア派の宗教指導者フサインがカルバラ（元イラク）で惨殺された。シーア派の成人男子はこの殉教を思って、自らの体を鉄の鎖などで打ちながら号泣し、モスクへ向かって町を行進する。これをアーシューラーという。女性も身を伏して泣き叫ぶ。創始者の苦難はこのようにたびたび想起させられ、その生涯を思っての受難劇や苦行を行う例は枚挙に暇がない。

◆傷ついた癒し手

　さてユタのように、病や苦悩を経験した人こそが、その癒し手になることもできるという考え方は、宗教の専売特許ではない。アメリカ先住民や諸宗教の受難物語にみられるゆえに、臨床心理学や（医療）人類学でも取り入れられ、「傷ついた癒し手」（wounded healer）という考え方がされるようになっている。もちろん苦しい経験が患者の痛みを理解するために役立つのだが、それだけではない。例えば、ユング心理学においては、治療者と患者との相互作用の中で、患者が受動的、依存的に癒されるのではなく、治療者の苦悩の経験に反応することで、患者自身の自己治癒能力を開花させるという議論がなされている（サミュエルズ1990）。また一方で、病や苦悩の経験が、その人に現代の癒し手である医師や看護師といった職業を選ばせる深い理由になっていること、それゆえに医師や看護師やカウンセラーなどのヒューマンケア専門職が重度のストレス症候群を抱えている可能性も指摘されている。

〔葛西〕

> **19 宗教・信仰はあくまで私的な感性によるものであり,究極的には,各自が感じたものが重要ではないか？**
>
> ●宗教性と霊性

◆山伏体験

Pさんは,奈良県にある大峯山(おおみねさん)のホームページをみつけ,「蓮華入峯(れんげにゅうぶ)」という行事に参加することにした。字のごとく,大峯山に登りながら,途中にある社や祠に一つひとつ蓮華を供えていく3日間の修行である。「心身健康で修行者にふさわしい心構えの男性に限る」と参加資格にはある。大峯山は「女人禁制」の山なのだ(→ 23)。以下はPさんの体験談である。

　蓮華入峯は,1日かけて吉野から大峯山山頂(山上ヶ岳)まで24キロの道のりを歩く。前日夕刻に宿坊に集合。私は一人での参加だが,講のグループも多く,ワイルドなひげを生やしたおっさんが偉そうに指図をしていて笑ってしまう。夕食の後,スケジュールや決まり事の説明。先達(せんだつ)の指示厳守と繰り返され,重い気分(→ 69)。

　緊張して寝つけないと思っているうちに午前3時の起床。私はジャージにTシャツ。しかし半分以上が本格的な山伏の衣装を着込んでいる。社や祠があるたびに花を供え,読経する。「慚愧懺悔(ざんきさんげ),六根清浄(ろっこんしょうじょう)」とみなで唱えながら歩く。歩きながら,この山を開いたと伝えられる行者,役小角(えんのおづぬ)に思いを重ねていく。

　先達に導かれ,鎖の助けを借りないと登れない岩場もある。断崖の上から逆さにつるされる修行もあった。昨日のおっさんが怖いぞと脅していたが,私には谷底の緑がむしろ美しく思えた。山頂について一休みした後,護摩を焚く。もはや口になじんだ経を唱え,本尊に参拝。歩き通せた充実感。入浴と夕食のうれしいこと！　塩の味一つとってもリアルなのだ。

　山を下りた後は,精進落としの料理が待っていた。怒鳴りっぱなしの先達がうってかわってやさしくお酒をついで回っているのが印象的だった。黙々と山を歩きながら感じたことが多すぎてとても言葉にできない。決まり事がうっとうしかったことも忘れ,さわやかな気持ち

で帰宅した。どうあろうと，私の魂は霊性を感じ取ったのだから。

　山伏行というのは，わざわざ普通の人がやろうとは思わない，かなり宗教的な行為であるといえるだろう。だが，Ｐさんは宗教的な人だろうか。山伏行の雰囲気は一人では味わえなかったはずであり，指図されることが嫌いな彼も，役小角に心を重ねるといった言い方で，彼自身の私的な体験以上の何か（修験道の伝統など）を体験した。けれども，このＰさんは，先達の側に立って，行者たちを引率したり，さまざまな責任を負ったりはしそうにない。彼はそこまで「宗教的」ではないのだが，普通の人とは違う何かももっているから，お金と時間と体力をかけて，山伏行などというものに参加したのだ。

金峯山寺にての柴燈護摩にて，魔を払うために矢を射る儀式。先達たちの立派な姿に注目。

◆スピリチュアリティ

　彼の体験や感性の濃さを，組織や制度をも含めた「宗教性」とは区別して語るために，「霊性」あるいは「スピリチュアリティ」という言葉が使われることがある（→ 12, 15, 36）。「霊性」という語の最も早い用法は，1944年に『日本的霊性』という著書を鈴木大拙が世に問うたより遡る。この著書からは，キリスト教的な霊性に比類しうる「日本的霊性」（日本的な深い宗教性）もあるのだという主張が読み取れる（鈴木1972）。しかし，現代の「霊性」の語には，大きく分けて二つの用法がある。一つは，必ずしもそこまで深くはなく，しかし完全に世俗的といえるほどでもない，宗教性と世俗性の中間的なもの，通俗的なものに対してスパイスがきいた，程度の意味もある。一方，制度や組織などの余計なものを取り除いて聖なるものと直面する，宗教の本質的なものという意味で，「霊性」の語を用いる場合もある（→ 42, 43, 44, 97）。　　　　　　　　　　〔葛西〕

## 20 伝統とそれを維持する教義や制度抜きでは、宗教はわからないのではないだろうか？

●教団制度と求道者

### ◆人間というあてにならないもの

　宗教制度を「煩わしい」、「余計なもの」、それどころか「宗教の形骸化を招いた根源だ」と思う人は少なくない。しかし、それはやや偏った見方かもしれない。

　受験勉強の体験を思い返せば、努力を継続することの難しさがよくわかるだろう。人間は一人では弱く、当てにならないものである。心変わりもしやすいし、失敗もする。また、思い切ってやってしまえばすぐ終わることであっても、だらだらと先延ばしにしたりするものである。他宗教や批判者から攻撃されなくても、個人という不確定要因で、一つの宗教伝統が内側から危機に瀕することは少なくない（→ 45）。

　こうした不確定要因を克服しようという視点からみると、さまざまな宗教制度のもつ意味がみえてくる。人間のもっている善性や強さをみつめながらも、同時に、弱さ、内面に隠された邪悪さ、間違いやすさを知って、それにどう対処するかという経験（失敗を含む）の積み重ねが、規則や戒律、修行方法などの制度に反映されているのだ（→ 14, 19, 43, 64）。人間についてどのように捉え（人間は本質的に善なのか悪なのか）、どのような対処法を考えているか（罪や悪の処罰と排除か、修行による転換を説くか）を通して、その宗教の人間観がうかがわれるのである。ここではキリスト教のある修道院の1日の流れ（聖務日課）をみよう。

### ◆反復と専念

　1日の中に労働と7回の祈りが織り込まれている。就寝時間を考えれば、起床はさほど早くもない。労働はさまざまであり、農作業のようなものもあれば、ワインや菓子などの名物で知られている修道院では、それらを心を込めてつくることが日課とされる場合もある。このスケジュールで自分が動くことを想像してみよう。ひたすらに規則正しい日々をどういう心境で過ごすのだろうか。

祈りや労働や聖務には一度ではわからない深みがあると考えられていて，それを日々繰り返して徹底して心身に刻み込み，理解を深めることがめざされる。仲間と談笑するよりは，「祈り，働け」という，修道士としての目標に徹底するこ

**表2　ある修道院の聖務日課**

| | | | |
|---|---|---|---|
| 3：30 | 起床 | 11：30 | 昼食 |
| 3：45 | 夜間の祈り | 13：30 | 九時課（祈り）|
| 5：00 | 朝の祈り | 14：00 | 労働 |
| 5：45 | ミサ聖祭 | 16：30 | 労働終了 |
| 6：45 | 朝食 | 17：30 | 晩の祈り |
| 7：15 | 聖なる読書 | 17：45 | 夕の黙想 |
| 8：00 | 三時課（祈り）| 18：00 | 夕食 |
| 8：30 | 労働 | 18：25 | 自習・講話 |
| 11：00 | 労働終了 | 19：30 | 寝る前の祈り |
| 11：20 | 時課（祈り）| 20：00 | 就寝 |

とが求められる。もちろんテレビやラジオも，携帯もメールもない。自分と向かい合うしかない環境におかれるのである。「気が変になりそうだ」と思うかもしれない。

しかし，1日7回の祈りがあり，労働があり，黙想の時間の反復で1日が埋まっているというのは，見方によっては充実している，あるいは，あっという間に1日が終わってしまうともいえるだろう。聖務日課はキリストの生涯に対応させられ，これに合わせて日々を送ることは，キリストの生涯を追体験することである。

期間限定の修行もある。たとえばタイでは，仏教徒の成年男子は，一生に一度は出家することが，一族に徳をもたらすことであり，とても親孝行なことだとされる。最短1週間，熱心な人は3カ月，寺院において修行する。親戚の多くが出家の場に立ち会い，また出家を祝う。出家すれば，息子や甥であってもみな合掌し，出家したものはそれを誇りに思って経典や読経の研鑽に専念する日々を送る（青木 1979）。

このような修行は，短期間に集中してある「型」を学ばせるという点で，武道や芸事の修練や，企業研修などとも共通するものがあるといえよう。修行や研修や修練は，いずれも，一つの共同体に関わる。新参者にそこで生きていくための「型」を伝えるとともに，それを通じて共同体を維持し更新することにも関わっている。近代社会の教育のあり方とは相反する面もあるが，宗教のみならずさまざまな共同体の維持の根幹に関わる事業なのである（→ *43*）。

〔葛西〕

> ***21*** 阪神淡路大震災では宗教ボランティアが活躍したという。どういう活動をしたのだろうか？ そこから現代の宗教についてどのようなことがわかるだろうか？
> ●宗教とボランティア，宗教と社会との関わり

◆震災と宗教

1995年1月17日に関西を襲った，阪神淡路大震災。2カ月後の地下鉄サリン事件と重なって，日本における宗教のあり方が厳しく問われた出来事だったといえるだろう。

震災後の救援活動には，あまたのボランティアに交じって，宗教教団からのボランティアが数多く入っていた。教団名を表にだしたところもあるが，多くは伏せていたようだ。あまり目につきすぎないようにしようという教団の自戒か，あるいはマスコミが宗教偏向とみられるのを警戒してか，それほど報道はされなかった。組織力を生かして大量の物資を提供したり炊き出しを行ったりした教団もあれば，パンクした水洗トイレを黙々と清掃した信仰者もあった。

三木英らは，震災数年後の被災地に入って，被災者への救援活動が一段落した時期に，現地での宗教の様態を調査した。それによれば，多くの教団が被災地に居住する自教団所属信者のフォローにとどまり，地域社会全体に手を差し伸べることがうまくできなかったという（三木2001）。三木らの調査は被災から一定の時間が経った後であり，それゆえ被災者への直接の救援活動が精力的に行われた時期とは異なるのであるが，現代の宗教と地域社会との関係を考える上で，双方にとって意味のある資料といえる。

病や貧困に苦しむ人々に宗教的見地から手を差し伸べた例は数多くある。聖書に言及された，強盗に襲われて道ばたに倒れていた旅人を助けてやるという寓話「善いサマリア人」（「ルカによる福音書」10章）は，クリスチャンのあるべき姿として長く語り継がれてきた。ホームレスのための炊き出しをしたりする際に，キリスト教会は手を差し伸べるきっかけを提供するなど，イニシアチブをとっている。キリスト教だけではない。タイやカンボジアの開発僧，喜捨を尊ぶイスラーム，ベトナム難民の母国への送

金を支える僧侶のネットワークなど，知識と経験をもつ宗教者であれば，活躍の舞台は多いのだ。

日本の仏教もさまざまな努力を重ねており，すべてが「葬式仏教」で終わっているわけではない。仏教を踏まえたホスピスである「ビハーラ」運動や，日本のイエ制度が崩れていく中で，墓のあり方を問い直す場や，新しい形式の墓を提供する運動「安穏廟」など，社会の変化や要請に応えていこうという動きがある。教団レベルで長期にわたってボランティア活動を続けている例も少なくない。社会と積極的に関わり続ける仏教を強調するため，社会参加仏教 engaged Buddhism などの概念も用いられるようになった（ムコパディヤーヤ 2005）（→ 27, 73）。

宗教者が善意をもって社会に関わることは，多くの宗教の教義でも推奨されている。加えて，その宗教の成立の経緯や歴史が，特定の奉仕を奨励する伝統となっていることもある。寺院を立ち上げ，「心を立ち上げる」ことに力点がおかれているある宗教は，建築や土木のモチーフが教義の随所に満ちているし，教団内の奉仕活動でも土木的な作業が尊ばれる。一方で，現代社会において活動する一団体として，宗教団体も企業同様社会的活動が求められるし，参加するのが自然になってくる（企業の場合も宗教の場合も公式ホームページで調べられるはずだ）。

◆「偽善」や「売名」を超えて

ところで，宗教者の側が教団から強制されてボランティアという献身をしているのだと考えるのはやや単純に過ぎる。ボランティアをする側が，ボランティアによって得られるものも多いはずだと，情報学者の金子郁容は説く。彼によれば，ボランティアとは「切実さをもって問題に関わり，つながりをつけようと自ら動くことによって新しい価値を発見する人」であり，善意や自己犠牲や偽善で説明するのは不十分だという（金子 1992）。助けの手を差し伸べた側が大きな気づきを得るだけでなく，心身面で癒されることもあるという指摘もなされている（ガートナー・リースマン 1985）。となると，宗教者のボランティアは，世俗的なボランティアと比べ，多様な悩み苦しみをもつ人が集まる場所にいることで，問題意識を醸成し経験の豊かさを生かしていく可能性もあるのではないか（→ 30）。　　〔葛西〕

●第3章参考図書
[入門書]
青木保『タイの増院にて』中公文庫,1979年(初刊:1976年)。
上田紀行『がんばれ仏教！』NHKブックス,2004年。
ガートナー,A・F.リースマン編／久保紘章監訳『セルフ・ヘルプ・グループの理論と実際――人間としての自立と連帯へのアプローチ』川島書店,1985年(原著:1977年)。
金子郁容『ボランティア――もうひとつの情報社会』岩波新書,1992年。
国際宗教研究所編／中牧弘允・対馬路人責任編集『阪神大震災と宗教』東方出版,1996年。
『宗教研究』〔特集「癒しと救い」〕,70(1),1996年。
田中利典・正木晃『はじめての修験道』春秋社,2004年。
藤田庄市『熊野,修験の道を往く――「大峯奥駈」完全踏破』淡交社,2005年。
ボウカー,J.／脇本平也訳『苦難の意味』教文館,1982年(原著:1975年)。
三木英編『復興と宗教――震災後の人と社会を癒すもの』東方出版,2001年。
[基本書]
大谷栄一『近代日本の日蓮主義運動』法藏館,2001年。
窪寺俊之『スピリチュアルケア入門』三輪書店,2000年。
サミュエルズ,A.／村本詔司・村本邦子訳『ユングとポスト・ユンギアン』創元社,1990年(原著:1985年)。
『思想』〔特集「仏教／近代／アジア」〕,943,岩波書店,2002年。
島薗進『〈癒す知〉の系譜――科学と宗教のはざま』吉川弘文館,2003年。
鈴木大拙『日本的霊性』岩波文庫,1972年。
鈴木七美『癒しの歴史人類学――ハーブと水のシンボリズムへ』世界思想社,2002年。
谷山洋三ほか／関西学院大学キリスト教と文化研究センター編『スピリチュアルケアを語る――ホスピス,ビハーラの臨床から』関西学院大学出版会,2004年。
バーガー,P.／薗田稔訳『聖なる天蓋――神聖世界の社会学』新曜社,1979年(原著:1967年)。
ムコパディヤーヤ,R.『日本の社会参加仏教――法音寺と立正佼成会の社会活動と社会倫理』東信堂,2005年。
湯浅泰雄監修『スピリチュアリティの現在』人文書院,2003年。

# 第4章
# 差別・暴力・権力と宗教

礼拝室への入口は男女別だが，場所は違えど同室，礼拝が終われば家族親戚友人みなが交流し，楽しい時を過ごす集いの場である。ロサンゼルスのあるモスクでの，ラマダーン（断食月）あけのイードの礼拝にて。

---

宗教が人と人との対立や，差別，暴力を促すこともある。権力といえば身体的な脅しによる強制を想像するかもしれないが，むしろ隠微な力の行使のほうが効果的である。差別にも，明らかに悪意を見出せる，社会通念的にも問題があると感じられるような差別だけでなく，まったく悪意が見出せないものもある。これらのみえにくい差別，暴力，権力を宗教の中に探すため，いくつかの事例・側面を検討しよう。

## 22 神様というと，雲の上にいるおじいさん，というイメージがあるが？

●神の属性をめぐる対立

### ◆神は自分の似姿

あなたが思い描く「神」——信じても信じていなくてもいい——それはどんな姿形，目や肌の色をしているだろうか。

メキシコは世界で2番目にカトリックが多い国（ちなみに第1位はブラジルである）で，町を歩くとあちこちにキリストやマリアの祠がある。ちょうど，日本の道祖神やお地蔵様のような感じだが，たくさんの花が供えられ，人間よりも衣も立派で，大事にされているのがわかる。ところでメキシコのマリア像の肌は，灰色なのである。（あなたが日本人なら）灰色!?（なぜ白じゃないの!?）と思わないだろうか。

肌の色だけではない。「全知全能」の神の性別は，男性でも女性でもよいはずだ，いや中性のほうが都合がよいぐらいだ（ちなみに観世音菩薩は女性的に描かれることも多いが，教義上は中性的存在とされる）。ところが，なぜか神を男性のように決め，その属性を自分の延長上で想像し，マリアなど女性的な存在を従属させてしまう。

### ◆偶像の忌避

だから，神や聖者の姿を像に表すことを，偶像崇拝として禁じる宗教もある。徹底しているのはイスラームだ。イスラーム教徒が礼拝する場所であるモスクにも，聖像はいっさいなく，その代わりにメッカの方角を示す壁のへこみ（ミフラーブ）と説教壇（への階段）だけがある。人々はその方角に向かって礼拝するのである。聖像や人間の写実的描写を忌避したおかげで，美しい装飾文様アラベスクが発展した。キリスト教も偶像をもつことを忌避した歴史があった。現代でも，プロテスタントの教会では，十字架にかかったキリストや聖人像さえおかずに，大きな十字形の文様だけが壇の上に刻まれているところもある。

### ◆なぜ自らの似姿を偶像に求めるのか

神の容姿は自分の親，特に父親の姿の延長であり，自分を守ってほしい

カリフォルニア州サンディエゴの，別々のモスクでのミフラーブ。商店を改装して建てられた右のモスクでは，壁のくぼみさえないが，説教壇などの基本的なモチーフを揃えつつ別のアレンジがなされている。

という切実な思いを受けて発展したものだ，という仮説を，精神分析家S.フロイトは立てる。

幼い頃，子どもは両親の庇護の下におかれ，無力であり弱かった。また，いたずらや失敗をしたことも両親にはすぐわかってしまった。親は何でもでき，何でも知っていると恐れられたのだが，実際に大人に・親になってみると，親は全能でも全知でもないことがわかる。そこで，人間は自分のうちにある両親のイメージを高め祀り上げて神にし，庇護を願う（フロイト 1969）。そう考えると，肌の色も，瞳の色も，髪の色も両親と同じになるのではないかと推察できる。

◆神の属性と文化

実際には，この仮説に合わない例をみつけることが可能だ。チベット仏教では，青黒い顔で憤怒する多面多臂の諸仏を礼拝するが，この諸仏の憤怒相は，意外にも「慈悲深い」とされるのだ。私たちが「当たり前」と思う神仏の描き方が，実は特定の文化的コンテクストに規定されており，ほかの文化を自分たちの見方で捉えようとして，驚いたり，ときには見下したり敵視したりさえしているかもしれないことを聖像の多様性は教えてくれる。こうした先入観を自覚するところに，宗教について学ぶ意味があるのではないか（→ 59, 115）。

〔葛西〕

> ***23*** 宗教的観点からみて，男女いずれかがより優れているということはあるか？　また，男性・女性はそれぞれどうあるべきだと考えられているか？　●男性性・女性性と宗教

### ◆男性と女性の優劣

　神や聖人の姿が両親の姿を反映しているとなると，いろいろなことが気になってくる。そういえば，女神は母のように生み育てる役割を担っているようだし，男の神は世界を支配したり厳しく判断したりする役回りだ。

　人間の側も，男性か女性かによって，特定の宗教的役割が割り当てられることが多い。神社の巫女は女性しか務まらない。カトリックの聖職者は独身男性でなければならない。また，女人禁制の山があったり（→ *19*），相撲ファンの女性知事が土俵に上がって力士を表彰することが認められなかったりするのはなぜだろう。男性的な性格の女性もいるし，その逆もあるのに，なぜ特定の性でなければだめなのだろう。

　男性よりも女性を一段低くみた（あるいは男性にのみ言及した）教典記述は，諸宗教にある。それらは宗教上の特徴というより，民族的・伝統的な価値観の継承ともいえる面がある。本来は，教典に書かれた内容だけでなく，どのような実践がなされているかにも目配りすべきであるが，そうした限界に留意して以下を読んでいただきたい。

### ◆諸宗教における男性女性の位置――教典だけをみない

　旧約聖書の「創世記」2章，3章では，最初に男がつくられ，そのあばら骨から女がつくられる。蛇に唆されて禁じられた実を食べた報いとして，女は出産で苦しむべく運命づけられたとされる。しかし女性と性がともに否定的に論じられるばかりではなく，「詩編」のように生の喜びを率直にうたう箇所もあるし，新約聖書の中では，イエスの弟子としての女性が重要な役割を果たす箇所もある。ただ教会内では男女の役割分担があり，ローマ・カトリック教会ではいまだ女性の聖職者が認められていない。またプロテスタントでも，牧師が亡くなった後，彼をサポートして経験も知識も豊富な妻が牧師として教会を運営していこうとしても，なかなか受け入れられないことが多いという（川又 2002）。

イスラームでは，男性の殉教者は天国において，美しい女性にかしずかれる日々が待っているという記述がコーラン（クルアーン）にあるが，女性が肌を隠し体の線をみせないという，イスラーム的なたしなみに加え，アフガニスタンなどでは，部族的慣習によって，女性が頭からつま先までをチャードリー（ブルカ）で覆うことが行われている。こうしてみると，イスラームにおいて女性は搾取と抑圧の対象と決めつけがちだが，必ずしもそうではなく，喜捨の重視や寡婦の財産相続の保証，女子教育・就労の尊重など，女性を支持するさまざまな規定もある。あるいはトルコを訪問すれば，女性たちの服装が，現代の西欧社会ほどではないにしても，アフガニスタンよりはるかに開放的なことがわかるはずだ。イスラーム復興の揺り戻しを経て，現在はスカーフをかぶる若い女性も多いのだが，そのスカーフもカラフルで装飾性は低くない（→ *116*）。

仏教史上比較的後に成立した経典では，女性は欲望で汚れた存在であり，男性に転生（「変成男子（へんじょうなんじ）」）してのみ悟りが可能になるとするものがある。中国でつくられたらしい偽経『仏説大蔵正教血盆経』（通称血盆経）は，経血などが河川を汚し，その水を捧げることで神仏をも汚すことになるので，女性はとても罪深い，だが仏道に励み血盆経を毎日唱えれば救われるとされている（田上1992）。

ところで，釈迦の時代の仏教教団において，尼僧のほうが男性僧よりも数多くの戒を課せられていたことが，性差別の典型例として取り上げられる。だが当時のインド社会における女性の位置や身分を考慮する必要がある。出家できる女性は相当の経済的余裕のある出自のはずで，先輩男性僧よりも身分や教養で上位に立ち，反抗したり意地悪をした例もあったという。仏教教団のような，世俗的価値観を捨て去ることをめざす集まりにおいてどのような秩序があるべきか，追加の戒律で再確認したのではと考える研究者もある（Yifa 2005）。

伝統的価値観を追認するかたちであったにしても，多くの宗教が女性を一段低くおく価値観を追認してきたことは確かであり，教典類の見直しを行っているところもあることを知っておこう（→ *115*）。　　　　　　〔葛西〕

> **24** 宗教者がその立場を利用した悪事の例がいくつも報道された。純粋なはずの宗教の内部にも暴力があるというのは不愉快なことだが、これが現実なのか？
>
> ●宗教的権威の行使

◆権威は宗教に不可欠の要素である、しかし……

 私たちは、叱られなければしっかりしない面もあることを知っている。また、きょうだいづきあいや、学校でのちょっとした係や役の経験から、権威をうまく行使することや叱ることの難しさも学んだはずである。

 宗教の領域においても権威は必須だ（→ *44*）。例えば、危険な岩場などをめぐる山岳修験の修行では、先達の指示に従わないのは無謀でさえある（→ *19*）。

 しかし、権威が必須であるゆえに、①師匠の価値観が歪んでいたら、あるいは②適切なかたちで提供できなかったら、また③権威をめぐる関係がバランスを欠いていたら、たいへんだ（→ *33*）。日本弁護士連合会が 1999 年に採択した「宗教的活動に関わる人権侵害についての判断基準」は、消費者問題や人権問題の観点から、カルト教団の社会通念に抵触するような活動を明確にしようとしたものだが、宗教の権威や責任について重要な省察を求めたとも読める（日本弁護士連合会消費者問題対策委員会 1999）。

 **①権威を悪用した明らかな犯罪行為**　　新聞紙上を賑わした宗教者の内部での権威悪用の例をあげてみよう。オウム真理教では信者間のリンチなどが明らかにされた。統一協会や法の華三法行などは、信者を脅して献身的な布教活動や献金を強いたとして訴えられた（山口ほか 2000）。いわゆるカルトのみならず、アメリカのカトリック教会では、神父による数多くの性的虐待が調査公表され、社会に大きなショックをもたらした（Boston Globe 2004）。

 上記は被害者を対象とした悪意が明確に見出せ、犯罪として糾弾しやすいが、犯罪性を強調することで隠されたり忘れられたりする事柄もある。

 **②権威者の失敗**　　宗教的権威者の経験不足や知識不足あるいは無知による失敗、信者の病気・病弱などによる事故はどう考えるべきだろうか。

たとえ権威者が善意であったとしても、長年かけて病んだ身体が簡単に癒されたりするという思い込みが危険であることを、弁護士たちは不幸な事件を通して示す。あるいは信者の子どもが、たとえ心身の虐待の対象にならずとも、学校も行かずきちんとした食事も与えられずに放任されるという事態は、権威者としての責任がきちんと遂行されていない状況といえる。「判断基準」はこれらにも目配りし、信者に対する保護や注意の責任を考えるべきであると述べている。

　③**権威者とのバランスのとれた関係と、不健全な依存**　　特定の場においては、宗教的権威の受容は有益なことがある。しかしそれを生活の全領域に及ぼすのは、慎重に行われるべきである。死に至るほどの暴力を受け、脱出する機会がありながらそれをせずに死に至ったカルト信者の例は、家族から心身への虐待を受けながらもそこから逃げ（られ）ない人に見出された、過剰で不健全な依存である「共依存」の病理を想起させる。バランスのとれた関係をつくり維持できるように、権威者と信者と双方の側に努力や留意の必要がある。不健全な依存は、問題性の高い集団だけでなく、ある種のカウンセリングや教育や恋愛など、あらゆる人間関係で起こりうる。

◆**第三者評価機関はできないのか**

　さて、反社会的なカルトをめぐる事件が起きるたびに、しばしばいわれるのは識者による第三者評価機関ができないかということである。宗教的権威の視点から挙げた上記の三項目では、①は権威者名や集団名を過去の判例や新聞記事などによって確認するだけで比較的見出しやすい。しかし②や③は、主張する効能（奇跡的病気治しか趣味の共有か）、集まる人々の願望や性格によってもかなり異なった現れ方をする。表面的な美辞麗句だけをみていたり、①のような目につく犯罪性ばかりを強調したりすると、②、③のような潜在的な問題を見失う。また、集団の評価は個別事例の事実に即して論じられるべきだが、宗教性の質の評価に及ぶと、評価者のほうが他を喝破できる優れた宗教性をもつとする主張にもとられかねず、問題を複雑にする。むしろ、権威の問題が、私たちの一般的な人間関係にも当てはまる微妙な問題であることを自覚し、自分と周囲との関係をつくっていくことが大切なのかもしれない。

〔葛西〕

> **25** 宗教者が関わる紛争は少なくない。表面上平和的共存を説きながら，攻撃的で対立的な性質をもつものが宗教なのか？
> ●宗教と紛争

　2001年9月11日のアメリカ同時多発テロ，それに対するイラク戦争など，世界中でさまざまな紛争がある。宗教の対立が一因といわれているが，紛争の直接の・最初の原因なのか，あるいは当事者が「たまたま」宗教メンバーなのか。対立回避の努力を宗教はしなかったのか。

　1996年，ペルーの日本大使館がテロリストに占拠されたときに，交渉役となったのは，テロリストも敬意を払うカトリック神父であった。神父が交渉している間に警察が突入準備を整え，事件を解決に導いている。宗教家への信頼にはそれだけの力があるとすれば，2003年3月のイラク戦争の際には，宗教家たちがどのような動きをしていたのか。

◆アメリカ対イラクはキリスト教対イスラームではない

　同時多発テロ以降，アメリカとイスラーム世界とを対立させる見方が広まっていたから，この戦争も宗教戦争に近いものだと多くの人が考えていた。しかし，イラクもアメリカも決して一枚岩ではない。

　イラクはイスラーム国と思われているが，実は人口の5％はキリスト教徒である（人口比1％の日本より多い！）。彼らの多くは隣国のヨルダンに滞在し，イラク戦争終結を祈り続けていた。ムスリム（イスラム教徒）も，イスラーム内で多数を占めるスンニー派と少数派のシーア派，そしてシーア派に属するクルド人が揃っている。ただしシーア派は，イスラーム内で少数派とはいっても，シーア派の最重要聖地カルバラを擁するイラクにおいては多数派である。このように，イラクがイスラームをもって一まとまりになるのは容易ではなかった。諸派の対立を（アメリカの支援も得ながら！）統一させたのがフセイン政権であった。

　一方，開戦を求めたアメリカのブッシュ大統領はメソジスト教会に属する熱心なクリスチャンとして知られている。教会の指導部は戦争に公式に反対し，開戦前に大統領への面会を求めたが拒まれたという。ブッシュは本当のクリスチャンではないという言い方ができるなら，同じように，イ

スラームのテロリストは本当のムスリムではないということもできよう。

イラク戦争中の金曜礼拝で、宗教指導者がライフル銃をもって壇に上がり、「神の命令に従って戦うことはイスラム教徒の義務」と呼びかけたという話がある。けれど、イスラーム世界のすべてがアメリカの敵ではない。NATO（北大西洋条約機構）に加盟し、西側諸国と同盟を結ぶトルコのような国がある。だから、この戦争がキリスト教とイスラームとの宗教戦争という図式で捉えられて「同胞」扱いされることに対して、トルコは困惑を示し、抗議するが、その一方で「同胞」としてのイスラーム国への攻撃には反発する。イラクに隣接しているトルコに米軍の部隊を駐留させたいという申し入れを一度承諾しながら、最終的にはこれを拒否し、領空の通過のみを許した。その背景にはトルコの総選挙におけるイスラーム系野党（正義進歩党）の圧勝があり、西欧化しつつも「ムスリム同胞」への攻撃を許してはいないトルコ国民の心理がうかがわれる（→ *110*）。

◆尊敬される宗教者のジレンマ

尊敬され影響力をもつ宗教者が、難しい交渉の場で対立緩和を実現させた例も多くある。そもそもイスラーム発展の契機は、預言者ムハンマド（マホメット）が部族対立を収めた功績を買われたことにあった。法王を擁するカトリックの指導的地位も見逃せない。イラク戦争開戦直前の2003年2月、前ローマ法王ヨハネ・パウロ二世は、次期法王候補ともいわれていた枢機卿をフセイン大統領の下に特使として派遣し、何とかこの戦争を回避させようとした。対イスラーム以外でも、彼はユダヤ人に対してキリスト教徒が歴史的に行ってきた迫害について言及し、公式に謝罪してもいる。1962年から65年にかけて行われた第二バチカン公会議は、諸宗教との協調と和解が説かれ、キリスト教史上重要な転換点となったのだった。

このような紛争を見事にまとめた宗教者はもちろん尊敬を集めてきた。だが彼らにも、イラク戦争のような紛争の解決は容易ではなかった。紛争の当事者を同じ話し合いの場に引き出して、過去に双方がなしてきたことを明らかにしつつ、両者が受け入れ可能な結論に至るまで導いていくこと……それははたして可能なのか、誰に、どのようにできるのか。〔葛西〕

> **26** 戦争・紛争の中でも，最近はアメリカ対イスラームの対立がめだっているように思うが，これはなぜか？
> ●グローバル化と宗教テロ

アメリカ対イスラームの対立が冷戦終結以降前景化したことは事実で，その主な原因としては①パレスチナ問題（→ 32），②原理主義（→ 31, 34），③グローバル化がある。①②については後述するので，ここでは特に過去 20 年の国際情勢を読み解く鍵である③に焦点を当てる。

◆国際化とグローバル化

　グローバル化にはいくつもの定義があるが，これを 1980 年代以降の新しい現象と捉える場合は，国際化と対比されることが多い。わかりやすくは，国際化とはサッカーでいえば国の代表同士が対戦するW杯や五輪。グローバル化とはクラブチームが対決する欧州チャンピオンズリーグ。つまり，グローバル化では交流の単位が「国」ではない。スペインのレアルマドリード，イタリアのユベントスなど各クラブは確かに特定の国に属してはいるのだが，移籍の自由化のため選手は多国籍である。W杯や近代五輪が 1900 年前後に始まったように，国際化は 20 世紀型の国際交流のパターンであった。多額のお金を使って「国」の縛りなくスター選手を集めたチームがぶつかり合うチャンピオンズリーグに人気が移りつつあるように，いまや時代はグローバル化である。

◆グローバル化の宗教への影響

　それではグローバル化は宗教にどのような影響を与えているのだろうか。サッカー絡みの例をとれば，2005 年に中村俊輔選手が移籍したスコットランドのセルティックは，同じグラスゴーのクラブであるレインジャーズと，世界的にみても最も熾烈なライバル関係を築いてきたことで知られている。セルティックのファンは先住民であるケルト人を祖先とし，カトリックを信仰する〈庶民〉であるのに対し，レインジャーズのファンは侵略者であるイングランド人を祖先とし，プロテスタント（英国国教会）である〈エリート階級〉だからだ。このため両クラブが対戦するダービーは〈代理戦争〉であり，ファン同士の流血事件はつきものであった。

ところが、中村選手移籍のおかげで日本にも中継されるようになったこのダービー、実際にみてみるとスタジアムに殺伐とした雰囲気はない。なぜか？ グローバル化のため外国人選手が何人も入ってきたので、試合がもはや宗教・民族間代理戦争の意味をもたなくなったのである。このようにグローバル化により宗教集団間の対立が緩和されるということはある。

◆反グローバル化としてのテロ

だが、グローバル化には対立緩和とは反対の効果も大きい。欧州サッカー界にバブル現象が起こったように、グローバル化はビジネスを世界規模で過熱させ、その結果勝ち組（世界市場を支配する先進国の多国籍企業）と負け組（搾取される途上国労働者）の差が極端に開いてしまった。

グローバル化の犠牲となった弱者や自然環境を救うため、反グローバル化運動が世界各地で展開している。一方では宗教者による反グローバル化運動は地域密着型の開発事業やボランティア活動のかたちで結実している（→ 27）。だが、金儲け主義の多国籍企業の力は強大で、そういった地道な社会活動では埒があかないとなると、武力に訴えて貧富の差が甚だしい世界を変えようという過激派がでてくる。これが近年のテロの一背景である。イスラーム過激派によるテロがめだつのは、一つには欧米寄りの報道のあり方にも問題があろうが、もう一つには途上国とイスラーム圏の重なりが大きいことにもよる。他方、多国籍企業はアメリカに拠点をもつものが多いため、グローバル化は結局アメリカの一人勝ちだと、反グローバル勢力からアメリカが敵視されるようになった。これが、アメリカ対イスラーム過激派の図式が定着した一つの要因である。

もっとも、イスラーム過激派もまたグローバル化から〈恩恵〉を得ている。アルカイダのような国際テロ組織（イスラーム系）は、ヒト・モノ・カネ・情報が国境を越えて移動することが容易になったグローバル化の産物ともいえるからである。欧米とは別の視点に立つ中東の衛星ＴＶ局、アルジャジーラのニュースに、一般の日本人までアクセスできるようになったのも、グローバル化時代ならではである。なお、グローバル化には「文化の画一化」という側面もあるが、これと宗教の関係については 35 で述べる。

〔藤原〕

> **27** 貧困，環境破壊，紛争被害など，近代国家の発展がもたらしたマイナス面に対し，宗教はどのように取り組んできたか？
> ●宗教の社会行動，宗教 NGO

### ◆近代国家の発展がもたらした負債

19世紀末から20世紀にかけ，世界は二度の大きな戦争を経験しながら，西欧をモデルにした近代国家を次々と確立していった。特に第二次世界大戦後は，西欧諸国の植民地であったアジアやアフリカで独立運動が相次いだ。近代的な政治体制が樹立し，急速な経済成長をめざしていった。

しかし，政府主導の経済発展や，世界全体を市場とするグローバルな資本の経済活動は，さまざまな歪みを社会にもたらした。発展の恩恵を受ける少数の実業家や特権階級などの層と，大多数の貧困層との差が拡大し，それが秩序の混乱や教育の停滞，HIV（エイズ）など疾病の蔓延へとつながっていった。また，産業振興のつけとして，森林伐採や水質汚染などの環境破壊が進行した。さらには，独立国家の主導権や国境をめぐっての民族間，部族間の対立が尾を引き，絶え間ない紛争状態に陥っている国々もある。

### ◆イスラームの相互扶助

上述したような社会の問題はイスラームと結びつけられることが多いのだが，それは即断にすぎる。イスラームには喜捨・救貧という相互扶助を説いた教義があり，（コーラン2章172節），グローバル経済に巻き込まれることでその相互扶助が崩れたことが問題を大きくしている一面もある。イスラームのよい面をいかしつつ，人権尊重やジェンダー間の平等など，植民地独立期以後の課題に取り組んでよりよい世界をつくっていこうとするイスラームの運動として，例えば，進歩的イスラーム（progressive Islam）をあげることができる（Muslim Wakeup! 2005）。

### ◆社会行動する仏教，宗教とボランティア

一方，仏教においても，草の根のレベルで宗教者が大きな役割を果たしている場合があることに気づかされる。例えばタイの「開発僧」。政府主導の急速な経済成長から取り残され，貧困にあえぐ農村に，仏教僧侶が

入っていき，NGO（非政府組織）と連携しつつ，独自の開発を進めている。彼らは協同組合や貯蓄組合を創設するといった実際的な指導，支援を行っているが，それらは村人の自発的な参加や相互扶助を促すものである。そして，智慧，瞑想，戒律という，仏教の根本的な教えを社会の中で実践する仏教改革運動という面もあわせもっているとされる（西川・野田 2001）。

また，ベトナム戦争の最中，被災者の救護や学校，医療施設の設立などに奔走し，その後もベトナム難民の救援を訴えてきた，ティク・ナット・ハン師も有名である。師が提唱した「行動する仏教」(engaged Buddhism) の思想は，日本も含めて，ボランティア活動を進めている仏教者の間に広く浸透している。それは「縁起」や「慈悲」といった大乗仏教の教えの現代的な展開として捉えられているのである。

タイの開発僧のように，ボランティア活動を行う NGO を宗教者や宗教団体が支援したり，また，宗教団体自身がボランティア団体を結成し，さまざまな救援活動を行っているケースは，世界中に数多く存在している。日本でも，伝統仏教教団やキリスト教会，新宗教教団の中に，こうした動きがみられ，さらにはボランティア団体同士のネットワークも形成されている。

◆宗教的な背景をどう理解するか

いうまでもなくキリスト教史には博愛主義の伝統があるし，1962 年に始まった第二バチカン公会議以後はカトリック教会が積極的に社会改革にも関わっている。

このように，ボランティア活動やその実践者が宗教的な背景をもっていることの意味は，いったいどこにあるのだろうか。宗教者の影響力が人々を参加させる上で役に立っているという評価がある。それを「狭い評価」とみる向きもあるが，しかし，宗教的な世界観に動機づけられたよき相互扶助のモデルを宗教者が提供していると捉えることもできる（→ 21, 75）。

〔黒崎・葛西〕

## ●第4章参考図書

### [入門書]

女性と仏教東海・関東ネットワーク編『仏教とジェンダー――女たちの如是我聞』朱鷺書房，1999年。

田中公明『活仏たちのチベット――ダライラマとカルマパ』春秋社，2000年。

田上太秀『仏教と性差別――インド原典が語る』東京書籍，1992年。

ダライラマ／山際素男訳『ダライ・ラマ自伝』文藝春秋，1992年（原著：1990年）。

西川潤・野田真里編『仏教・開発・NGO――タイ開発僧に学ぶ共生の智慧』新評論，2001年。

ハサン，A. G.／池田智ほか訳『私はアメリカのイスラム教徒』明石書店，2002年（原著：2000年）。

### [基本書]

川橋範子・黒木雅子『混在するめぐみ――ポストコロニアル時代の宗教とフェミニズム』人文書院，2004年。

島薗進編『何のための〈宗教〉か――現代宗教の抑圧と自由』青弓社，1994年。

ジラール，R.／古田幸男訳『暴力と聖なるもの』法政大学出版局，1982年（原著：1972年）。

スピヴァク，G. C.／上村忠男訳『サバルタンは語ることができるか』みすず書房，1998年（原著：1988年）。

田中雅一『暴力の文化人類学』京都大学学術出版会，1998年。

南山宗教文化研究所編『宗教と社会問題の〈あいだ〉――カルト問題を考える』青弓社，2002年。

日本弁護士連合会消費者対策問題委員会編『宗教トラブルの予防・救済の手引き――宗教的活動に関わる人権侵害についての判断基準』教育史料出版会，1999年。

ボードリヤール，J.／塚原史訳『パワー・インフェルノ――グローバル・パワーとテロリズム』NTT出版，2003年（原著：2002年）。

バック＝モース，S.／村山敏勝訳『テロルを考える――イスラム主義と批判理論』みすず書房，2005年（原著：2003年）。

# 第5章
# 政治と宗教の相克

ノアの箱船（「創世記」6章）の想定模型で，手前はミニカー。アメリカ・カリフォルニア州サンディエゴの創造説博物館では，旧約聖書の記述通りに世界が創造されたという説に基づいた展示がある。

政治と宗教との関係は，地域的にみても，歴史的にみても多様であり，またさまざまな困難な問題を抱えながら今日に至っている。本章では近現代にしぼり，政治と宗教の関係を考えるときの基本的な見取図を提供したい。まずは日本国憲法にもうたわれている「政教分離」を取り上げる。政教分離原則の前提を掘り下げていくと，宗教に対する現実的な認識を深めていく必要を感じるだろう。政教分離制は，現在アメリカではキリスト教保守派により揺り動かされている。進化論ではなく，宗教的な創造説（写真キャプション参照：インテリジェント・デザイン説ともいう）を公立校で教えようとし，裁判にまで至っているのである。

## *28* 政治と宗教が結びつくのは，危険なことなのか？

●政教分離とナショナリズム

◆靖国問題

2005年春，中国の各地で反日デモが広がった。小泉純一郎首相の靖国神社参拝が，その原因であったといわれる。小泉首相は就任以来，終戦記念日という公約と日取りは異なるものの，毎年参拝を続けており，そのたびに論議を巻き起こしていた。しかし今回は，終戦60年という節目の年にあたることなどから，日本に軍国主義的な傾向が復活することを懸念して，反発がいっそう大きくなったものとみられている。

国内では，首相の靖国参拝に賛成する意見も，これまで以上に多く聞かれるようになった。国家のために戦った人々の霊に，現在の日本国政府を代表して首相が追悼の誠を捧げることの何が悪いのか，というものである。

靖国神社は，1869（明治2）年，明治維新の殉難者の霊を祀るために創建された東京招魂社を前身とし，1879（明治12）年に現在の名称になり，戦前・戦中は軍部が管轄していた（→ *29*）。第二次世界大戦後の1945年12月，占領軍（連合国最高司令官総司令部：GHQ）は「神道指令」を発し，「軍国主義」「過激な国家主義」のイデオロギー宣布を禁止するために，国家による神社管理制度，いわゆる国家神道を解体した。その結果，靖国神社は民間の宗教法人として存続することとなった。このとき導入された「宗教を国家から分離する」という政教分離の原則は，46年11月に公布され，翌年5月に施行された日本国憲法の20条と89条に明記される。

◆政教分離の多様な姿

占領軍が政教分離原則を採用した目的が国家神道の解体にあったことは，これまでの研究で明らかになっている。しかし，憲法が規定しているのは，神道ばかりでなくすべての宗教団体と国との結びつきの禁止である。それをどこまで厳格に適用すべきかについて，訴訟や論争が重ねられてきた。

同じ憲法20条では，「信教の自由」の保障が規定されているが，こちらは普遍的な基本的人権の根幹として，多くの近代国家で採用されている。

しかし、国家と宗教団体の分離という意味での「政教分離」はというと、必ずしも一様ではない。例えば、イギリスは国教制を採用しているし、ドイツは公認教制を採用している。タイ、ミャンマー、ラオス、カンボジアなどの東南アジア諸国も、上座仏教の僧伽(サンガ)と深い関係を維持している。その一方で、フランスでは公教育から徹底的に宗教を排除する「ライシテ」の政策がとられている。これは、ムスリムの女子生徒に対してスカーフの着用を認めなかったことから起こった「スカーフ裁判」で問題となった (→ 16)。こうしたさまざまな政教分離のあり方を、「友好的な政教分離」と「非友好的な政教分離」の二類型に区分する見方がある。

◆宗教的ナショナリズムの台頭

靖国問題などをめぐっては、国家の側から特定の宗教に特権を与え、それによって国が信仰を国民に強制するという方向が問題とされてきたが、そうした力は世俗化の進行の中で風化していくのではないかともみられてきた。ところが今日では、宗教の側から政治にアプローチし、影響力を発揮するという逆の方向が、世界中で注目される現象になっている。シーア派イスラム法学者のR. ホメイニーがリーダーとなって1979年に起こしたイラン革命がその典型だが、西洋世界も例外ではない。70年代以降のアメリカでは、「宗教右派」とよばれる保守的キリスト教の勢力が、大統領選挙にも影響を与えている。いずれも、世俗的な政治体制や社会の荒廃に失望し、宗教的権威による秩序の再形成を実現しようとする。このような、いわば非公式の、宗教的ナショナリズムとよばれる動きは、日本でも戦前の日蓮主義運動などにみられ、また80年代以降に注目されるようになった新新宗教の中にも、ナショナリズムを主張する教団がみられる。

また、特定の宗教伝統とは離れたかたちで、国家が果たすべき倫理的な理想の次元として「市民宗教」(→ 76)を捉えようとする、アメリカの宗教社会学者R. ベラーのような見方もある。

国家から宗教へ、宗教から国家へのどちらの方向を考えるにしても、宗教を個人の信仰としてのみ捉えるのでなく、宗教がもってきた社会統合力、秩序形成の力を、まずは正面から見据える必要があるだろう。〔黒崎〕

> **29** 葬式はふつう仏式で行うのに対し，戦死者を神社で祀るのはなぜだろうか？
> ●戦死者の慰霊・追悼，モニュメンタリズム

◆戦死者の慰霊・追悼とナショナリズム

　靖国問題を問うには，国が戦死者の慰霊・追悼を行うことの意味を考えてみる必要がある。そのために，いったん靖国神社を少し離れてみよう。

　靖国神社にほど近い武道館では，毎年8月15日に政府主催で「全国戦没者追悼式」が行われている。ここでの「戦没者」の範囲は，1963年の閣議決定では「支那事変以降の死没者（軍人・軍属及び準軍属のほか，外地において非命にたおれた者，内地における戦災死没者をも含むものとする。）」とされた（川村 2003）が，95年に村山首相が「悲惨な戦争による幾多の尊い犠牲」と談話・式辞の中で述べて以降，範囲は広がったようだ。

　その「戦没者」について，首相式辞では，戦後日本の「平和と繁栄」の「尊い犠牲」という表現が貫かれてきた。戦場や銃後でたおれた無数の人々の死は，今日の私たちが享受している平和・繁栄の「犠牲」であったと意味づけられてきたのである。

　国による戦死者の慰霊・追悼とは，このような国家による死の意味の全体的な収斂・回収であり，それが近代国家のナショナリズムを文化的にかたちづくっている。B. アンダーソンは，その最たるものとして「無名戦士の墓と碑」をあげ，次のように指摘する。「これらの記念碑は，故意にからっぽであるか，あるいはそこにだれがねむっているのかだれも知らない。そしてまさにそれ故に，これらの碑には，公共的，儀礼的敬意が払われる」（アンダーソン 1997）。

　伝統的な共同社会では，宗教的な世界観が死と来世についての解釈を提供してきた（→9, 10）。近代国民国家ではその代わりに，記念碑や国家儀礼を媒介とする戦死者の追悼・顕彰（「モニュメンタリズム」とよばれる）が，そうした役割を担っている，といえる。

◆モニュメンタリズムと宗教

　モニュメンタリズムは，近代のナショナリズムが宗教の代替機能をもつ

ことを表している。だが、伝統的な宗教的要素が常に払拭されているかというと、必ずしもそうではない。そこには幾層かのレベルをみることができる。戦没者記念碑といえば、アメリカのアーリントン国立墓地にある「無名戦士の墓」や、ドイツの国立中央追悼所（ノイエ・ヴァッヘ）などが有名だが、ここではイギリスの例をみておこう。

イギリスでは、第一次世界大戦後、各地に膨大な数の戦没者記念碑が建設された。その中心が、ロンドンの中央部、ホワイトホールにあるセノタフ（Cenotaph）である。直方体で、側面と頂上に月桂樹の輪のレリーフがあり、側面に国旗が立てられている。11月11日に最も近い日曜日が「戦没兵士追悼記念日」とされ、ここで式典が行われる。また、11月11日には2分間の「黙禱」が捧げられる。

セノタフのデザインと黙禱は、広大な植民地をもつ帝国国民の間に解釈の違いをもたらさないように工夫されたものといわれている。それに対し、各地方の戦没者記念碑には、守護聖者や女神像、十字架など、その地に定着したキリスト教文化の要素がみられるという（粟津2000）。

日本の場合、死者儀礼は主に仏教が担ってきた。それは各家庭に限らない。東京都墨田区にある東京都慰霊堂は、関東大震災で遭難死した人々、東京大空襲で犠牲となった人々の遺骨を安置し、毎年春と秋に仏式で法要が営まれている。また、全国各地の忠魂碑、招魂碑でも、仏式・神式交代で慰霊祭が行われるところがある。

靖国神社では戦死者が祭神として、もっぱら神道儀礼に則って祀られている。だが、戦地から戻ってきた遺骨は、遺族に返され、家の墓に納められて、主に仏式の葬儀、法要が営まれてきた。戦後に収集された氏名不詳の遺骨は、靖国神社に近接する国立の千鳥ヶ淵戦没者墓苑に納められている。

死者を記憶する作法としての宗教性が、どのようにモニュメンタリズムに内包され、組み込まれているかを、注意深く検討する必要があるだろう（→ 41, 42, 60）。　　　　　　　　　　　　　　　　　　　　〔黒崎〕

> **30** 政教分離国であるアメリカの大統領が「神」を口にし、国民とともに祈りを捧げてよいのなら、日本の首相が公人として神社に参拝しても問題ない、ということはできるか？
> ●公共と宗教

　日本の首相の靖国参拝は、主にそれが戦犯を讃え戦争を美化することになるという理由から、またそれが政教分離原則に反するという理由から反対されている。だが目を外に転じれば、同じく政教分離制であるはずのアメリカでは、公の場面に宗教がしばしば顔をだしている（→ 28）。

◆アメリカで政治家の宗教行為が許されるのは？

　日本語では「政教分離」というが、英語ではこれは separation of church and state（教会と国家の分離）である。すなわち国教制をとらない、国家が特定の宗教を優遇してはならないことを意味するにすぎず、政治から宗教を取り除くという意味ではない。また、アメリカは、17世紀に入植したピューリタンによる「宗教による社会革命」が建国のバックボーンにあるため、もともと宗教に対して〈友好的〉である。だから、特定の宗教に偏らない限り、政治家が宗教行為をとることには寛容だ。つまり、特定の宗教の神をさすことなく中立的・総称的に「神」というならば、それは許されるのである。こうして公の場に現れた宗教は「市民宗教」（→ 76）とよばれている（これに対し、フランスが政治と宗教を厳密に分ける〈非友好的な政教分離〉国となったのは、特権階級だった聖職者と貴族を革命で倒したこと、いわば「宗教に対する社会革命」があったからである）。

　他方、首相の公人としての神社参拝は、神社が神道という特定の宗教に属する以上、政教分離に反すると考えられるので、2005年には大阪高裁で小泉首相の参拝に対し違憲判決がだされた。加えて、アメリカの市民宗教は、「自由・平等」という啓蒙主義的理念をめざし、一国だけの民族感情に基づくものではないから、神道の場合とは異なるという意見もある。

◆政教分離の建前と本音

　ところが、アメリカ社会をよくよくみるならば、上記の理由づけにはすぐにほころびがみえてくる。大統領の就任式では、大統領は手を聖書に置

いて宣誓する。しかし聖書はキリスト教・ユダヤ教のものであり、明らかに偏っている。これは国民の8割以上がキリスト教徒だから、と続けられている慣行だが、少数派の宗教や無神論者を無視してよいはずがない。また、一口に「自由」の理念といっても、「銃所持の自由」と「表現の自由」では求める勢力は正反対である。何に関する「自由」とするかによって、保守（右派）・リベラル（左派）の片方のみを支持することになってしまう。

こういった矛盾が放置されているのは、市民宗教は、国家の統合に役立つことがその存在意義だからであろう。「神」や「自由」の内容は特定せず、とりあえず「神」「自由」というほうが、いわない場合よりも、国民をまとめることができるとみなされているのである。2002年には学校で行われる星条旗への誓いの言葉に「神」の語があることに対し違憲判断が下ったが、国民感情に反すると政党を問わず大きな批判があがった。

◆公共宗教，信教の自由

「市民宗教」と別に、「公共宗教」という言葉も聞くようになった。この推進派は「公共のために宗教は何らかの役割を果たすべきだ」というが、これは「公共機関は宗教に関与してよい」ということは意味しない。「宗教も社会貢献しなくては」という発想に近い。その社会貢献は、必ずしも「国益」とは一致せず、場合によっては国家権力に対抗したり、国家を越えて連帯したりする草の根の運動にもなる点で、市民宗教とは異なる（→27）。

付け加えれば、日本は憲法上はアメリカ型の政教分離に近いが、国家神道を解体して民主化した点ではフランスに似た歴史的経緯があるので、政教分離といえば政治と宗教を厳密に分けることだと思う人が多いようだ。したがって、司法判断に首をひねるということがときどき起こる。例えば、「エホバの証人」の信徒である高専生が、信仰上の理由で必修の剣道の授業を拒否したところ、退学処分を受けたので、取り消しを求め裁判を起こしたことがあった。最高裁の判決は生徒の勝訴（1994年）。意外に思われるかもしれないが、アメリカ型の政教分離原則からすればこの判決は妥当である。これは「エホバの証人」のみを優遇するものではなく、ほかのいかなる宗教の信者が同様の権利主張をしても平等に認めることを意味する。これが現憲法下で「信教の自由」を守る、ということである。〔藤原〕

> **31** 日本ではクリスマス商戦が過熱しているが，アメリカのデパートからは Christmas Sales の看板が姿を消している。　●多文化主義と原理主義（ファンダメンタリズム）

◆多文化主義と原理主義の対立

　アメリカのデパートで Christmas Sales の文字をみかけなくなったのは事実だが，クリスマス商戦はなくなったわけではなく，表記が Holiday Sales に変わったのである。この変化は，キリスト教以外の信仰をもつ人たちに対する配慮からきている（それは客層をできる限り広げたいという商魂でもあるわけだが）。デパートは公の機関ではないから政教分離を守らなくてもよいのだが，これはさまざまな文化の共存をめざそうという「多文化主義」（マルチカルチュラリズム）（→ 114）がアメリカ社会に浸透してきたことの現れである。公立校などの公の場ではいっそう Merry Christmas のフレーズは問題だということで，使われなくなっている。就任式では聖書に手を置き宣誓したブッシュ大統領も，就任以来，クリスマスカードには Merry Christmas ではなく Season's Greetings, Happy Holidays などの宗教色のないフレーズを使い，政教分離と多文化主義を意識してきた。

　ところが 2005 年には，大統領もカードに Merry Christmas と書くべきだという批判が保守的キリスト教徒からあがった。この原理主義（ファンダメンタリズム）ないし宗教右派とよばれる人々（自称は福音派。複数の教派の総称，→ 34）は，Merry Christmas の看板のない店に対し不買運動も起こした。

◆政教一致をめざす原理主義

　こうした「福音派」はアメリカ人口の約 3 割を占め，一大勢力となっている。特に 1980 年代以降，宗教色の強い要求を掲げロビー活動を行うなど，政治への関与を強めてきた。福音派は，昔ながらのキリスト教の教えは正しく，それにみなが従えば社会はよくなる，多文化主義では反対の方向に進むと考えている。キリスト教に基づく政教一致社会を理想としているのである。

　福音派の要求の代表的なものに，人工妊娠中絶や尊厳死の違法化がある。2005 年には，フロリダ州で植物状態の女性の延命装置を外すことを夫が

希望したところ，福音派が大々的な反対運動を繰り広げた。中絶に関しては，福音派のような反対派を「プロライフ」，容認派を「プロチョイス」とよぶが（→5），両者の対立を「生命尊重派」と「（女性の選択の）権利尊重派」と表現することは正確ではない。過激な福音派は中絶手術を行う医師を殺害したことがあるからだ。つまり福音派が真に尊重しているのは，命そのものではなく神の意志なのだ。神の意志に逆らい，人間が自ら生命の長さを操作することが許せないのである（→4）。

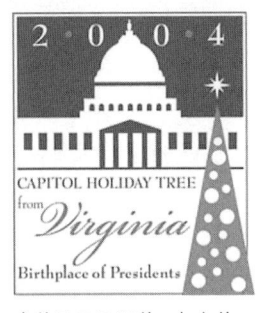

クリスマスツリーもホリデーツリーに……。〈http://www.capitolholidaytree2004.org/〉

だが，この「神の意志に従うこと」自体がいかに恣意的な解釈の上に成り立っているかは，福音派の中には（34 で紹介する snake handlers の一部など），薬で病気を治すことすら人為的とする見方があることからわかる。延命装置をつけるほうが人為的だともいえる，ということだ。

◆原理主義とイスラーム

個々人の生命よりも「神の意志」を優先するなら，外交面では宗教的大義を掲げた戦争を肯定することにもなる。実際，福音派にはイスラームを悪魔視し，対テロ戦争のような武力的強攻策を支持する傾向が強い。

イスラームの側には同じく原理主義といわれる強硬派がいる。過激派はごく一部だが，「われわれが経済でも軍事でも欧米・イスラエルにやられっぱなしなのは，西洋文化にかぶれてイスラームから離れたからだ」という認識は，「イスラーム主義（復興運動）」というかたちでイスラーム圏に広がっている。「伝統的な信仰・生活に戻れば社会はよくなる」とする点ではキリスト教原理主義と同じだが，イスラーム側はそれを革命というかたちで実行に移した（イラン革命，タリバン政権）。かつて西洋化の過程で導入した世俗的な市民法をイスラム法（シャリーア）に変え，政教一致体制に転換した。

原理主義は「宗教的ナショナリズム」（→28）ともいわれるが，イスラームのほうは国や民族ではなくイスラームという単位を重視していることには注意が必要である。

〔藤原〕

> *32* 2001年アメリカ同時多発テロ事件以降，ブッシュ大統領は「テロ撲滅」を掲げてきたが，むしろ宗教テロは拡散する一方で，先進諸国でも続発している。日本も標的になるのだろうか？　●9.11テロ後，パレスチナ問題

　9.11テロ後，ブッシュ大統領は「テロとの戦い」を宣言し，まずはビン・ラディンをかくまっていると目されたアフガンのタリバン政権，続いてイラクのフセイン政権を倒した。フセイン政権は原理主義ではなかったが，大量の破壊兵器を有し，それがテロリストに渡るおそれがあるとされたのだ。しかし，兵器はみつからず，代わりにイラクではテロと流血の惨事が続いた。2005年にはロンドンで地下鉄テロが起こった。これはイラク戦争に抗議する移民二世によるものとされ，新たな衝撃を与えた。

　この一連のテロと戦争を，「キリスト教対イスラーム」の宗教対立だとみる人は少なくないようだが，単に宗教が異なるからという理由で争っているのではない（→ 25）。キリスト教とイスラームは仏教に比べればはるかに共通点が多いことを考えても，信じるものが違うから対立するというわけではないことは明らかだ。イスラーム過激派によるテロの背後には，経済的な問題（→ 26）や半世紀以上続いているパレスチナ問題がある。

◆パレスチナ問題と終末論

　パレスチナ問題は，1948年のイスラエル建国，パレスチナ人追い出しに始まる。長い間迫害に苦しんだユダヤ人だが，自利のためパレスチナ人を圧迫しさらなる悲劇を生んだ。アラブ−イスラーム社会は同胞であるパレスチナ人を援護し，イスラエルからの解放を試みてきた。また，イスラエル建国の際にはイギリスの二枚舌外交があり，その後は（ユダヤ人の多い）アメリカがイスラエルを支援したため，アラブ−イスラーム社会は欧米をも敵視してきた。過激派がテロ行為を「ユダヤ・キリスト教十字軍に対するイスラームの聖戦」と位置づけているのにはこうした背景がある。

　しかし，いかなる深刻な社会問題があろうとも，テロや戦争といった武力行使によらず漸次的に解決を進める道もあるはずだ。それを行わない原因には，宗教的世界観からみるならば，イスラーム過激派にもキリスト教

原理主義者にも存在する終末論（→ 57）があげられる。聖書にもクルアーン（コーラン）にも大戦争とともに終末が到来するという記述があるが，これを比喩ではなく近い将来現実に起こる話として捉えているのである。世界の終わりというと怖そうだが，信じる者はこれを待望している。「敬虔な信者（＝自分たち）は救われる」というシナリオだからである。近未来の終末をリアルに描いた小説『レフトビハインド』は全米ベストセラーになり，イスラーム圏でも同種の終末論書は流布している。

終末は敬虔な信者による正義軍が悪魔の軍勢を打ち負かすことによって達成されるのだが，この世界最終戦争とパレスチナ紛争を重ねる解釈が，双方の原理主義（→ 34）で支配的になっている。このためキリスト教原理主義者が，かつては「イエス殺し」と憎んだユダヤ人を支援するという奇妙な現象（「クリスチャン・シオニズム」）も生じ，ブッシュ政権の親イスラエル外交策を強化している。日本がアメリカを支持することは，キリスト教原理主義者の目にもイスラーム過激派の目にも，日本が自らこの最終戦争のシナリオに加わってきた，と映るだろう。

◆キリスト教とイスラームの原理主義が和解したら？

それではパレスチナ問題が平和裡に解決することはないのか。可能性はある。しかし，仮にキリスト教原理主義者が，ユダヤの友となったのと同様にイスラームとも手をつないだらどうなるだろうか。「対話が必要」とはよくいうけれども，楽観できないのは，社会の矛盾に対する義憤と終末論信仰が続くならば，イスラーム‐キリスト教連合は新たな敵（例えば宗教離れしたモラルなき人々という敵）をつくりうるからである。その中に日本が含まれないという保証はない。

そう聞くと，原理主義者など皆この世からいなくなってほしいと思うかもしれない。だが，それはそれ自体原理主義的な発想だ。極端な想定だが，もし地球を異星人が攻撃してきたら，その星を丸ごと破壊するまでは安心できないという気持ちになるのではないか。それが対テロ戦争や聖戦の支持者の心情だろうと想像すれば，その人たちは自分とそれほどかけ離れてはいないと気づくだろう。その心情に抗い別の道を模索するという課題は，日本と近隣諸国の関係の場合と基本的には変わらない。〔藤原〕

●第5章参考図書
[入門書]
池内恵『現代アラブの社会思想——終末論とイスラーム主義』講談社現代新書, 2002年。
臼杵陽『原理主義』岩波書店, 1999年。
栗林輝夫『キリスト教帝国アメリカ——ブッシュの神学とネオコン, 宗教右派』キリスト新聞社, 2005年。
田中伸尚『政教分離——地鎮祭から玉串料まで』岩波ブックレット, 1997年。
中野毅ほか編『宗教とナショナリズム』世界思想社, 1997年。
西谷修ほか『アメリカはなぜ狙われたのか——同時多発テロ事件の底流を探る』岩波ブックレット, 2002年。

[基本書]
阿部美哉『政教分離』サイマル出版会, 1989年。
井門富二夫編『占領と日本宗教』未來社, 1993年。
大谷栄一『近代日本の日蓮主義運動』法藏館, 2001年。
カサノヴァ, J./津城寛文訳『近代世界の公共宗教』玉川大学出版部, 1997年（原著：1994年）。
川村邦光編『戦死者のゆくえ——語りと表象から』青弓社, 2003年。
阪本是丸『国家神道形成過程の研究』岩波書店, 1994年。
佐藤幸治・木下毅『現代国家と宗教団体——紛争処理の比較法的検討』岩波書店, 1992年。
髙橋哲哉『靖国問題』ちくま新書, 2005年。
津城寛文『〈公共宗教〉の光と影』春秋社, 2005年。
中島岳志『ナショナリズムと宗教——現代インドのヒンドゥー・ナショナリズム運動』春風社, 2005年。
中野毅『戦後日本の宗教と政治』原書房, 2004年。
中野実『宗教と政治』新評論, 1998年。
蓮見博昭『宗教に揺れるアメリカ——民主政治の背後にあるもの』日本評論社, 2002年。
藤原帰一『戦争を記憶する——広島・ホロコーストと現在』講談社現代新書, 2001年。
堀内一史『分裂するアメリカ社会——その宗教と国民統合をめぐって』麗澤大学出版会, 2005年。
ユルゲンスマイヤー, M./阿部美哉訳『ナショナリズムの世俗性と宗教性』玉川大学出版部, 1995年（原著：1993年）。

# 第6章
# 現代社会における宗教

洋風家具のような「現代仏壇」からは，宗派ごとの形式の違いを超えて，先祖の魂に現代人が向ける思いがうかがわれる。（八木研提供）

現代社会では，宗教を「怪しい」「危ない」と感じて拒絶したり，あるいは宗教にあまり関心がなく，疎遠な感じをもっていたりする人が多い。このように，既成の宗教には関わりたくないけれども，宗教的，神秘的な事柄には関心がある，という人もいる。私たちはなぜそう考え，感じるのだろうか。また「怪しい」「危ない」宗教が現れたり，私たちが宗教に疎遠になったりしている背景にはどんな問題があり，解決策としてどのような道が模索されているのだろうか。そのこと自体が，現代社会の宗教を考える上で重要なテーマである。本章では，そのような現代社会に生きる私たちと宗教との距離をめぐる問題を取り上げる。

> **33** 人々を巧みに誘導し,あたかも自発的であるかのように装って,集団目的に従わせる宗教を「カルト」とよんでよいか? 悪しき宗教はマインドコントロールにより人々の自由を奪う?　●「カルト」と「マインドコントロール」

### ◆宗教集団や指導者は信徒を騙しているのか?

　正体不明な宗教集団に入信させられ,人生の大事な時期に多くの時間をそこにつぎ込み,たくさんのお金を捧げた後,その宗教集団の主張は偽りだと思い至ったとしたらどうだろう。その人は怒りにかられ,心の底から悔しく思い,献金は詐欺によるものだとし,宗教集団は償いをすべきだと考えるだろう。

　だが,宗教集団側は,自分たちはその人を騙そうとしたつもりはない,宗教的信念に基づき,その人の救いにとって最善の道と信じるところを勧めただけだと主張するかもしれない。信教の自由が認められた社会では,ある宗教集団が信じている事柄が「インチキ」だと思われても,ただちにそれを理由にしてその集団を告発しても勝ち目はない。宗教集団が個々人の信教の自由やその他の基本的人権を奪うなど,被害を及ぼしたことが立証されなくてはならない。

　そこでアメリカでは1980年代に,日本では90年代に盛んに使われたのが,「マインドコントロール」という言葉だ。宗教集団は市民の思考を意図的に巧妙に支配して,市民の自由を奪い,自らのうちに引きずり込み,献身的に尽くさせたり,法外な献金をさせたりするという論法で宗教集団側の非を論じようとするのだ。この議論が通ると,責任はもっぱら宗教集団側にあり,市民は宗教集団の犯罪による被害者であることが立証されることになる。一方,宗教集団側は,それは正当な宗教的教化の一環であり,意図的な欺瞞ではないとして弁明することになる (→ 86)。

　ところが「マインドコントロール」という言葉が使われるようになると,それは人間生活のさまざまなところにあるもので,必ずしも欺瞞や犯罪に結びつくものとはいえないという認識も育ってくる。先生は生徒を,販売員は消費者を「マインドコントロール」しているといった言い方ができる

ではないか。このように考えると，市民に被害を及ぼすような宗教集団の害悪を，もっぱら「マインドコントロール」という言葉で言い当てようとするのは適切ではないといわざるをえない。

◆**宗教集団の害悪をどう捉えるか**

　宗教集団の及ぼす害悪は多岐にわたっている。その集団の信仰体系に基づけば正しいが，一般社会の法的・倫理的規範に従えば非とされるものもある。また，ある文化の規範に基づけば是とされるが，ほかの文化の規範に照らせば非とされるものもある。微妙な問題については，その集団が存在する社会で通用している法的・倫理的規範に従って判断するほかないだろう。「マインドコントロール」という言葉は，誰に責任があるかが法的に問われる訴訟社会化の進んだ社会で，一方の当事者に責任を帰するための用語として登場したが，そうした社会にとっても法的に，また倫理的な議論において有効な概念とはならなかった。

　同じように，悪しき集団を明確に輪郭づけようとして使われた言葉に「カルト」がある。多くの被害者を生み出して，犯罪的な布教や金集めを行ったと判断された集団が「カルト」とよばれたのはよいが，それに類する集団でめだった犯罪を繰り返してきたわけでもない集団も「カルト」と名指されることがある。「カルト」と「カルトでない集団」を区別する基準は不明確なままであり，「カルト」の語は一般社会が特定集団に「まっとうではない自己利益追求の宗教集団」というレッテルを貼るために用いられる傾向がある。

　宗教を「よい宗教」と「悪い宗教」に分ける簡単な基準は定めにくい。信教の自由に値しない宗教集団をより分けるリトマス試験紙はみつからない。だが，それではそれぞれの社会の価値観に依存した，まったく相対的な基準しかないかというとそうではない。人権の不当な侵害を繰り返す集団は法による規制を必要としている。

　20世紀の最後の四半世紀以来，世界各地で宗教による集団「自殺」事件や宗教テロ事件が頻発するようになり，「宗教集団の悪」に正面から向き合い，何ゆえに批判されるべきかを吟味する必要性が高まってきている（→ 24, 26）。

〔島薗〕

> **34** 2001年アメリカ同時多発テロ事件以降よく聞くようになった,「原理主義」や「過激派」は「カルト」とはよばないようだが, これはなぜか?
> ●原理主義（ファンダメンタリズム）

「カルト」が反社会的な宗教集団をさすのなら, 原理主義も「カルト」とよばれてよさそうなものだが, そういった用法はみない。これは偶然ではなく, 双方が出現した歴史的・社会的背景の違いに由来している。

◆原理主義は伝統宗教復興運動として起こった

「原理主義」も「カルト」と同じく, 一般社会からみて怪しげな集団をさすためのレッテルと化している。もともとこの言葉は, 1910～20年代のアメリカにおいて, 生物進化論を否定し, 聖書の通りの神による天地創造によりいまの世界があると主張した保守的なプロテスタントをさすことから始まった。「時代遅れの堅物」というニュアンスが伴われるようになったので, 保守派プロテスタントは自らを「福音派」とよぶことが多い（福音派の中のさらなる保守層を「原理主義」とする用法もある）。福音派は現在のアメリカ社会では一大勢力となっているが, これは1970年前後の対抗文化運動に対する反動として保守派が盛り返した結果である。対抗文化運動ではLove & Peaceのメッセージを掲げた若いヒッピーたちが中心となった。その結果, 女性・マイノリティ・同性愛者の地位向上, 環境問題への意識向上など, 社会は大きく変わった。ところがその後, 離婚, ドラッグ, 犯罪の増加が社会問題化すると, その原因を対抗文化による過度の自由化に帰し, 伝統的なモラルとキリスト教の復活を求める勢力が台頭したのである。81年には福音派からレーガン大統領が登場した。

同時期, イスラーム圏でも, 過度の西洋化・自由化により家庭と社会が脅かされているという認識が高まり, 伝統的なイスラームに戻れば問題は解決するという考え方が広まった。これを西洋のメディアが, 保守派キリスト教に似ているからと「イスラーム原理主義」と名づけたが, 蔑称なので, 学術的には「イスラーム主義」「イスラーム復興運動」などとよんでいる（→ *100*）。

これに対して「カルト」の語は、対抗文化運動期に、ヒッピーたちが傾倒した東洋の宗教など、キリスト教以外の宗教を多く取り込んだ新宗教（→ 75）をさすために使われるようになった。原理主義からみれば、カルトは同類どころか伝統的キリスト教を脅かす敵なのである。

Snake Handlers（Convington 1996, 113p）

◆「カルト」と「原理主義」の違い

写真は北米アパラチア山脈地帯等に暮らす「蛇をつかむ人々」（俗称：snake handlers）の礼拝風景である。手にしているのは猛毒のガラガラ蛇。危険をいとわず蛇をつかみ祈りを捧げる人々をみれば、多くの人は「何と狂信的なカルト教団か！」と思うことだろう。

だが、これは新宗教のほうではなく、福音派の中のペンテコステ派に属する教会である（正式名称：The Church of God with Signs Following）。その崇拝対象は神であり蛇ではない。もし蛇や悪魔を崇拝しているのなら、それはキリスト教からは異端とされ、新宗教に分類される。

ではなぜ蛇がいるのかというと、それは聖書にある、敬虔な信者は蛇をつかんでも大丈夫だという記述（「マルコ福音書」16章17～19節）をそのまま受け取り実行したからである。前述の天地創造のみならず、聖書の記述をこのように文字通りとるのはいまでも原理主義の大きな特徴である。

ただし、聖書のどこを文字通り受け止め実践するかは福音派の中でも違いがある（蛇をつかむ人々はごく少数派）。共通なのは、伝統的な家族形態（父は仕事、母は専業主婦）を重視するといった保守的価値観である。内輪で蛇をつかんだり家族を大切にしたりしているぶんには問題はないようにみえるが、1980年代から福音派は政治に関与するようになった。教団ごとに孤立しやすい新宗教とは異なり、福音派は団結力がある。さらに愛国心も旺盛である（ガラガラ蛇はアメリカの野生を象徴し、愛国心と潜在的につながっている）。このため、日本とは縁がないどころか、外交策を通して私たちの生活にも影響を及ぼしうる人々なのである（→ 31, 32）。〔藤原〕

## 35 グローバル化の進展する時代，宗教はどのようになっていくのだろうか？
●宗教のグローバル化とローカル化

### ◆世界標準の模索

エスペラントという「国際語」があった。この言語は，諸国民が平等の立場で交流するという理想を担って19世紀につくられた。いまや英語が事実上の国際語であるが，このことは，英語が母国語である人に有利過ぎ，また英語以外の母国語をもつ人にとって不利過ぎる。こうした疑問をもった人が昔にもいたのだ。

グローバル化とは，政治や経済などの世界規模の密接な影響関係の中に取り込まれることであるが，現在のところ，ほぼ同時に自国文化のアメリカ化という意味で用いられることが多く，またアメリカ中心の世界的な序列の中にランクづけされることを意味する。コーラやジーンズやハンバーガーやディズニー映画，最近ではインターネットが世界中に広まったように。しかし，グローバルな序列化の中で地域的特異性を強調する声も高まる（ローカル化，→ 26）。

グローバル化の一つの例として，聖典の翻訳がある。聖書には複数の英訳が存在するが，1611年にイギリスでジェイムズ王欽定訳 King James Version としてだされた聖書がいまだに権威があり，古風だが「格調高い」訳として熱心で保守的なクリスチャンたちに読み続けられている。聖書は諸国の言語に訳されているが，各章各節に共通の番号が振られ，言語を超えて対応させることが可能になっている。

### ◆英語もアラビア語も国際語

世界各地のホテル（日本国内含む）には，ベッドサイドにギデオン協会なる篤志家の団体が世界中に無償配布している聖書が置かれている。ときには仏教聖典が置かれていることもある。日本の著名計測機器メーカーが社会貢献のために仏教伝道協会という財団を通じて行っているものである。同様に，コーラン（クルアーン）もサウジアラビアの篤志家たちの力で世界中に寄贈されており，コーランを個人では買えないような人々も触れる

ことができるようになっている（8章扉写真参照）。

コーランの場合，基本的にアラビア語で読み，朗唱することになっており，英訳があっても対訳のかたちで，常にアラビア語の本文がつけられている（井筒俊彦による日本語訳にはアラビア語テキストはついていないために，聖典としてのコーランとは異なる扱いをされている）。アラビア商人（いまは出稼ぎ労働者）の伝道によって，アラビア語が英語とは別に世界中に普及しているというのは興味深い。礼拝の仕方，唱える言葉などが，世界中どこでも同じであるという意味では，イスラームは，単純なアメリカ化とは異なるグローバル化を果たしているといえようか。もちろん，世界中どこでも同じ環境が整えられても，地域によってあるいは個人によって異なったあり方で定着する。例えば，東南アジアのムスリム（イスラム教徒）のほうが，アラブのムスリムよりもしばしば必要以上に戒律に厳格であったりする。

◆チベットだけのダライラマか，世界のダライラマか

チベット仏教の代表者として世界で知られているダライラマ十四世は，チベットに数多くいる「転生活仏」（生まれ変わりを続けて人々を救済する生き仏とされる）の一人で，政教一致国家チベットの最高権力者でもある。中国によるチベット支配と闘い続け，亡命先から英語で発信し続ける彼はノーベル平和賞を受けた。彼の著作は世界中で読まれ，『セブン・イヤーズ・イン・チベット』（原作：ハラー 1997）などの映画の素材になり，世界で最も有名な転生活仏となった。いまやチベット仏教の実践者は世界中にいる。この意味ではダライラマは，グローバルに宗教を考える上で，ローマ法王に並ぶくらいの，霊性の象徴といえる（→ 19, 36, 101）。

だがローカルなダライラマは，祖国チベットのあるべき姿を模索して中国政府と厳しい関係にあり続ける国家元首である（→ 28）。また，チベット仏教総帥である彼は，強力な現世利益をもたらすパワフルな祈禱者でもある（田中 2000）（→ 44, 57）。　　　　　　　　　　　　　　〔葛西〕

> **36**「宗教」には関心がないが,「自分探し」や「癒し」や「神秘」に関わる思想や実践に,あるいは情報やゲームやグッズにはおおいに関心があるという人が増えているのはどうしてだろうか？　　　　●消費社会と聖なるもの

◆「宗教嫌い」と消費社会の聖なるもの

1980年代の日本では,統一教会(世界基督教統一神霊協会)による霊感商法で巨額のお金を取り上げられた人々が訴訟を起こしたほか,宗教集団が市民の弱みにつけ込むような事件が相次いだ。そして95年のオウム真理教の地下鉄サリン事件によって,宗教のイメージの悪化は一段と深まった。世界に目を向けると,80年代末の冷戦体制の崩壊以後,異なる宗教に帰依する人々の間の対立が暴力や戦争に発展する事件が相次ぎ,「文明の衝突」(サミュエル・ハンティントン)という言葉が広まるようになった。「文明」の根底では宗教が大きな位置を占めているから「文明の衝突」は「宗教間の衝突」という側面からもみなくてはならないだろう。こうした情勢を反映して日本人の間では「宗教嫌い」の傾向が強まっている。

だが,それでは現代の日本人が広い意味での聖なるもの,つまり宗教的なものや神秘的なものに関心がないかというとそうではない。広い意味での宗教的なものや神秘的なものには,むしろ関心が強まっているともいえるのだ。例えば,80年代以来,「癒し」に対する関心は次第に高まっていった。その中には広い意味での宗教に関わる要素がふんだんに含まれている。気功,ヨーガ,セラピーといった癒しの技術は盛んに学ばれているし,占星術,オーラ,聖地,巡礼,輪廻転生,臨死体験といった多かれ少なかれ神秘性を含んだ情報は広い層の人々に好まれている (→ 19)。

これら広い意味での聖なるものを求める人々は,宗教集団に所属することでそれを得ようとするのではなく,さまざまな消費行動を通して自分にふさわしい聖なるものを求め,次々と新しい対象へと関心を移していく場合が多い (→ 101)。個々人が自らの好む商品を選び取る姿勢が広まっている現代消費社会では,聖なるものも消費の対象として求められるのだ。

◆スピリチュアリティの興隆

もともと「スピリチュアリティ」（霊性）は宗教と不可分のものであり，個人が身につけた宗教的な体験や態度や徳性を「スピリチュアリティ」とよんでいた。ところが，1970年代頃からアメリカで「自分は宗教的ではないけれども，スピリチュアルだ」と，両者を意図的に区別して自己主張する人が増えてきた。確固たる伝統や教義や教団組織をもつような「宗教」に代わるものとして，スピリチュアルなものを自分で探求し享受し，よりよいものを見出せば次々そちらに移っていくといった態度が，メディアで取り上げられたりカタログを介したりして広まった（→ 35, 37）。

　アメリカではこうした動向を「ニューエイジ」運動とよぶことが多いが，日本では「精神世界」という呼び方が用いられることが多かった。これらは新しいタイプのスピリチュアリティの探求だから，new spirituality,「新霊性運動」「新霊性文化」とよぶこともできるだろう（島薗 1996）。

　新しいスピリチュアリティの探求者は，なかなか安定した世界観やアイデンティティをもつことができない。長期間ある集団に属したり，一つのものにじっくり打ち込みしっかりと身につけたりといった機会を得にくいのだ。これは消費社会の個人的消費者の弱みといえるだろう。

　しかし，新しいスピリチュアリティは不安定な個人によって担われているだけではない。それは社会制度の中に，ある程度入り込んでいる。例えば，心理療法（臨床心理）の世界ではスピリチュアリティは重要な構成要素だから，大学で心理療法を教え学ぶ者の中にはスピリチュアリティに取り組む者も少なくない。また，現代医療の中では死にゆく者のケアが重要な論題となりつつあるが，死にゆく者のケアにおいてスピリチュアルな次元は欠かすことができない重要な要素である（→ 8, 101）。

　また，新しいスピリチュアリティと伝統宗教や宗教集団との間にいつも大きな対立関係があるわけではない。両者の間には親和的な要素も少なくない。実際，宗教集団に属している人々も新しいスピリチュアリティにおおいに関心をもつし，宗教集団に関わることを好まず個人的にスピリチュアリティを探求する人たちも伝統的な宗教に対して文化財として関心をもち，活用している場合もある。支え合いという側面もあるのだ（→ 15）。

〔島薗〕

> *37* 宗教への興味は，マスメディアやインターネットなどから情報を得ることである程度満たすことができる。しかし，それは実際に宗教に関わることとはどう違うのか。
> ●メディア・情報化と宗教

◆サイバー空間と宗教

M.ポスターというアメリカの批評家が 2001 年にだした『インターネットの何が問題なのか？』という本（未邦訳）に，印象的な写真が載っている。聖地エルサレムの「嘆きの壁」に，黒い帽子とヒゲが特徴的な，正統派ユダヤ教徒の服装をした男性が壁に面していて，壁に携帯電話を押し当てている。写真のキャプションによれば，遠くにいる友人が祈りを捧げることができるように，そうしているのだという。携帯電話ごしでも祈りが届くものなのだろうか，などという疑問がわいてくるが，そのようなことを尋ねたら叱られてしまいそうな真剣さと穏やかさが，この光景には漂っている。

1990 年代にはインターネットが急速に普及した。その中で注目されたものに，「ヘブンズ・ゲート」事件がある。アメリカのカリフォルニア州で，指導者 M.アップルホワイトとその信者たちが 97 年 3 月，ヘール・ボップ彗星の接近を機に宇宙へ移住しようと，集団自殺を遂げた事件である。この教団はウェブサイト制作会社を営みながら，自らのサイト上でメッセージを発信していた。その事件を発端に，インターネット上で流布される怪しげな教義を信じ込んで集団自殺にまで至ってしまう，メディアに依存した現代社会の危うさを指摘する評論も，よく目にした。また，同教団の信者にとっては，インターネット上の布教内容よりも教祖との私的な出会いのほうが重要であった，ともいわれている（土佐 1998）。

◆宗教性の変化はあるか？

新しい情報メディア技術の普及によって，既存の宗教にとって代わる新しい宗教性が生まれているのではないか，としばしば問われてきた。そのときよく引き合いにだされるのが，印刷術と宗教改革の関係である。15世紀にドイツでグーテンベルクが発明した活版印刷技術が，その後のル

ターによる宗教改革に大きな影響を与えた。大量に印刷された書物を手に入れることのできる読者であり書き手でもある，ルターのような新しい知識層は，視覚的な文字表現を介して信仰を個人的なものとして把握し，またそれを書物によって広めることができるようになった——と。

こうした見方を押し広げると，メディアの特性が文化や社会のありようを決定するという技術決定論になる。だがそれは事実を過度に単純化してしまうおそれがある。現実の宗教をめぐる社会的・文化的状況の中で，メディアがどのように位置づけられ利用されているかという，メディア利用をめぐる社会的文脈の視点が重要だ。

◆宗教放送・宗教報道

テレビ・ラジオと宗教についてみてみると，そうした問題がより鮮明に浮かび上がる。アメリカでは 1960 年代以降，テレビ伝道が大きな影響力をもつようになった。番組を支持する多額の献金が集まり，有名な伝道師を輩出した。日本のテレビ・ラジオ放送でも宗教団体が制作している番組はあるが，アメリカほど多くはなく，また注目されてもいない（→ 46）。

放送局側が制作した番組での宗教の取り上げ方にも特徴がある。石井研士は，NHK が大晦日から元旦にかけて放送する「ゆく年くる年」を取り上げ，1 年の終わり＝死＝仏教寺院，1 年の始まり＝再生＝神社，というイメージをメディアが再生産していると指摘している（島薗・越智 1998）。だが，総じてテレビ・ラジオ放送が映し出す宗教は中立的，ときには批判的な角度からのものである。

その一方で，UFO，怪談，超能力，占い，ヒーリングなどの神秘的な現象を取り上げたバラエティ番組は高視聴率を上げている（→ 80）。

◆メディア・リテラシーと宗教

インターネット上では，宗教団体自身が発信している情報に直接触れることができる一方で，反対派や脱会者による批判的な情報にもアクセスできる。こうした選択肢の振れ幅が大きいこと自体が，新しい状況といえるだろう。そのことは私たちのメディア・リテラシー（単なる読み書き能力だけでなく，情報を批判的に読み解く能力という意味が込められる）をどう磨くかにも関わってくる。

〔黒崎〕

### 38 家や地域共同体の力が弱まった現代,伝統的な神社やお寺はもはや衰退していくしかないのだろうか?

●家郷の喪失・回帰と宗教

◆イエ・ムラと宗教

「家督を継ぐ」という言葉がある。民俗学者の柳田國男は『先祖の話』の中で,それは不動産のようなものばかりでなく,「何か物以外の無形のあるもの」を,取り揃えて相続するという感じ,と説明している。その「無形のあるもの」とは「伝統」であって,「身に附け実行に移し,働きかけまたは見せ示し,学ばせ覚えさせて次の代に伝えようとしていたもの」(柳田 1990) と表現している。

柳田に従うなら,先祖祭祀の心情的な実体は,このような家の伝統を受け継いでいくことにあったといえよう。伝統仏教寺院の僧侶が執り行う葬式や法事,または盆の迎え火・送り火などの民間の習俗は,こうした心情を乗せるよすがになっていたと考えることができる (→ 52)。

また,生業をともにする人々が集住している村には,自然の恵みや威力のシンボルとして神が祀られる祠がある。そこでは,自然や人間のライフサイクルに同調した年中行事や人生儀礼が営まれ,また共同社会のアイデンティティや秩序のシンボルともなっている (→ 15)。

このように,伝統的な家や地域共同体は,伝統仏教や神社神道,さらには民俗宗教と深く結びついてきた。

◆戦後の社会変動と伝統宗教

私たちと伝統宗教との関係は,その基盤となっている家や地域共同体の変化によって,大きく変わった。1950年代から始まった高度経済成長の中で,農林漁業といった第一次産業から工業,商業・サービス業といった第二次・第三次産業の発展に頼る社会への変化(産業化),地方から都市への人口集中(都市化)とその反面での過疎化が進んでいった。そして,産業化・都市化の進展の中で家のあり方も変わっていった。親たちを地方に残して若者が都市に移動し,そこで家庭をもつという核家族化が進んだのである。その結果,先祖祭祀を担っていた伝統仏教や,地域の祭を執り

行ってきた神社神道と人々とのつながりは，急速に薄れていった。

そのことを端的に表すデータとして，各戸の神棚や仏壇の保有率の低下がある。これまで行われたいくつかの調査ではいずれも，大都市の家庭ほど神棚・仏壇をもたない傾向を示している。それは，神棚も仏壇ももたない核家族の家庭が，都市に増えていった結果である（石井 1997）。

明治神宮や成田山新勝寺などで，初詣の参拝者数が年々増加しているのは，一見，こうした衰退の流れに逆行するかのようだ。しかし，このような有名神社・寺院に参拝者が一極集中しているということは，参拝という行動が個人化し，地域の氏神への関心がますます薄れていることを表してもいよう（→ 42, 90, 99）。

◆家郷への回帰と連動する伝統宗教

伝統宗教の衰退はとどまることがないのだろうか。それを考えるには，家郷，ふるさとをめぐる新たな社会の動きを視野に入れる必要がある。

地場産業の振興や，交通通信網の整備などによって，都市から出身地に戻って働くUターン組の人口は近年増えつつある。こうした動きを意識のレベルで支えるため，それまでに衰退してしまった祭の再興に取り組む試みは，かなり古く 1960 年代後半頃からみることができる。

また，都市近郊に発達した新興住宅地では，地域住民同士の交流と「ふるさと」意識の醸成のために，子ども神輿を担いだり，盆踊り大会を開いたりといった行事が開催されている（→ 41）。

さらには，現代の都市化・産業化・核家族化がもたらした不安や危機を克服するための知恵を，伝統宗教の中に再発見しようという動きもある。「鎮守の森」の信仰を，地球環境保護の面から再評価しようというエコロジー的な運動は，その代表例といえよう（→ 12）。また，イギリスの宗教学者I. リーダーは，曹洞宗が檀家のために配布しているパンフレットを分析して，現代社会では失われた心の安らぎと，それを取り戻すためのお盆行事，というノスタルジックなイメージがそこに強く打ち出されていることを読み取っている（スワンソン・林 2000）。

このような，ふるさと回帰ともよべるような社会の動きと連動した伝統宗教の可能性について，さらに注目していきたい（→ 9）。〔黒崎〕

● 第6章参考図書

[入門書]

生駒孝彰『インターネットの中の神々——21世紀の宗教空間』平凡社新書, 1999年。

石井研士『データブック 現代日本人の宗教』新曜社, 1997年。

井上順孝『若者と現代宗教——失われた座標軸』筑摩書房, 1999年。

井上順孝・大塚和夫編『ファンダメンタリズムとは何か』新曜社, 1994年。

大村英昭『死ねない時代——いま, なぜ宗教か』有斐閣, 1990年。

国際宗教研究所編『現代宗教 2005』〔特集「宗教復興の潮流」〕, 東京堂出版, 2005年。

櫻井義秀『「カルト」を問い直す——信教の自由というリスク』中公新書ラクレ, 2006年。

森孝一『宗教からよむ「アメリカ」』講談社選書メチエ, 1996年。

[基本書]

板垣雄三・エルマンジェラ, M./仲正昌樹編『メガ帝国主義の出現とイスラーム・グローバル現象——イラク戦争後の世界』世界書院, 2004年。

伊藤雅之『現代社会とスピリチュアリティ——現代人の宗教意識の社会学的研究』渓水社, 2003年。

伊藤雅之ほか編『スピリチュアリティの社会学——現代世界の宗教性の探究』世界思想社, 2004年。

井上順孝責任編集, 国際宗教研究所編『インターネット時代の宗教』新書館, 2000年。

大塚和夫『イスラーム的——世界化時代の中で』NHKブックス, 2000年。

ケペル, G./中島ひかる訳『宗教の復讐』晶文社, 1992年（原著：1991年）。

櫻井治男「家郷社会の変貌」池上良正ほか編『絆』（岩波講座 宗教6）, 岩波書店, 2004年。

島薗進・石井研士編『消費される〈宗教〉』春秋社, 1996年。

宗教社会学の会編『新世紀の宗教——「聖なるもの」の現代的諸相』創元社, 2002年。

中野毅『宗教の復権——グローバリゼーション・カルト論争・ナショナリズム』東京堂出版, 2002年。

西山茂「家郷解体後の宗教世界の変貌」宮島喬編『文化』（講座 社会学7）, 東京大学出版会, 2000年。

星川啓慈ほか著『現代世界と宗教の課題——宗教間対話と公共哲学』蒼天社出版, 2005年。

第 II 部

# 宗教の立場に即して考える

　いったん宗教の中に身をおいてみると，そこにはそれぞれ濃密な「世界」がある。神話や儀礼，教義と神学，巡礼や修行，祈りや瞑想，教祖と預言者など，宗教的世界の内側からじっくり理解していくべき事柄である。仏教，神道，キリスト教，イスラーム，あるいは民俗宗教など，人類が生み出してきたさまざまな宗教的世界の中に分け入って，諸宗教が人々の人生を支えてきた，また支えているあり方について学びたい。この第 II 部では，自分にとって身近な宗教がある人にとっても，そうでない人にとっても，複雑な宗教的世界への最初の道案内となるような見取図を，当事者の語る言葉に耳を傾けつつ提供してみたい。

第 **7** 章
# 宗教における実践

伊勢神宮第 62 回式年遷宮の御杣始祭（渡邊直樹氏提供）

　自分は宗教になじみがないと感じていると，ついつい宗教を生きている人を特殊な人であると考えてしまいがちである。宗教のさまざまな営みや実践を頭から不可解なものとみなして，それ以上は立ち入って考えようとしない。また，宗教に関心をもったとしても，例えば聖書や経典などの聖典や教義の解説書などを読んで，その宗教が理解できたように思ってしまう。難しい聖典や教義書に書かれている思想からすると，実際の宗教には必要とは思えない煩瑣な営みが多いと感じられ，思想は面白いが現実の宗教はつまらないといった判断を性急に下してしまいがちである。

　これらはいずれも，宗教を「生きる」という視点から捉えようとしていないところから生じる誤解である。人々は宗教を生きている。自分もまた生きているということを接点に，「宗教を生きるということはどういうことか」，という問いを投げかけてみると，宗教のさまざまな実践，営みの意味が身近なものとして浮かび上がってくる。

> **39 宗教は心や精神の働きであり,かたちにとらわれるのはおかしい。手を合わせて拝んだり,お祭をしたり儀礼的なものは二の次なのではないか？** ●身体と聖なるもの

宗教とは「教義を信じること」であり,あるいはまた,「心」や,言葉をも超えた精神の問題であって,言葉や身体のもつかたちを否定的に捉える出来事であると考える人が多い(→ 48)。しかし,こうした宗教観は,ユダヤ教の律法主義を批判したイエスの宗教運動から生まれ,そこに形成されたカトリック教会の儀礼主義を批判したプロテスタントの信仰の影響下に形成された近代西欧に特徴的なものであると考えることができる。

◆身をもって生きる人間

実際に生きられている宗教,信仰の現場に目を向けると,たとえプロテスタント・キリスト教のように,「教義」を構築し内面の信仰を重視する宗教であっても,多くの人々は,教会を,牧師を,儀礼を,代々受け継がれた信仰のかたちを信頼して神を信じ,一定の形式を備えた言葉と身体の行為である「祈り」を通して神や自己と関わり,信仰を育てているのであって,言葉や身体のかたちなくしては,信仰を身につけることも伝えることもできない(→ 40)。また,言葉や身体を超える体験の獲得や境地をめざす神秘主義も,瞑想や苦行・禁欲といった身体の行によって,言葉や身体を超える境地をめざさざるをえない(→ 63, 64)。なぜなら,人間は「身をもって」生きているからであり,人間の存在のあり方,思考や感覚やふるまいのあり方の全体に働きかける宗教は,まさに「身につく」ことによって生きられているからである。

人々が「身につけた」ふるまい,身体のあり方は,そこに「どんな意味や目的があるのか」,その当事者であっても説明できないことがほとんどである。しかし,そのふるまいや身体のあり方を身につけると,世界における自分のあり方が変わる。ものの見え方が異なるし,人との関係のあり方もそれ相応のものとなる。

例えば,この日本社会にはいまなお,食事の前に「いただきます」と手を合わせ,食事後に「ごちそうさまでした」とまた手を合わせ,お元気で

すかと尋ねられれば「おかげさまで」と応答する，そういう人が多くいる。その言葉や所作がいったい誰に向けられているのか，何のためになされているのか，その本人が説明することは困難である。しかし，そのふるまいを「身につけている」人は，たとえ「無宗教」であると自覚していたとしても，そうしたふるまいをいっさい行わない人とは異なる世界を生き，感じているのではないだろうか。例えば，「生かされているいのち」といった言葉にリアリティを覚え，他者の支えを敏感に察知して「ありがたい」と実感し，「もったいない」と事物を大切にせざるをえない，そうした世界を生き，感じているのではないか。

◆信仰を身につける

「教義」や意味解釈を知らずとも，一定のかたちをもった言葉や身体のふるまいを「身につける」ことで，世界の感じ方は変化し，他者との新たな関係性を味わいつつ，それを「身をもって」生きるのである。

以上のことは，敬虔とされるキリスト教徒やイスラーム教徒などにおいても同様である。「教義」を学んだり自覚的に信じることももちろん大切であるが，日々の生活を営みながらそれができる人はそれほど多くはない。ほとんどの人は，信仰を受け継ぐ地域社会，家庭において，伝統として受け継がれているさまざまなふるまい，身体のかたちを「身につける」ことで，信仰を生きる人となるのである。

先ほどみたような食事の前後の祈りをはじめとする家庭の中での祈り。神社や寺院，教会やモスクなどにおける礼拝。聖地・霊地・霊場への巡礼・巡拝。家庭や地域社会における通過儀礼や歳時儀礼，年中行事などの祭。信仰の深まり，より高い境地の獲得をめざして行われる修行……。これらはすべて身をもって生きられている実践である。自覚的に求道し，出家して僧院や修道院などでの修行生活に入れば，さらに濃密な身体の実践が用意されている（→ 20, 40-43）。

さて，いまの日本社会では，こうした伝統的なふるまい，身体のかたちが急速に失われてきている。そのことがいったい何をもたらすのか，私たちの課題としてじっくりとみつめ，考えることが必要ではないだろうか。

〔福嶋〕

**40** 祈りのない宗教はないようだが，祈りとはどのような行為なのだろうか。祈ることにはどのような実践的な意味があるのだろうか？　　　　　　　　　　●祈りと瞑想

　世界の多くの人は祈っている。手紙の挨拶の中で交わされる「お祈りしています」という言葉を含めると，日本でもほとんどの人は祈っているといってもよいだろう。跪(ひざまず)いたり，額(ぬか)ずいたり，立ったり，座ったり，手を合わせたり，拍手を打ったり，両手のひらを上に向けたり，目を閉じたり開いたり，詞を読誦したり，黙禱したり，語りかけたり，じっと同じ姿勢であったり，踊りを伴うものであったり，平服であったり，特別な装いであったり……と，その身体の姿，行為の形式は実に多様で，その意味も，そこに込められる思いも，宗教により，地域により，一人ひとりにより，異なるものであろう。しかし，いずれにせよ祈りとは，この〈私〉が，〈私〉を超えた何か大いなるもの／ことと関わろうとする行為であり，人間が，超越的な何か，根源的な何かとの，関わりなしには存在しえないことへの，何らかの気づきによる行為であるといってもよいだろう（→53）。

◆祈りと瞑想

　世界の諸宗教において営まれている祈りには，大きく二つに分けることができる。一つは，祈りの対象として人格的な神（仏）が信仰されている場合で，神との対話，交流，神への働きかけという最も典型的な祈りが営まれる。神への感謝，神の働きへの讃美。罪や過ちの懺悔，詫び，反省。自他の問題のよりよい解決や成就を求めての祈願，誓願。神（仏）を前にした決意の表明，宣誓などが，神（仏）へのよびかけの中で行われる。生活上に，あるいは世界の上に生じたさまざまな願いや問いを，よびかけた神（仏）にさらし，神（仏）との対話の中でみつめ，神（仏）の応答や事柄のよりよい成就を待つ。

　他方，人格的な神（仏）の存在を想定しない場合に典型的なのが瞑想である。瞑想は，伝統的に確立された身体技法に則って，心を静かにし，思考やイメージを制御して，宇宙や生命の法則・原理などに自我意識を統合したり，自我による分別や思考を解体したりする。もっとも，人格神を前

提にする場合でも,神との合一を求める神秘主義においては瞑想が行われるが,人格神をたてない禅仏教の坐禅などが最も典型的なものといえる(→ 63)。狭い意味において祈りを捉えた場合,瞑想は祈りではないとされることが多い。しかし,比較の視点を確保する上でも,瞑想も祈りの一つであると広く捉えておくことにしたい。それによって祈りという営みへの理解がよりいっそう深まるとともに,祈りという観点から宗教なるものをより身近に捉えるということもできるからである。

◆**儀礼としての祈り,修行としての祈り**

祈りは身をもっての営みであり,言葉や身体の所作を伴う行為である。それ自体が儀礼であるとともに儀礼の一部ともなる。したがって実践者においては,しばしば「心のこもった祈り」と「かたちだけの祈り」との違いが実感されることがある。しかしあらゆる儀礼がそうであるように,定型化された祈りの言葉や身体の所作などには,それを実践する者の姿勢を整えたり,つくりだしたりする力がある(→ 39)。また毎日の生活や一定の期間に集中的に実践される祈りには修行としての一面もあり,かたちのある祈りの反復が信仰の構えをつくりだしたり,その彫琢を促したりする。したがって,いかなるかたちでどのような祈りがなされているのかを通して,その人の,その宗教の,信仰のあり方を知ることができるともいえる。

例えば,祈りはしばしば現実的,具体的な願いをもってなされるが,その願望が強い場合,祈りへの集中が増し,自己の祈りのあり方への反省がなされ,祈りの内容が変化することがある。いわゆる現世利益を願う祈りが,その事柄に関係する他者の存在や働きへの気づきをもたらし,利他的な願いにも軸足をおいたものへと展開することがある。また,祈りとは人間の側から神や仏など超越的な他者に向かう主体的な営みであるが,祈りにおいて超越的な他者との関係が深まっていくと,すでに神や仏などによって「祈られている」(願われている)という気づきが生まれ,祈りという主体的な行為すらも,神や仏などによる祈り(願い)の中に成立する出来事であると自覚されるようになる。祈りとはこのように,それが生きられている実践の場において捉えることで,それがダイナミックで創造的な人間の営みであるということが理解できるのである。

〔福嶋〕

## *41* 目にみえない存在（神・仏・霊など）との交流はいつ，どのようにして行われるのか？　心とかたちはどう呼応し合うのか？
●祭祀と儀礼

### ◆祭祀とは

　神や仏，祖霊など超越的な存在者との関わりをもつにはどうしたらよいのか，それを少しラフに思い描いてみよう。神や仏，霊といった存在者は目にみえないものであるから，まずはかたちあるものを通して神や仏，霊と関わることができるようにする必要がある。賓客をもてなすために客間があるように，神や仏，霊が現れたり，坐したりするにふさわしい，特別な場を用意しなければならない。注連縄をはったり，お香を焚くなどの方法で特別な場を区切り，そこに神霊を招きよせる依代（よりしろ），神像や仏像，位牌や墓碑，石や木や十字架などの象徴，あるいは神の身体そのものとされる山や岩など，ほかの日常的なものと聖別された象徴的な事物を中心とする，神や仏，霊を祀ったり，交流するための祭壇（しつら）を設える。ただし，神や仏，霊が常在する場合と，臨時に招待する場合とがあるから，祭壇にも常設のもの，臨時のものがある。また，賓客をもてなす作法，身なりや身ぶりや姿勢，言葉づかいがあるように，神や仏，霊を前にして，それぞれの神や仏，霊をもてなしたり，応接したりするにふさわしい作法，身体の状態，身なりや身ぶりや姿勢，言葉づかいなどが定められており，神や仏，霊との交流を図るには，それらを正しく踏み行わなければならないとされる。

### ◆儀礼の諸相

　こうして神や仏，霊などと関わる，交流するということが祭祀するということであり，祭祀に限らず，慣習化され，パターン化された，非日常的な，改まった言葉と身体の行為が儀礼である。およそすべての人間は，歴史的・集団的に定型化された身なり，所作，言葉による，礼拝，祈り，供儀（ぎ），禁忌，占い，歌舞，劇，行列などによって構成される儀礼を，①毎日の生活や季節の循環，集団の歴史の折節，②誕生，成人や結婚，葬儀といった人生の折節や，特別な集団への加入時，③病気や災害など神霊の力を必要とする緊急の事態が生じたときなどに行っている。人は定期的に，

あるいは特別の事態、状況において、何か「改まった」行為のかたちで、自己を超えた存在、神や仏、霊などの超越的な他者との特別な関わりをもとうとする存在なのだということができよう。

さて、いまあげた②は通過儀礼とよばれ、そこに儀礼の基本的な姿をみることができる。通過儀礼の命名者であるファン＝ヘネップは、人生の折節における地位の変化を部屋の移動にたとえた。古い部屋をでて、敷居を越え、新しい部屋へと入る。したがって、通過儀礼には分離の儀礼、移行の儀礼、統合の儀礼の3段階があることになる。誕生、成人、結婚、死といった人生の節目はまったく新たな状況をもたらすので、危険なことでもある。こうした危機のときを無事に乗り越え、新しい地位にふさわしい身構えや知恵を獲得することを、通過儀礼は助ける。すると、人生や社会における危機を克服した英雄や宗教者の物語・神話（→ 49）にも、通過儀礼と同じ三つの段階がみられることも理解できるだろう（→ 96）。

◆祭

また、特別に敬虔な信仰をもたない人々も参加する儀礼に、何かを記念したり、季節の循環に伴う祭がある。祭は、神や仏、霊などに対する厳粛な祭儀と、多くの人々が参加し芸能や競技、饗宴などに熱狂し楽しむ祝祭とによって構成される。祝祭は最も身体感覚に訴える儀礼であり、五感を総動員する。人々は心身を全開し、その喜びの中で共同体の絆を強める。例えば、大阪岸和田のだんじり祭は、参加する町が、だんじりの曳行の技と勇壮さを競う祭である。笛や鉦や太鼓、人々のかけ声とともに、勢いよく滑走するだんじりの姿は、人々の興奮を誘う。だんじりを曳くにはいくつもの役割があり、それを年代別集団が分担する。人々は必ず実家に集い、ご馳走をともにして家族の絆を強める。壮年以下の人々は、だんじりを曳く中で年代を越えた絆を深める。町と町とは競い合いつつ、ほかの町との交流を深める。それを多くの観客が取り巻くのである（→ 15, 90）。

こうした祭の力を、地域の紐帯の強化や経済の活性化につなげるために、行政や商業団体が行うイベント的な祭も近年活性化している。また、スポーツのファン、サポーターなどによる応援もしばしば熱狂し、祝祭化するが、その応援には一定の形式が存在している（→ 38）。　　〔福嶋〕

> **42** 祈ることはいつでもどこでもできるはずだ。なのに人は，特別な場所へとわざわざ出向き，儀礼を行うのはどうしてか？
> ●参拝と巡礼

　人間を超えた大いなる存在や働き，真理や法則との関係を生きている，という実感を抱いた人々は，神や仏，霊などを祭祀するという。神や仏，霊などは，神社やお寺，教会などの祭壇，墓地などに祀られるが，多くの人々は，日々の生活の場である家や職場にも祭壇を設け，神や仏，祖霊などを祭祀している。とりわけ〈家〉が宗教性の基盤であった日本社会では，仏壇やいくつもの神棚が家に祭祀されているのがごく普通の光景であった（→ *38, 99*）。人々は家にある祭壇に向かって祈りなどの儀礼を行うが，どうもそれだけでは不十分であると感じているようである。

◆**なぜ参拝するのか**

　祭壇は聖別されているとはいえ，生活や職場の中に設けられたそれは，日常的なものに呑み込まれ，神や仏，祖霊などに対しているという改まった感覚が希薄化しがちである。また，日々，家の祭壇で神や仏，祖霊などを丁重に祭祀していることと，寺社や教会，墓地などへの参拝に熱心であることとは相関するようである。生活や仕事の場から聖別された，寺社や教会，墓地などに参拝し，日常性からいったん心身を引き離すことで，神や仏，祖霊に対する改まった心身が整えられる。その体験が身に刻み込まれることで，わが家に戻り，家にある祭壇を前にしても，寺社や教会，墓地などでの，神や仏，祖霊に向かう敬虔な心身をそこに再現しやすくなる。本番を前にしてトレーニングを積み，リハーサルをするようなものである。

　また，何か特別な問題を抱えているときや，特別な思いを抱いて神や仏，霊に向かいたいとき，家にある祭壇に向かうだけでなく，寺社や教会，墓地などに身を運び，参拝することで，よりいっそう，神や仏，祖霊などに近づくとともに，自己の思いの切実さや真心を表現することができる，とも感じられる。それは，その参拝が，お百度参り，日参，早朝の参拝など，特別な努力をしなければならない，非日常性の高いものであるほど，より純粋なものとなるとも思われている。

◆参拝と巡礼

　以上のように，参拝とは，日常性からいったん離脱し，聖なるものとの交流を深め，再び日常性に回帰するという営みを，聖職者・非聖職者の区別を問わず，一人の人間によっても行いうるような，家から寺社や教会，墓地へと向かうという，空間的な身体の移動を伴うことで達成する儀礼であり，また，それによって超越的な他者への心身の構えも整えられるという意味で修行としての側面もある。そして，そういった働きをさらに強めた参拝行動が，世界の各地で営まれている，エルサレムやメッカ，インドの仏跡，ルルドや四国八十八カ所といった聖地や霊場をめぐる参拝の旅，巡礼（巡拝，遍路）である（→ 60）。

　巡礼は，通常の参拝とは異なり，参拝の目的地である聖地までの移動が長い旅となる。また，聖地には複数の参拝すべき場所があり，それをめぐることがまた旅となる。こうして，日常生活からはいったん完全に離れて，非日常的な時間・空間に身をおくことになる。その非日常性・聖性は，お遍路さんが着る白装束など巡礼のための特別な衣服によって表現されることもある。巡礼服は，地位や身分，老若男女などの区別を曖昧にし，巡礼者同士の絆を強める（→ 103）。また，巡礼地の周辺には，サンチアゴ巡礼の救護院や四国遍路の善根宿のような巡礼者をもてなす施設が設けられることもあった。こうして巡礼者は，日常生活のさまざまな桎梏から解放される（→ 96）一方，定められたさまざまな禁忌や規則に従い，数々の儀礼を執行する（→ 64）。また，巡礼地がいかなる場所にあるかによって，旅そのものが困難なものとなる場合がある。巡礼の旅そのものが修行（苦行）としての性格を帯び，神や仏，聖者などの超越的な他者へと接近し，対面する心身の構えをつくりだすのである（→ 43）。

　人々は，日常生活をまったく離れた時間・空間において，神や仏，聖者，あるいは大自然といった超越的な他者を前にして，それまでの人生を深く反省するとともに，病気治しや滅罪などの祈願やより高い宗教的境地の獲得を願う（→ 18, 53）。そして，再び生活の場に帰ってくる。深い反省や苦行などの巡礼体験を経た人々には，日常生活は以前とはまったく異なる相貌をみせるようである。

〔福嶋〕

***43*** 神や仏に手を合わせることはあるが,「信仰」しているという実感はない。しかし,学生時代の部活は「修行」そのものだった。なぜだろう？　　　　　　●信仰と修行

## ◆信仰をもつということ

　お正月や合格祈願などに神社や寺社に参詣し,法事の際に仏壇やお墓の前で手を合わせる,そういった宗教行動をとっていても,「信仰している」という自覚をもっていない人は多い。しかしそれが,習慣やおつきあい,たしなみといった程度を超えて,何がしか主体的なものと感じられるようになると,「信心深い人」とみられるようになる。さらに,本人が自覚して,「この神様」「この仏様」と思いを定めて祈願を込めるようになると,自他ともに認める「信心」「信仰」がそこにあるということになるだろう。こうした信心家や,キリスト教や新宗教など教団宗教の信者が取り組む信仰の眼前には,その信仰が歩むべき〈道〉とよぶにふさわしいものが広がっており,信仰とは「道を歩む」という感覚に等しいものとなる。そして,生きることの全体が信仰の課題となり,その一つひとつが求道的に反省されるようになる場合もある。逆に,こうした感覚を少しでも伴うときに,「信仰している」「信仰をもっている」と自他ともに感じられるものとなるようだ。

## ◆道と修行

　宗教に限らず,芸道,武道,道徳や技術の体得を必要とする生業などは,日本社会では〈道〉とよばれることがある。このような〈道〉には向かうべき方向性があり,ふさわしい歩み方があり,その道程や目的地において広がる光景,そこで感得される境地や体得される力などがある。そして,〈道〉を正しく歩み,理想とする境地やある種の力,技を体得するために求められるのが,修行であるといえるだろう。〈道〉は,マニュアル化された知識では十分には伝えることができない,経験知,実践知によって構成されるからである。それゆえ,技術の体得が必要となる生業や趣味などの営みには,徒弟制の下での修行が必要となる（→ *20*）。

　〈道〉は,その領域に必要な技術・技法の習得のみならず,人格の完成

や人生全般に通じる境地の体得を求めるものでもある。海外から輸入されたスポーツであっても、そのトレーニングが人格の完成という目標と結びついたとき、例えば「野球道」のようにスポーツが〈道〉となる。そのような場合に行われるトレーニングは、まさに稽古であり、修行であり、求道となる。信仰が生き方全体と関わるものであり、求道すべきものであるとしたら、当然のことながら信仰は修行を必要とするということになる。

◆修行の諸相

修行とは、理想とする（宗教的な）生き方や体験、技や力などの体得をめざして心や身体を鍛錬する営みである。そして、その方法は、その道を開拓した人々、理想とされる実践や境地、力の体得をめざして歩んだ先人たちの経験の蓄積の下に、実践のあり方や到達する境地の段階などが体系化されていることが多い。それゆえ師匠の存在が大きな意味をもつ場合もある（→ 44, 97）。

また、理想とする宗教的な境地、力と日常生活との関係の度合いにより、修行がなされる時間、空間と、日常生活が営まれる時間、空間との重なり具合が異なる。すなわち、日常の生活の中での日々の祈りや勤労、生活上の道徳的な実践に意を注ぐもの、1カ月とか100日といった具合に一定の期間を区切って特別な実践に取り組むもの、また、修道院や道場など日常生活から隔絶した場に身をおいて修行に専念するものなど多様である。

そして、理想の境地の体得にしばしば求められるのが、同じ言葉を何度も唱えたり、同じ所作を繰り返し行うという反復動作である。また、日常的な心身の状態とは異なる、理想の境地、力の体得がめざされるため、戒律を遵守する生活が求められたり、性欲や食欲、睡眠など基本的な生理的欲求に制限を加える禁欲や、水行、火行、回峯行などの苦行、聖地への巡拝や巡礼、あるいは、坐禅や何かを集中して想い描く観想などの実践が求められることがある（→ 18, 19, 40, 42, 60, 64）。

このように修行には、日常生活の中で取り組める易行から、特別な状況に身をおかないとできない難行までさまざまなバリエーションがあり、どのような修行に意義を見出すかにも、その宗教の、その〈道〉の特徴が表れている。

〔福嶋〕

> ***44*** 宗教的リーダーが特別な存在として尊ばれ，最高度の敬意をもって遇されるのはなぜか？ それは個人の自由を放棄して，他者に依存することではないだろうか？
> ●権威とカリスマ

### ◆宗教的権威に批判的に向き合う

　新約聖書にはイエスだけでなく弟子までも湖の上を歩いたという奇跡の逸話が記されている（「マタイによる福音書」14 章 22-33 節）。湖上を歩いてくるイエスが「来なさい」というのでペトロは舟から歩み出してイエスのほうへ歩こうとした。だが，強い風が気になって怖くなり沈みそうになった。イエスはペトロを助け上げ，「信仰の薄い者よ，なぜ疑ったのか」と叱った。2 人が舟に乗り込むと風は静まった。弟子たちは「本当に，あなたは神の子です」と言ってイエスを拝んだ。この逸話はそう結ばれている。

　宗教的な師弟関係では，このように師が弟子の自由を奪うように命令し，それに弟子が服従することこそ立派な信仰だと説かれることが少なくない。キリスト教だけではない。ほかの宗教にもこれに似た物語がみられる。浄土真宗の宗祖となった親鸞は，「自分はひたすら念仏して往生を願うが，それは法然上人に騙されたからだとしよう。だが，それで地獄に堕ちたとしても自分は後悔はしない」と語っている（『歎異抄』）。「これは危ない」と思うのは健全だ。オウム真理教の麻原彰晃は弟子たちに殺人を犯すことをも納得させてしまった。弟子の心にわき上がる疑いを振り払うために，麻原はもっと深い信仰を促したことを思い出してもよいだろう。

　指導者の権威は信者にとってはときに絶対的な力をもって迫ってくるものだ。ひとたび信仰の跳躍を身につけた者は，指導者崇拝の眩暈の中に浸り込んでしまう可能性もある。それこそ深い信仰だとほめそやす言説もある。誤った信仰で他者に危害を及ぼしたり，自らの人生を台無しにしてしまわないためには，十分に師の教えを吟味し，自らの良識と良心に問いかけて判断していかなくてはならない。多くの人々の意見を聞き，経験を大事にして自ら自身の判断力を養っていく必要がある（→ *24*）。

### ◆預言者のカリスマ

宗教社会学の基礎を築いた M. ウェーバーは，指導者が特別の超自然的な権威をもって崇敬されることを「カリスマ」という語で捉えようとした（→90）。宗教においてカリスマは大きな役割を果たしてきたが，特に重要なのは「預言者」のカリスマだ。預言者は既存の社会秩序に対して，その根本を問い直し，まったく新しい精神原理を指し示す。指導者の人格と彼らが説く宗教的な理念が，そのような根源的革新をもたらすのだ（→97）。もしそのような指導者が現れたとすれば，その人の人格が神的な輝きを帯びて現れるのもゆえなしとしない。ブッダやイエスやムハンマドが，そして日本浄土教専修念仏派の法然や天理教の教祖の中山みきはそのような預言者的カリスマとして多くの人々に尊ばれてきた宗教的な師たちだ。

　預言者のカリスマは信徒たちに強力なアイデンティティの柱を提供する。また，それは信徒が人生を歩んでいく際の指針を与え，高い目標を示す光源となる。そもそも預言者に高い人格の理想をみることが，人々を鼓舞し，人生の意味を深く実感させるのだ。預言者の教えの言葉や生の軌跡が，高い理想の内実や陰影に深みを与えていく。こうして預言者のカリスマを信仰する人々の仲間が，それ自身，理想的な社会のモデルのようだと実感されることも少なくない。みなが「きょうだい」のように共感し合い助け合う共同体の理想も育てられていく（→15）。師に一生を捧げて悔いがないと確信させるのは，このような経験の裏づけがあるからだろう。

　だが，もし，預言者の教えの言葉や生の軌跡の中に，人生の意味を証するような実質がなく，空虚な幻影なのだとしたらどうか。その誤認はたぶんさまざまな兆候からみてとることができるだろう。もっともたとえ預言者が重大な弱点を多々抱えていたとしても，それが克服されることもないとはいえない。優れた弟子がおり信ずる者たちの人生自体が深みを獲得していくことで，預言者の弱さが克服されることもあるかもしれない。そんな場合，信徒の共同体はどのメンバーをも大切にし，外へと開かれたものであるはずだ。確かに修行は服従を要求することもある。厳しい指導に従わずには得ることができないものもあるだろう。だが，全体として自由で開かれた性格をもたない信仰共同体は，やはり指導者崇拝の危うい側面からあまり遠くないといわなくてはならないだろう。　　　　〔島薗〕

> **45** 宗教教団にはどうしても恐ろしさを感じてしまう。なぜ，宗教は教団というものをつくるのか，それはいったいどういう組織なのか？　　　　　　　　　●教団（教会）

## ◆内と外とのずれ

　近世以降，日本社会では〈家〉が宗教集団の基本単位となり，人々は〈家〉のご先祖を祀り，檀那寺の仏教宗派に帰属するとともに，村の神社の氏子ともなり，〈家〉が加入する講の一員となっていた。日本社会には，中世カトリック教会のように社会の成員が帰属する一つの教会が存在せず，また，近代のキリスト教や新宗教のように個人が自覚的に加入するという建前の組織もなかった。個人が加入する場合も，〈家〉の宗教という性格を帯びるため，宗教集団は社会の基本的な人間関係の陰に隠れるようなかたちで存在することになった。したがって，日本社会は，信仰によって結ばれる「教団」というものが，非常にわかりにくい状況にある。

　また，一般に教団宗教に関する外からの見方に対して，その宗教の当事者は違和感を覚えることがある。「教団をつくる」「信者を獲得する」「勢力を拡大する」といった表現では，いま，自分が信仰を生きていることの意味や，他者にこの信仰を伝えていきたいという願いの純粋性（→46）が，無視されているような印象を抱いてしまう。教団をみつめるまなざしには，このように内と外との間にずれが生じることが多く，このずれは「教団」というものが理解しにくい日本社会では，なおいっそう複雑になる。

　外からみれば，教団とは，（しばしば）拡大志向をもつ社会集団，社会組織の一つであり，その点においてほかの世俗集団，世俗組織と何ら変わるものではないが，特殊な信念や生き方によって結ばれている点において，警戒すべき存在だ。他方，内からみれば，教団とは，究極的な意義をもつ超越性への回路やそのための聖なる知恵を正しく伝承し，常に新たに救いや宗教的な境地を生み出し，同信の仲間たちとともに宗教的な知恵や実践を学び助け合う場であり，救いを伝え広めていくための人的・財的な資源を備える組織でもあって，たとえ教団の内部に何らかの葛藤を抱えることがあったとしても，世俗的価値を超えた意義を帯びた場である（→101）。

◆教団の二重性

 こうした内外からの見え方の差異は、教団が有する二重性を反映したものである。すなわち、①神や仏などの超越的な他者、真理との関わりから生まれたものであると同時に、②国家や地域社会、そこに生きる人々など、(ほかの宗教集団をも含めた)いわば世俗的な他者との関わりから生まれたものであるという二重性である。

 創唱宗教の場合、教祖とよばれる人は、まずは伝統的な規範や価値に従って宗教的実践を進めるが、伝統的な宗教的規範や実践が神や仏の意志、真理から離反しているとして、独自の実践や教えを説くようになる。すなわち、②において歩みを始め、②から逸脱し、①の道を歩み始めるのである。以後、教祖の周辺には、①を中心とする集団が形成されるが、それは②と緊張関係にありつつも、②を生きる人々によって構成される集団であるがゆえに、②の組織原理を応用したものとなり、ときには②に解消されてしまうこともある。②との緊張関係を克服して教団が成立しえたとしても、②において歴史を刻むがゆえに、官僚制や男性中心主義などの世俗社会の原理が教団に浸透するのである。こうして教団は、常に①と②の緊張関係の下におかれ続けるものとなる。

 例えば、仏教教団はサンガ（僧伽）とよばれるが、サンガはすでに出家修行者たちの集団として古代インド社会に存在していた。ブッダが説いた法自体には人間に対するいっさいの差別が存在しないにもかかわらず、サンガには出家者の規則を性差で区別する八敬法などの性差別の組織原理が導入される（→ *23*）。また、ムハンマドのもとに形成されたイスラーム共同体はウンマとよばれ、日常生活、社会制度のいっさいを、神の定める正しい道に基礎づけるべく努力しなければならないとされるが、ウンマが拡大し国家を形成すると、それが歴史における人間の社会であるがゆえに、必然的に反イスラーム的な性格を帯びざるをえなかった。

 現代は、グローバル化により、②の「世俗的」で「異質」な原理がますます教団に浸透しやすくなっている。宗教教団の世俗化や、原理主義的な宗教集団の発生は、①と②の緊張関係の現代におけるいっそうの難しさを示しているといえよう（→ *20, 31, 34, 100*）。

〔福嶋〕

> **46** 信仰するのはかまわないが,人に宗教を押しつけるのはやめてほしい。なぜ,宗教は布教活動を熱心に行うのか?
> ●伝道・布教

　布教という言葉を聞くと,「宗教のしつこい勧誘」「マインドコントロール」「洗脳」といった言葉が思い浮かぶ。営利目的にひたすら勢力の拡大をめざす教団と,その手足として動員される信者たちという教団イメージがあり,そのような教団の「罠」にはまらないよう,宗教には近づかないようにし,宗教臭いものには身構えてしまうというのが現代の日本社会の常識ではないだろうか。確かに,十分に警戒すべき宗教教団や世間でいわれるカルト的な集団は存在する。また,社会的に認知された宗教教団の布教はよいが,いわゆるカルトによるそれは危険だなどといった考え方も,実は宗教とカルトを区別する基準が曖昧で,熱心に布教などしない「立派な宗教」の権威に対しては無批判であり,偏見に引きずられているだけの場合が少なくない。そもそも宗教における伝道や布教を,洗脳やマインドコントロールとの連想でしか想像しえないというのも,また寂しい宗教観ではないだろうか(→ *33*)。

◆布教活動への抵抗感

　私たちの多くは,生育環境の中で習慣として身につけたり,社会的な慣習として学んだりすることにより,宗教としては実感されないいわば自然なかたちで,宗教的な考え方や実践を受け入れている。また,現代の日本社会では,それぞれ自分の価値観やライフスタイルを大切にし,他人の価値観やライフスタイルには干渉しない,自分は自分,他人は他人であり,人が宗教を信仰するのは自由だけど,それを他人に押しつけようとするのは迷惑だといった,他者への無関心を内包する自閉的な相対主義的価値観が支配的である。それゆえ,自分の生き方や価値観の転換を迫られたり,教団の諸活動への参加を求められたりするようにみえる宗教は,極めて不自然なものであるとともに,社会的なマナーを逸脱したものとしても実感される。しかし,宗教における熱心な伝道活動,布教活動がなぜ始められたのか,その歴史的な経過をふまえ,当事者の世界に内在して考えていく

と，こうした私たちの前提そのものがもう一度問い直されてくる。

## ◆救済宗教と伝道

　布教や伝道に熱心な宗教は，仏教，キリスト教，イスラーム，新宗教など，救済宗教とよばれるものが中心である。それらはいずれも人間が生きる中で感じざるをえない痛み，抱えざるをえない苦悩に眼をこらして，そこからの救いの道を開示しようとするものである。絶望の淵に沈んだ人が，救いの光を見出し喜びに満たされる，そうした経験を核にして展開していくのである（→ 73）。

　ところで，一般に，①耐え難い苦しみから救われたという人は，喜びとともにその救いの事実を人に伝えずにはおれないし，②痛みを抱えたことのある人には，他者の痛みを受け止める共感の力が身に備わる，ということがいえる。すると，同じく苦悩する他者へと，救いの事実を伝えたいという情熱や力は，①②から生まれるといえるのではないだろうか。さらに，神や法（ダルマ）といった超越的な他者を前にしての，絶望的な苦悩と救いの両極に眼を据えた，自己や世界の全体への思索から，苦難から救いに至る道が見出されると，その道は自己のみならず他者にも意義のある究極的な道であると自覚される。そして，自己が救われた事実のみならず，いかにして救われたのか，どのような道を歩めばよいのか，という方途を他者に伝えたいと願うようになるのである。救済宗教はこのような道を伝える道として生まれたのであり，それ故，救いへと至る道を伝えること＝伝道への願いが，救済宗教の生成と展開を促しているのである。

　道が各地に広がり全体を組織する教団が形成されると，布教・伝道も聖職者によって担われるようになるが，新宗教においては，一般の人々の助け合いといったかたちでの大衆的な布教が活性化する（→ 75）。また，救済宗教には他者の痛みへの共感に根ざした利他的な道を，福祉やボランティア活動，平和活動といったかたちにも展開しているものが多い（→ 21，27）。

　なお，道は教えのみにより開示されるのではなく，言葉と身体実践により生き方全体として伝えられる。「教えを布く」という「布教」より「伝道」のほうが，実体により即した表現といえるかもしれない。　〔福嶋〕

> **47** 宗教的指導者，宗教的職能者にはどのような種類があるのだろうか？　人はどのようにして宗教者や宗教家になっていくのだろうか？　　●シャーマンとプリースト

### ◆聖職者

「お坊さん」は立派な精神的指導者として社会に認知される存在だった。「僧侶」とも「聖職者」とも「祭司」ともいう。英語では，「プリースト」(priest) となる。日本のお寺で「住職」，カトリック教会で「司祭」や「神父」は，信徒が日頃接する機会が多い存在だ。「修行僧」「修道僧」は一般社会から少し距離をとった僧侶。僧院（修道院）にこもったり，厳しい山林や荒野で修行したりする場合もある。尼僧は修道僧であることが多い。以上は多くの場合，禁欲生活を送り独身制に服する僧侶だ。僧侶や修道僧になることは人生の決定的な区切りとなる。聖なるものにわが身を捧げた存在となるからで，だからこそ信徒からも深い敬意を寄せられる。

プロテスタントや浄土真宗の僧侶は特別の禁欲生活を求められず，結婚するのが普通だ。これは僧侶と信徒は本質的な差はなく，すべての人間は同じ平面に立っているという考えによるところが大きい。神官などもそうだが，結婚する聖職者は世襲になることも多い。その場合は家柄，血筋が尊ばれることになる。とはいえ一般信徒との区別は明確で，「召命」により一生を捧げるという使命感を伴う。プロテスタントの聖職者は「牧師」や「伝道師・宣教師」などとよばれ，高い敬意を払われるのが普通だ。

僧侶（広い意味でのプリースト）は神や仏に近い存在だから，それにふさわしい瞑想や祈りや行や学習の日々を過ごす。また，信徒の悩みや苦しみに応じて，また成熟度に応じて，指導やケアを行う。僧侶は制度の中で神や仏に近づいていく道を歩んでいく。自らの霊感や直観で得たものがあるとしても，それは教団が認めた正しい教義や儀礼の枠を超えてはならない。信仰共同体の連帯を崩してしまうようなことがあればとがめを受けることになろう。組織や制度を尊びながら，そこで血の通った信仰を生かしていこうとするのが聖職者のあり方だ。

### ◆シャーマン

教義や組織や制度とはあまり関わりがなく，自ら直接，聖なる存在に触れたり，聖なる領域を体験したりする力を得て，宗教的指導者，職能者となる人々もいる。宗教学の用語では「プリースト」に対して広く「シャーマン」とよぶ。もともと北東アジアの宗教的職能者に用いられた言葉だが，やがて世界各地の霊感的・霊能的宗教者をさす言葉として用いられるようになった。シャーマンは男の場合もあれば，女の場合もある。日本の東北地方のイタコはみな女性だし，カミサマは女性が多い。沖縄のノロもみな女性で，ユタも女性が多い。朝鮮のムーダンはみな女性だが，華人社会のタンキーは男性が多い。シャーマンは神や霊と直接触れることができると信じられるので，その霊感，霊能を信じるときは鮮烈な信仰体験を得ることになる，シャーマン自身が神秘体験や向こう側の世界を身近に，また如実に感じ取っており，合理的には説明できないような判断や指示をし，普通人にはとてもできないことをする。神秘な力をもつと信じられるのだ。

　シャーマンになる人物は人生の困難に直面したり，心身の苦しみや痛みに悩まされたりして，神仏に召されシャーマンになることが多い。中には召命以前にシャーマンになるための修行をして能力を身につけたり，家の仕事として職能を継ぐ場合（世襲）もある。シャーマンは組織化された宗教の統制が及んでいないところで活動するので，かえって庶民には近づきやすい。現代日本では霊能者や占い師，あるいは小さな宗教集団のリーダーがシャーマンに近い存在だ。また，霊感にあふれた芸術家や経営者は「シャーマンのような人」と評されることもある。カリスマ的な預言者（→ 44）は，プリースト（聖職者）よりはシャーマンに近い存在だ。だが，シャーマンは新しい制度や思想や文化を創り出す革新的な働きをもつとは限らない。預言者は特別な霊感を受けて新たなメッセージを世に宣布するが，メッセージの力強さや創造性がその力の大きな源泉である。

　以上，プリーストとシャーマンと預言者を比べながら話をしてきたが，実際の宗教的指導者にはそれぞれの要素が混じったような人が多い。いやあなた自身，幾分かはプリーストやシャーマンや預言者に似ているところをもっているのではないだろうか。

〔島薗〕

●第7章参考図書
[入門書]
カイヨワ, R./多田道太郎・塚崎幹夫訳『遊びと人間』講談社学術文庫, 1990年（原著：1958年）。

佐々木宏幹『シャーマニズム――エクスタシーと憑霊の文化』中央公論新社, 1980年。

関一敏・大塚和夫編『宗教人類学入門』弘文堂, 2004年。

中村廣治郎『イスラム教入門』岩波新書, 1998年。

野町和嘉『メッカ――聖地の素顔』岩波新書, 2002年。

星野英紀『巡礼――聖と俗の現象学』講談社現代新書, 1981年。

宮田登『冠婚葬祭』岩波新書, 1999年。

柳川啓一『祭りと儀礼の宗教学』筑摩書房, 1987年。

湯浅泰雄『身体論――東洋的心身論と現代』講談社学術文庫, 1990年（初刊：1977年）。

[基本書]
青木保『儀礼の象徴性』岩波書店, 1984年。

芦田徹郎『祭りと宗教の現代社会学』世界思想社, 2001年。

池上良正『死者の救済史――供養と憑依の宗教学』角川書店, 2003年。

ウェーバー, M./世良晃志郎訳『支配の社会学』1・2（『経済と社会』第2部第9章1～4節・5～7節）, 創文社, 1960-62年（原著：1956年）。

ヴェーバー, M./大塚久雄ほか訳『宗教社会学論選』みすず書房, 1972年（原著：1920-21年）。

エリアーデ, M./堀一郎訳『生と再生』東京大学出版会, 1971年（原著：1958年）。

エリアーデ, M./堀一郎訳『シャーマニズム』上・下, ちくま学芸文庫, 2004年（原著：1968年）。

島薗進『現代宗教の可能性――オウム真理教と暴力』岩波書店, 1997年。

宗教社会学研究会編『教祖とその周辺』雄山閣出版, 1987年。

ターナー, V. W./冨倉光雄訳『儀礼の過程』(新装版), 新思索社, 1996年（原著：1969年）。

棚次正和『宗教の根源――祈りの人間論序説』世界思想社, 1998年。

ファン＝ヘネップ, A./綾部恒雄・綾部裕子訳『通過儀礼』弘文堂, 1995年（原著：1909年）。

藤田庄市『行とは何か』新潮社, 1997年。

山口昌男『文化と両義性』岩波書店, 1975年。

# 第8章
# 宗教における言葉

国訳一切経，聖書，コーラン（クルアーン）。人生のよりどころとなる「聖なる言葉」を収めるにふさわしい，美しく手の込んだ装丁が工夫された聖典。

　宗教の現場は言葉に満ちあふれている。神仏の名，祈りの言葉や唱え言，神話や伝承の語り，聖典，教義書……。書店の宗教書のコーナーでは，宗教について書かれた本をたくさん目にすることができる。だが，聖なるものや宗教体験は言葉に言い尽くせないとか，語りえない，などといわれる。それに，いざ言葉の内容を理解しようとしても，わけがわからなかったり，普段の常識に照らして到底受け入れにくかったりと，すぐに困難に突き当たってしまうだろう。

　宗教学では，一つひとつの言葉を検討するだけでなく，それぞれの宗教の中で，言葉が発せられ，解釈される伝統が重ねられていることに注目してきた。そして，そのような伝統がもっている意味や機能を探っていくことで，さまざまな宗教における言葉を比較可能な仕方で理解する道を開こうとしてきたのである。

## 48 呪文やお経にはどんな意味や力があるのか？

●言葉と聖なるもの

### ◆宗教と言葉

　宗教とは教義・教理を信じることであると考えると，教義・教理は言葉によって表現されるものであるから，宗教においては言葉が非常に重要であるということになる。聖書や経典を読誦したり，暗唱したりして，そこに書かれている言葉，教えについて常に考えをめぐらすことは，信仰においてとても大切なことなのではないだろうか。しかし，宗教の現場においては，「文字は殺し霊は活かす」とか「不立文字(ふりゅうもんじ)」などと語られ，言葉を超えたもの，言葉にしえないものにこそ，霊的，宗教的な真理があり，それは体験・体得されるべきものであると考えられている場合が多い。また，幾分ニュアンスは異なるが，「理屈よりも実践」「理屈よりも体験」ということは，宗教を生きている人々の間ではよく語られていることである。宗教は何よりも生きられるべきものであり，その生き方やわざや境地を身につけるべきものであるからである（→ 39）。

　とはいっても，宗教の世界は言葉であふれている。祈りは言葉によってなされるし（→ 40），神話，逸話といった物語や，教祖をはじめとする宗教的指導者の教え，説教，人々の体験談などが語られる。悩みを言葉として語り，言葉による導きを受ける。語り尽くすことの極限にある沈黙もまた，言葉によって開かれる宗教体験である。宗教は言葉なしには存在しえないのである。

　身につけるべきこと，語りえぬことを，言葉によって語る。また，言霊(ことだま)のようにその言葉の音やかたちに力があるとされたり，コーラン（クルアーン）のアラビア語のようにその言語を変えてはならないとされたりする言葉がある。宗教における言葉の問題は，さまざまな問いを喚起する領域ではあるが（→ 35, 51），ここでは宗教が生きられている現場に即して，宗教における言葉の見取図を描いていくことにしよう。

### ◆宗教における言葉

言葉に物事を生み出す霊力が宿っているとする，言霊に対する信仰は，世界各地にみられるようである。また，それらが儀礼の場において重要な働きをするという信念も普遍的にみられる。聖なる力を宿す言葉には，聖典などに記されている，神の語りや行為を記した言葉，教祖や聖者の語りや行為を記した言葉などもあり，語られている内容以上に言葉そのものの聖なる力への信仰が広く受け入れられている場合がある。また，儀礼の場においては，歌，祝詞(のりと)，信仰告白，讃美など，人間の側から語りかける言葉にも，それによって物事が成就するという聖なる力があるとされる。だから，呪文の内容はときとして神様の名前だったり，経典の内容が法華経のように「法華経はすばらしい！」と自己言及する内容だったりすることもあるのだが，言葉自体に力があるのだから，それも「あり」なのだ。

　もちろん，言葉それ自体の力だけではなく，言葉によって語られることに意味を見出す次元がある。まずは，神や仏，霊などの超越的な他者や教祖をはじめとする宗教的指導者による，個々の場面に向けた具体的な指示の言葉がある。その多くはその場面1回限りでの言葉となるかもしれないが，中には普遍的な意味をもつものとして記憶され，啓示や教えというかたちで受け取られ，伝承されるものもある。さらに，個々の出来事，個々の言葉が意味としてつながりのある一つの全体にまとめられると，それは神話や聖伝といった聖なる物語となる。また，多くの人々が自らの神秘的な体験や回心へと至る体験を語る体験談といったものもある（→ *83*, *84*）。

　儀礼において語られる言葉はもちろんのこと，記憶され伝承される啓示や教え，人々の体験談，神話や聖伝などは，声によって伝えられる口承の言葉であるが，それらが文字によって記録されると，それは新たな展開をみせるようになる（→ *51*）。文字化されたテキストには編集作業が加えられ，正しい伝承とされるもの，意味があるとされるものがふるい分けられ，編纂される。そこに成立するのが聖典である。文書としての聖典にはさらに，その注釈や解釈の研究が加えられることもあり，それらの成果は，神学や教学という宗教の言葉を生み出していくのである（→ *50*）。　〔福嶋〕

> **49** 神話は科学が発達する以前につくられたフィクションであるし、宗教において語られる物語の多くは根拠に乏しいように思う。そこにどのような意味があるのか？
> ●神話と物語

### ◆神　話

　虚構や嘘であるにもかかわらず、実在や真実だと信じられていることを指摘する場合、「それは神話だよ」などということがある。現代の私たちにとって「神話」とは、つくり話を事実と思い込むことを意味するようだ。しかし、世界各地で語り伝えられてきた神話は、それを伝承する社会や人々の間では、真実の物語であった。神話は世界や人間や文化の起源を語る。宇宙の創造、人間の誕生、男女の性の分離や婚姻の規則、昼と夜の分離や季節の循環、死や悪が避けがたくなったこと、国家や社会制度など、社会が成り立ち人々が生活を進めていく上で必要なあらゆる事物の起源や来歴を語ることで、現在の世界のあり方を基礎づけ、人々に生き方のモデルを提供する。また、客観的な概念ではなく、具体的な事物や感覚を用いて語られてはいるが、生と死、自然と文化、男と女、天と地、神と人間など、人間が生きる世界に存在する基本的な矛盾を捉え、この対立を克服することのできる論理を提供している。

### ◆宗教と物語

　神話にこのような働きがあるのは、それが物語という言葉の形式をとっているからである。物語は、世界に生起した（とされる）さまざまな出来事や経験を、一定の筋道にとりまとめて、過去－現在－未来という時間の流れの中に位置づける。個々の出来事、経験は、その文脈において意味をもつようになる。意味は、物語が語られたときの語り手（神話の場合、それが誰かはわからない）の視点、物語の結末から与えられるが、物語が語られることによって語り手の視点が組み立てられ、そこから意味が組み立てられることもある。物語には主人公をはじめさまざまな登場人物（擬人化されたものも含む）と、登場人物たちが生を与えられ活躍する舞台がある。神話とは、このような物語の仕組みを用いて、世界がいかにしてでき

あがったのか，そこで人間は他者たちといかなる関係を結びながら生きていかなければならないのか，生に伴うさまざまな経験にはどのような本質的な意味があるのか，などを明らかにするのである（→ 56）。

物語は人間の経験に意味を与え，この世界における人間の位置や，生き方の筋道を指し示す。神話のように共同体で伝承されている物語は，その共同体が存在することの意味とそこに生きる人間のあり方を指し示す。個人の物語はその物語の主人公としての〈私〉を生み出し，〈私〉にとっての過去の経験の意味と，現在における〈私〉の生の構えをつくりだす。物語が，神や仏，諸霊，宇宙の法則や原理といった超越的な他者との関係によって，世界に生起する出来事や，人間や社会の経験に意味を与えるものであるならば，それは宗教の世界そのものであるといってよいだろう。実際，宗教の世界で語られる言葉の多くは物語である。神話はもちろん，体験談，回心談，霊験談，教祖や聖者の伝記，宗教的自伝，逸話，教会や教団の歴史など，宗教の世界は物語の宝庫であるといってよい。また，物語という視点からみると，信仰を生き，求道するということは，自己の物語を絶えず語り直していくという営みである，ということができる（→88）。

◆書かれた物語

神話，教祖や聖者の言行の物語，教祖伝や聖者伝などは，口頭で伝承されていくが，文字の文化が展開していく中で，それは書物にまとめられるようになる（→ 51）。それらはいずれも「聖なる書物」であるが，とりわけ救済宗教においては，教祖や預言者たちによって初めて人類は究極的な救いの道を知ったとされるため，教団的権威の下に教祖に関わる諸伝承が吟味され，教祖の自記文書がある場合も取捨選択されて，聖典（教典）が成立する（→ 73）。仏教の経典，キリスト教の聖書，イスラームのコーラン（クルアーン）などが代表的である（→ 97）。聖典はそれをいただく宗教伝統における教義の根拠，あるべき信仰の道筋を指し示すものであるから，そこから神学・教学といった学問が成立したり（→ 50），宗教改革のような宗教伝統の革新を導くこともある。さらに，暗唱され儀礼の中で用いられたり，聖典の本そのものが聖なる力を備えているとされたりするなど，身体的な実践にも力を与えるのである（→ 39）。　　　　　〔福嶋〕

> **50** 宗教には教義があり，神学というものがある。そういうものがなくても生きていけるし，そういうものがない宗教もあるはずだ。教義や神学とはどういうものなのか？
> ●教義と神学

## ◆あるべき道への問い

　皆と共有している（と思われる）価値観・世界観を疑うことなく，決められた枠組みの中で皆と同じような生き方をしている（と思っている）とき，私たちは特にそのことを問題にすることはないのではなかろうか。「当たり前」とされる道を真っ直ぐに突き進む真面目さはなくとも，その周辺をうろうろしながらさほど道を外れることなく歩いている限り，私たちは自分がそうした道を歩いていることすら気づくことなく，日々の生活や仕事の中での喜怒哀楽を歌いながら，所与の人生を全うするのであろう。

　しかし，その「当たり前」さが破られて，自分がある道を歩いていた（歩かされていた）ことに気がついたり，その道を大きく外れて歩いている自分を発見したとき，あるいは，その道とはまた別の新たな道を歩まざるをえなかったり，歩むことを望んだとき，私たちは，いま自分が歩いている（歩もうとしている）道と，かつての自分や周囲の人が歩いている「当たり前」の道との違いを，問題にせざるをえなくなるはずだ。そして，そのどちらかを「あるべき道」であるとみなすとき，私たちは「あるべき道」をめぐる反省的な問いを展開することになるだろう。それは「あるべき道」をその外部との関係において問うことで，外部に生きる人々を「あるべき道」へと導く言葉を生み出したり，さらには，「あるべき道」のよさや正しさを，外部を支えている言葉や論理を借りたりしながら，究明していく営みとなるに違いない。教義とは個々の宗教伝統におけるこうした営みにおいて確認された，「あるべき道」を論理的に指し示す言葉の体系であるといえる。

## ◆神学と反省的な問い

　従来の「当たり前」とされる道こそが「あるべき道」であるとみなす反省と，いま自分が歩もうとしている新たな道こそが「あるべき道」である

とみなす反省とでは、当然のことながら、問いのベクトルが逆になるだろう。前者の場合、自分がそこから離れようとしていた（離れてしまっていた）道の再発見の驚きと、自己の愚かさへの気づきが駆動力となる。「当たり前」さによって覆い隠されてしまっていた「あるべきこと」を前にして、自己批判的な問いが展開していく。後者の場合、「新しさ」こそが「あるべきこと」であるという確信の下に、かつて自分が歩んでいた道を批判し、いま歩もうとしている新たな道を「あるべき道」として論証する、自己肯定的な問いが展開していく。

神学や教学といわれる営みが生まれるのは以上のような事態においてである。神学的な営みは、こうした「あるべき道」をめぐる反省的な問いが生起する場に、その萌芽があるのだといえる。したがって、神学や教学という言葉の意味を最大限に拡張するならば、世界には「あるべき道」をめぐる反省的な問いの数だけ多くの、（広い意味での）神学や教学が存在するのだといってよい。

◆神学の成立

さて、こうした反省的な問いが、いくつかの条件の下で展開されることにより、制度としての（つまりは通常の意味での）神学や教学が成立する。

一つは、「あるべき道」の展開を担う、もしくは専有するとされる教団の存在である。教団は複数の人によって担われているとともに、一つの社会集団として境界を設定しつつ外部と関わっている。したがって、そこでは常に、ウチとソトの双方に対して、「あるべき道」＝教義をめぐる解釈の葛藤や教団存立の危機などがさまざまなかたちで生じることになる（→65）。また、そうした葛藤や危機をめぐる論争や調停を、理性的に、説得力あるかたちで展開するためには、「あるべき道」への反省を学知として展開しうる、ウチとソトを貫通する知のパラダイムが存在することが必要となる。神学はそうした知のパラダイムと対峙し、援用しながら、定立された教義を弁証したり、新たに生起する課題に応答しうる「あるべき道」を教義として定立しようとしたり、教団の自己批判を展開するのである（→79）。

なお神学は広い意味で用いられるが、教学という言葉が用いられる宗教もある。

〔福嶋〕

> **51 友人の葬式に行ったら，意味のわからないお経をあげていて，こんなもの何になるのかと悲しくなった。**
> ●声と文字

◆お経には「意味」があるか

法事や葬式に参列し，お経や祝詞(のりと)など祈りの言葉を聞くことがあるだろう。独特の音調やリズムや古語のせいで，何を言っているのかよくわからないことも多い。意味不明のことを聞いているのは苦痛だ。

意味はあるのだから，それを説明するべきかもしれない。経典や教典の現代語訳がかなりでているのは，そう思う人がたくさんいるからだろう。例えば，『チベットの死者の書』というタイトルで日本語に訳された仏教経典は，日本の葬式でいえば「枕経」であり，死の直後にどういうことが起こるか，どうすればよいかという細かい説明である。死者が無事に成仏できるように枕元で説明してやるというのは，死者にとっても遺族にとってもなかなか親切なことだ。

◆〈声の文化〉と，〈文字の文化〉

だが，声にだされるお経と，文字に記されたお経とは，別物であるとみることもできる。〈声の文化〉と，〈文字の文化〉との大きな違いを，W. オング（1991）は説明する。

詩文や歌の歌詞は，〈声の文化〉の特性を帯びている。字数や音韻などの同じ形式を繰り返すことで一定のリズムが生み出される。声にだされたものは元に戻すことができないし，録音装置の出現までは，一度限りしか聞くことができなかった。印象に残るようにするために独特のリズムや音調を生み出し，それが詠み手と聞き手を一つに結びつけ，楽しませるものともなった。吟遊詩人や，平家物語を詠む琵琶法師，そして落語や能なども，そのような性格をもっているといえるだろう。

リズムや音調は意味と結びつき，ときには聞き手にとって意味以上に重要になった。法事で目上の人から（同じお経でも）「今日の坊主はお経が下手だ」「声が小さい」などという苦情を聞くことがあるかもしれない。身体感覚がいかに重要かがうかがえる例だ。詠むのではなく書き写す「写

経」の感覚などと比較したら面白いだろう。

　記録された詩文や経典は，このような〈声の文化〉の性質を残している。例えば旧約聖書の「詩編」や雅歌は，紙面でもリズミカルに読めるし，聖書を読み慣れている読者なら，文字をみただけで，それにまつわる自身の思い出や印象が立ち上がってくるだろう。

　〈文字の文化〉のほうが，〈声の文化〉より優れていると考えられがちである。文字は記録可能で，後戻りでき，繰り返し内容を吟味でき，さらには編集も可能だ。聖典としての聖書も，仏教経典も，文字に残し，聖典として確立する手続きがとられた。さまざまな異本の存在や背景にある社会状況などが明らかにされた。読むことによって深い理解も矛盾点の発見もあり，〈文字の文化〉は特権的な性格ももっていた。ただし〈声の文化〉のような豊かな身体感覚は薄くなる（→ 48, 49）。

◆声を失った〈文字の文化〉

　〈文字の文化〉には自由に持ち運び可能という特徴がある。その〈声の文化〉に接することができない者にも内容を享受することができるようになる。例えば翻訳をされた場合だ。冒頭のお経の例でいえば，私たちは，それがどのように読誦されるのか，読誦される場所や雰囲気を知らないまま，「枕経」としての意味だけを取り出して味わう。そうなったとき〈声の文化〉の身体感覚は失われてしまう。

　さらに日本語で新しい〈声の文化〉が付与されることもある。日本のお経，例えば「般若心経」に触れる人々は，これがもともとどのような音で詠まれたのかを知らず，日本での音調とリズムで聞くことになる。

　筆者は日本版の「般若心経」と英訳 Heart Sutra をアメリカの学会であわせ聞く機会を得た。日本版冒頭の「観自在菩薩（かんじーざいぼーさ）……」が「アバロキティシュバラ（観自在菩薩）……」とリズミカルに読誦される。日本人の私にとって「般若心経」は意味よりも〈声の文化〉であり，法事などを想起させるのだが，Heart Sutra は意味がわかる〈文字の文化〉として，大学で哲学の話を聞くように感じられたのだ（→ 35, 54）。

〔葛西〕

●第 8 章参考図書
［入門書］
市川裕・鎌田繁編『聖典と人間』大明堂，1998 年。
金岡秀友ほか『世界の宗教』自由國民社，2001 年。
ハックスリー，A.／中村保男訳『永遠の哲学——究極のリアリティ』平河出版社，1988 年（原著：1945 年）。
松村一男監修『神話学講義』角川叢書，1999 年。
松村一男『世界の神々の事典——神・精霊・英雄の神話と伝説』学習研究社，2004 年。
吉田敦彦・松村一男『神話学とは何か』有斐閣新書，1987 年。

［基本書］
荒木美智雄『宗教の創造力』講談社学術文庫，2001 年（底本：1987 年）。
オング，W. J.／桜井直文ほか訳『声の文化と文字の文化』藤原書店，1991 年（原著：1982 年）。
川又俊則・寺田喜朗・武井順介編『ライフヒストリーの宗教社会学——紡がれる信仰と人生』ハーベスト社，2006 年。
グリオール，M.／坂井信三・竹沢尚一郎訳『水の神——ドゴン族の神話的世界』せりか書房，1997 年（原著：1948 年）。
島薗進・鶴岡賀雄編『宗教のことば』大明堂，1993 年。
竹沢尚一郎『宗教という技法——物語論的アプローチ』勁草書房，1992 年。
土屋博『教典になった宗教』北海道大学図書刊行会，2002 年。
東京神学大学神学会編『キリスト教組織神学事典』（増補版），教文館，1983 年。
野家啓一『物語の哲学——柳田國男と歴史の発見』岩波書店，1996 年。
リンドベック，G. A.／星川啓慈・山梨有希子訳『教理の本質——ポストリベラル時代の宗教と神学』ヨルダン社，2003 年（原著：1984 年）。
レヴィ＝ストロース，C. G.／大橋保夫訳『神話と意味』みすず書房，1996 年（原著：1978 年）。
脇本平也・柳川啓一編『宗教思想と言葉』（現代宗教学 2），東京大学出版会，1992 年。

第 **9** 章
# 宗教における世界像

先祖供養かつ新年祭にあたる沖縄のグソウ正月。一族でお墓に集まり，供養のためにウチカビ（紙の銭）を焼き，先祖とともにご馳走をいただく。中央の女性はユタ。（名和清隆氏提供）

人間は，ただ食と住さえ満たされればすむほかの動物と異なり，自分が生きている世界の意味や，その世界に生きている自分自身の生の意味などを問わずにおれない存在だといわれる。それらの意味は，普段はあまり意識することがないけれど，大切な人を喪ったときや深刻な挫折に突き当たったりしたときなどに，改めて問い直されることが多いようだ。言い換えれば，意味に満たされた世界においてのみ，私たちは生をリアルに実感できるということでもある。宗教の伝統は，世界およびその中に生きている人間を，そのようにあらしめているものを開示することを通して，そのような意味の枠組みであり続けたし，いまでも多くの人にとってそうである。第 9 章では，その一端に触れてみよう。

**52** 宗教は天国や極楽，地獄などの存在を説くことがある。他方，日本人の伝統的な観念の中には亡くなった者の魂が近くの山にとどまるとする考えもある。先祖の魂はどこかに存在しているのだろうか？　　　　　　　●先祖と他界観

### ◆日本人の多様な霊魂観

今日，正月に門松を立てる家は珍しくなったが，それでも門松を印刷した紙を玄関に貼る家は少なくない。注連飾り同様，正月の飾りの一つとみなしている人も少なくないだろう。しかし本来，門松は来臨する年神のための依代(よりしろ)である。一般に年神は，五穀の神ないし作神とされ，その年の福徳を司る歳徳神と同一視される場合もあるが，いずれにせよ正月とは，服装を改めごちそうをこしらえて，神を迎える行事であった。年神を迎える家では年棚を設けるが，この年棚と盆棚の相似に限らず，正月と盆には共通の行事が少なくないことから，この両者は先祖の魂を迎える魂祭とみなされている。四季折々の行事の中でも最も重要なこの二つの行事が，ともに魂祭でもあるということは，日本人の伝統的な霊魂観および他界観について考える上で，いろいろな示唆を与えてくれる（→ 41）。

例えば，死や他界を「ケガレ」（穢れ）とみなす観念は，すでに古代日本において存在したといわれる。その際，しばしば引き合いにだされるのが，「イザナギ・イザナミ神話」に描かれる黄泉の国へカムサ（神避，神去，甍）ったイザナミの姿であり，黄泉の国から戻ったイザナギによる禊(みそぎ)である。もっとも，さらに時代を遡ると，縄文時代の環状集落の発掘調査では，中央の広場に墓が設けられていることから，縄文人の間には死を忌避したりケガレとみなす意識がなかったとする見解もある（→ 96）。弥生時代に入ると生活空間から分離された墓地が登場し，支石墓や方形周溝墓がみられるようになるが，ここから死者への追悼の想いを読み取ることができよう。死者の追悼は祖先の崇拝へとつながり，やがて死後の「生活」の観念を強く反映して古墳が多く建設されるようになる。

### ◆日本人の祖霊に関する諸言説

これらの考察からは，大陸から仏教や儒教などの成立宗教が伝来する以

前の日本人の死生観をある程度うかがい知ることができるが，それを日本固有の宗教伝統の文脈に位置づけて「祖霊化」の論理としたのが柳田國男の祖霊信仰論であった。外来の宗教的観念の影響を排除するという明確な意図をもって柳田は，民間信仰の次元で一般的である（と彼が考えた）死生観を日本の固有信仰の核とみなしたのである。また，折口信夫は，外から身体に付着した「たま」（魂，魄，霊）の発動を「たましい」とよび，そのたまを身体に結びつけたり鼓舞したりする鎮魂の術として神道を捉えた。

柳田や折口の考えは民俗学を中心に広く影響を及ぼしたが，他方，日本人の死生観の重層性に注目するならば，単に神道的・民俗的死生観のみならず，インドに源流を発する仏教，中国に生まれた儒教や道教，さらに西洋からもたらされたキリスト教などの影響も無視できない。これらもまた，縄文期以来のアニミズムや弥生時代の穀霊信仰などと並んで，今日までの日本人の死生観を複合的に形成してきたのである（→ 99）。

◆「文化」としての〈死〉の表象

自分と血のつながりがある（擬似的なものも含めて）死者が，この世と連続したどこか（あの世）に存在しており，定期的にあるいは適切な儀礼を通じて交感することができるという信念は，先祖の魂と死後の世界に対する基本的な観念の枠組みを形成する。死を点ではなく過程として受け止めること，そして死と生を分かちがたいものとして捉えることは，死という現象を生物学的・医学的なものとしてではなく，ある特定の時代や社会において人々によって表象され共有されてきたもの，すなわち文化現象・宗教現象として理解しようとすることである。例えば，他界観や霊魂観，葬送のあり方などは，そのような〈死〉の文化的・宗教的表象であり，それらを通じて人々は死を（そして生を）リアルなものとして受け取る。死に関して宗教学がもっぱら探究してきたのも，諸宗教においてどのように死が表象されているかということであって，天国や極楽・地獄といった他界観，輪廻や転生，終末論などを中心に諸宗教の死生観が取り扱われてきた。忘れてならないのは，同じ伝統においてもその死生観は一元的ではなく，現実には複数の要素が多元的に混在していること，そして空間的にも時間的にも静態的ではなく動態的であるということだ（→ 9）。　〔宮本〕

### 53 宗教によって「神」の特徴はどのように違うのか？ 人間と神の関係は，近代化によって変わったのだろうか？
●神と他者

◆一神教と多神教

2001年の9.11同時多発テロの直後，アメリカのブッシュ大統領がテロリストとの戦いを「十字軍」と表現したとき，キリスト教とイスラームとの間に「文明の衝突」(S. ハンティントン) を予感した人も多かっただろう。それに対して日本では，次のような主張が聞かれたものだ。いわく，ユダヤ教を含めて一神教の信者は，自分たちの神のみを唯一絶対の存在と信じるがゆえに他宗教に対して不寛容であり，したがって争いが絶えない (→ *62*)。それに対して，伝統的に八百万の神々を奉ずる神道と，そもそも神などを認めない仏教とを基盤とする日本人の宗教性は，異文化に対しても寛容であり宗教戦争とは縁がないというのだ (→ *110*)。

一神教の神は全知全能とされる超越的な存在であり，唯一の神に対する信仰は，キリスト教の教会やイスラームのウンマのように，それを共有する集団の団結を高める。それだけに異質なものに対しては否定的になりかねないところもあるのは確かだ。

だが，多神教の宗教は他者に対して本当に寛容といえるだろうか。代表的な多神教として知られるのは，ヒンドゥー教と神道であるが，両者ともナショナリズムと結びついたとき，一神教に勝るとも劣らない不寛容性を示すことは，近代以降の歴史が教えている。また，多神教の神々のヒエラルヒーが実際の社会のヒエラルヒーを反映している面もある。侵略された部族の神が侵略者の神の末端に加えられることもよくあるのだ。

また，日本の八百万の神にしても，神として崇められるのはごく一部であり，『常陸国風土記』に出てくる夜刀の神や（後に祀られはするが）スサノオなどの粗暴な神が人々を苦しめることもあれば，その神々が仏の験力を頼んで救われたいと願うこともあった（神宮寺の誕生）。神道と仏教が仲良く共存したと強調されることもあるが，神仏習合の実体はほとんどが仏教による神道の取り込みであって（例えば本地垂迹），八百万の神が日本民

族固有の神として再び脚光を浴びるのは、江戸時代に国学や復古神道が登場してからなのである。

◆神（仏）の他者性

他方、仏教は無神論（→ 107）の宗教とされている。確かにキリスト教的な絶対神の存在は否定されている（仏教で一神教の神に相当するものを強いてあげるなら、法ということになろうか）。しかし現実はどうだろう。仏教ではこの世に実体的なものは存在しないと教えるが（→ 54）、実際には阿弥陀や観音や地蔵や釈迦などの、実にさまざまな仏や菩薩が崇拝されている。このことを考えれば、呼び名が違うだけで仏教（とりわけ大乗仏教）も一種の「多神教」とよべるのではなかろうか。そう考えると、真の意味で無神論に当たるのは唯物論的科学主義かもしれない。その客観主義的世界観によれば、私たちの住むこの世界はそれ自体で完結しており、それを超越した存在を想定することは単なる主観的作業にすぎない。

だが、人はそれぞれの世界を生きているのであり、その世界は決して「客観的」な世界ではない。神にしても仏にしても、それを信じる者にとってはその存在はリアルなものであり、その実在性が、信仰者に対して世界の意味を開示し、信仰者自身の生を絶えず満たしている。したがってその神（仏）は、それぞれの宗教において一定のイメージの下に説かれているが、厳密にいえば個々の信仰者それぞれにとって各自の神（仏）でもある。そのとき神や仏は、それを信じる者に世界を「開いて」くれると同時に彼・彼女を世界へと「開いて」くれる「媒介者」でもある。もっとも、そのような「開け」として現れてくる神（仏）は、絶対的な〈他者〉として顕現する（→ 40）。近代の人間中心主義的な考え方はそのような絶対的な〈他者〉としての神の存在を否定する（あるいは少なくとも相対化する）。

その意味で、100 年以上も前、「神は死んだ」と宣言した F. ニーチェは正しかったといえる。しかし、その結果、私たちは他者（あるいは神）を「表象」としてしか受け止めることができなくなってしまったのではないだろうか。そしてそのことはまた、「私」の存在そのものの根拠が常に相対化されていることを意味しないだろうか。

〔宮本〕

**54** 仏教でいう「解脱」と「空」とはどのような考え方なのだろうか？「悟り」を説く仏教は，「救い」を強調するほかの宗教と根本的に異なっているのだろうか？

●涅槃，解脱，空

## ◆涅槃と解脱

人が死ぬことを「成仏する」とか「仏になる」と表現することがある。しかし，仏とは本来，「悟りを開いて涅槃の境地に入った者」をさす言葉であった。したがって，死ねば自然に涅槃（ニルヴァーナ）に入るわけでもないし，また生きていても悟りを開けば仏になれるのである。では，どうすれば悟りを開けると考えられているのか。それは，煩悩にとらわれている我を自覚し，そのとらわれによってあらゆる苦が生じていることを知って，無我の境地に入ることによってである。その境地へと至るためにゴータマ・ブッダは「八正道」（正しい見解，正しい思惟，正しい言葉，正しい行い，正しい生活，正しい努力，正しい思念，正しい瞑想）を守ることを説いている。実はこの「ブッダ」（buddha）というサンスクリット語がもともと，悟りに達した人の意であり，この語で仏教の開祖をさすのは特殊な用法なのである。

悟りを開くことにより「解脱」することができる。この解脱という考え方もブッダのオリジナルではなく，以前からインドで知られていた輪廻（サムサーラ）からの，すなわち生と死の永遠の連鎖からの，解放を意味していた。誕生も死も，そしてその間の生もすべて苦であると説くブッダによれば，その苦の連鎖を断ち切ることであらゆる煩悩を滅すること，すなわち涅槃寂静の境地に達することが解脱なのである。

## ◆空 と 色

部派仏教では現象世界を構成する最小の要素の実在性を認めていたのに対し，大乗仏教では，それらの実在性を否定し，それらに実体がないことを悟ることによって解脱を得られるという論理を打ち立てた。それが，「般若経」で説かれナーガールジュナ（竜樹）によって体系化された，〈空〉の思想である。ここでいう般若とは般若波羅蜜，すなわち悟りの智

慧をさす。「般若経」がどんなお経か知らない人でも,その心髄を説いたとされる「般若心経」の一節,「色即是空,空即是色」は聞いたことがあるだろう。その解釈については専門家の間で意見が分かれているが,重要なのは,色(現象の世界)がそのまま空である(実体がない)と同時にその空であることによって色が色であるというパラドキシカルな論理構造である。

「葵上」などの能に登場する般若は怨念の魂であるが,しばしば読経の力によって改心する存在である。(毎日新聞社提供)

このことはどう理解すればよいだろうか。〈空〉の原語にあたるシューニヤは,数字のゼロも表す。ゼロは,それ自体は無であるが,ほかの数字と組み合わされることで一定の量(有)を表現する。そのことから,〈空〉は有るか無いかの相対を超越している。あらゆる存在もあらゆる思考もすべて相対的なものであるが,その相対性を突き詰めたところに絶対性が開かれる。現実の世界を徹底的に否定し尽くしたところに真の現実肯定が立ち現れるのである(もっとも中国仏教では老荘思想の影響から,〈空〉が相対的なもので〈無〉こそが絶対的なものだとする考えも生まれた)。

◆解脱の宗教と救済の宗教

このように考えてくると,およそ現実世界に生きている限り逃れることのできそうにない煩悩を完全否定する仏教という宗教が,人間の救いにいかにして応えることができるのかという疑問にも,それなりの回答がみえてくる。宗教の類型化において,「救済」の宗教(→73)であるキリスト教に対し,仏教を「解脱」の宗教として,あるいは一種の「メタ宗教」として位置づけることもあるが,仏教でも解脱の教えを強調する聖道門に対し,浄土門ではむしろ阿弥陀(の本願)による救済に対する信仰が優先される。しかし,救済の宗教でも,絶対者の前であらゆる苦悩が相対化され,そのことによって救いが生じるという構造は,仏教の悟りとも通じている。だとすれば,救済の宗教にも「解脱」の契機(絶対否定による現実の超越論的肯定)が含まれているともいえるのではないだろうか(→106)。〔宮本〕

> **55** 宗教の伝統ではしばしば夢が重要な意味をもつが，それはどういうことなのだろうか？　現代人も一つの同じ夢をみている，とはいえないだろうか？　　　●夢

◆夢のリアリティ

　あなたはリアルな夢をみたことがあるだろうか。あまりにもリアルな夢をみたとき，目が覚めてもしばらくは夢の印象が強く，覚醒した後の現実のほうが疑わしく思えることもある。もっとも，実際にはそのような不安定感は一時的なもので，すぐに意識は〈現実〉の世界と同調し，夢は忘れられてしまう。

　夢物語という言葉もあるように，夢は非現実的でリアリティがないものの代名詞として使われている（ちなみに「はかない」という字はにんべんにゆめと書く）。非現実的な空想をさして白昼夢ということもある。しかし，本当に夢は虚しいものだろうか。夢が本当で日常世界のほうが嘘かもしれないと考えることは異常だろうか。

　夢のほうが真実で現実のほうが虚構かもしれないという感覚の揺らぎについて語ったものとしては，『荘子』斉物論篇の「胡蝶の夢」がよく引き合いにだされる。荘周があるとき蝶になった夢をみたが，目覚めた後，もしかしたら蝶が荘周の夢をみているのではないだろうかと，疑惑を感じたというものである。もっとも，本書の読者にとってはむしろ映画『マトリックス』の世界のほうが共感できるかもしれない。現実世界とマトリックス世界とどちらがヴァーチャル・リアリティ（仮想現実）なのか，という揺らぎであるが，この映画をあくまでも〈映画＝ヴァーチャルな世界〉としてみている限りは両方とも無論（程度の差はあれ）どちらの世界も観客にとっては虚構の世界である（だからある意味，「日常」を忘れて楽しめる）。

　映画だけではない。つくり物の虚構の世界は私たちの周りにあふれており，現実と虚構との間の境界線は常に侵食されている。ふと，この現実そのものは脳の電気信号がつくりだした虚構の世界ではないか，あるいは自分という存在も思考も，実は遺伝子という自分を超えたものによってすべ

て決定されているのではないか，などと考え出すと，本当に自分自身が考えているのか，あるいは自分の脳を使って自分以外の何者かが考えているのかと，ますます混乱する。いったい，何が本当なのだろうか。

◆夢告と近代

西郷信綱『古代人と夢』によると，古代の日本人にとって夢は今日よりもはるかにリアリティのあるものだったらしい。しかもその場合，夢は神仏とのコミュニケーションの重要な手段だった。例えば，記紀が伝えるところによると，崇神天皇の時代に疫病が流行したので，天皇が沐浴潔斎して眠りにつくと大物主神（おおものぬしのかみ）が現れ，「意富多多泥古（おほたたねこ）をして祀らせれば国は平安になる」と告げた。さっそくその人物を探し出してみると，その人物は大物主神の子孫であった。そこで天皇は彼を神主にして三輪山に大物主神を祀ったというのである。

このように，神仏や精霊のような日常の世界から超越した存在との媒介として夢を利用することは，日本に限らず，広く世界各地にその例を求めることができる。その場合，夢告は，古代メソポタミアやエジプトの祭司王がみたものであれ，ネイティブ・アメリカンのシャーマンがみたものであれ，あるいは鎌倉仏教の祖師たちがみたものであれ，厳然たる力をもって現実を方向づけたり意味づけたりするものとして働くのである。現代社会においても，夢占いを信じる人は少なくないようだ。こうしてみれば，C. G. ユング（→85）が，夢と宗教体験のどちらもアルケタイプ（原型）の直接的な表れであるとしたことも得心がいく。

もっとも，夢と幻想を同一の次元で扱うことに躊躇しない近代の世俗的夢観念からすれば，夢と現実との差は，異常と正常，未開と文明，あるいは患者と医者の差異ほど，明瞭である。しかし，その明瞭と思われている〈差異〉も，〈近代〉という大きな夢によって生み出されているものといえるかもしれない。W. ベンヤミンは近代という夢からの目覚めを訴えたが，近代の夢から人間を覚醒させる力が現代の宗教にどれだけ備わっているかは問題だ。それと同時に，夢をリアルに描く想像力（創造力）をどのようにして回復することができるかも問われなければならないだろう。〔宮本〕

> **56** 宗教において，時間や歴史はどのように捉えられてきたのだろうか？　時間は無限なのだろうか，それとも有限なのだろうか？　　　　　　　　　　　　　　●時間と歴史

### ◆円環的時間と神話

　宇宙はいつ誕生したのだろうか？　最近，米航空宇宙局（NASA）が公表した推定値によると，宇宙は137億年くらい前にビッグバンによって始まったらしい。そして時間というものもそのときに始まったらしいのだ。もっとも，この世界（宇宙）がいつどのようにして始まったのかという問いは，人類誕生以来絶えず問われてきたといってもよいだろう。

　今日ではその問いの答えはもっぱら科学に期待されているが，人類の長い歴史からみればそれはごく最近のことで，長い間この問いに答えてきたのは神話（→ 49），とりわけ創世神話（コスモゴニー）であった。しかし神話は，どのように世界が始まったかを物語っても，それが具体的にいつであったかを，日常使用されている時間のものさしを使って説明することは，ほとんどない。それはただ単に「かのとき」あるいは「原初のとき」とよばれるだけであり，それ以来，天体の運行や季節の循環は無限に永いときを経て繰り返されてきたとされる。無限の過去から存在していた宇宙は，また永遠に反復して更新される。このような円環的時間観の立場では，宇宙の原初において聖なるものが顕現した根源の時間を周期的に再現することが最も重要であるとされる。

### ◆直線的時間と歴史

　これに対し，時間を直線的で反復不可能と考える直線的時間観は，ユダヤ教の聖書およびそれを取り入れたキリスト教の聖書を特徴づけている（ここにゾロアスター教を加えてもよい）。モーセに対する神の啓示にせよ，イエス・キリストの死と復活にせよ，それらはすべて直線的な時間の中で起こり，したがって 1 回限りの出来事である。17世紀半ばには，アイルランドのジェームズ・アッシャー主教が天地創造を紀元前 4004 年 10 月 26 日としたが，いずれにせよ，それ以降の時間の中で生起してくることはすべて，すなわち歴史は，それ自体神の現れとみなされることになる。

ここにおいて歴史は救済論的に意味づけられる。例えば西暦＝キリスト紀元において用いられる A.D.は Anno Domini（主の時代における）の略号であり，B.C.は Before Christ（救世主以前）の略号であるように，歴史全体が神の意志の発現であり，したがって歴史において生起する出来事はすべて神の啓示であるとみなされるのである。

### ◆歴史の恐怖と歴史の撥無

自然災害や疫病の流行のような天災も，戦争や侵略のような人災も，人類の歴史において繰り返し多くの人々に耐えがたい苦痛を強いてきた。これらの出来事をすべて神の啓示と受け止める強固な信仰によって，あるいはそれらの出来事を引き起こす悪の力から人々を解放してくれるメシア（救世主）を待望することによって，ユダヤ人やキリスト教徒たちは「歴史の恐怖」を克服しようとしてきた（出来事の積極的意味づけ）。それに対し，円環的時間の観念をもつ人々は，定期的に（場合によっては臨時に）時間を儀礼的に更新することでそのような歴史の恐怖を「撥無」し，新たな世界と新たな時間を再生させてきた（出来事の無化，Eliade 1954）。

ビッグバン理論提唱者のG. ルメートルは，「宇宙卵」が爆発して宇宙が生まれたと考えたが，この言葉自体は元々創世神話に使われたものである。ヒンドゥー教ヴィシュヌ派によれば，宇宙卵が大洋から生まれたとき，創造の永遠の循環が始まった。次にヴィシュヌ神が卵に入り込み，大蛇の上に乗った。しばらくして，彼の臍から創造神ブラフマーが生まれ，世界の創造が始まった。

もっとも，直線的・不可逆的時間観念に基づく宗教に，円環的契機が欠けているわけではない。例えばキリスト教のさまざまな行事は，イエスの降誕，受難，復活などの歴史的出来事を繰り返し再現する（あるいは神話化する）ことで，救世主がかつて地上に出現したことの意味と，いずれ再び来臨することへの期待とを表象している。言い換えれば，そのことによってのみ，圧倒的で虚無的な力で迫ってくる歴史の恐怖をキリスト教徒たちは克服してきたのだといえよう。

〔宮本〕

> **57** 宗教には，この世を否定して来世を待望する傾向と，この世で救われたいとする傾向がみられる。この違いはどこに由来し，また人々の生活に対してどのように影響を及ぼすのだろうか？　●終末論と現世利益

## ◆「御利益信仰」の是非

　とげぬき地蔵で知られる東京・巣鴨の萬頂山高岩寺の境内にある観音像は，自分の身体で治したい部分を洗えばご利益(りやく)があるという。東大阪の石切神社も，石をも切る鋭い剣で「でんぼ（腫れ物）を切る」という言い伝えから，あらゆる病気平癒にご利益があるという。この二つに限らず，ご利益があるとされる神社仏閣は日本国中に無数にあり，書店にいけばご利益ガイド関係の本が何種類も並んでいる。これらの神社仏閣には，恵比寿や大黒天，地蔵菩薩や観音菩薩，稲荷神や天神，毘沙門天や弁才天，薬師如来や文殊菩薩，八幡神や大国主など，実に多様な「カミサマ」「ホトケサマ」が祀られており，そのご利益も，商売繁盛や豊作大漁，家内安全や交通安全，縁結びや子授け，病気平癒や長寿，受験合格や厄除け，金儲けやギャンブル必勝に至るまで，およそ日常生活において人々の願望の対象になるものはすべて網羅されているといってもよい。八百万(やおよろず)といわれる神々の数は，人々の欲望の多さを反映しているのかもしれない。

　利益とは，本来は仏教用語で，仏や菩薩の慈悲などが他に益を与えることをいい，自ら益することをさす功徳(くどく)に対応する。また，利益のうちこの世で得られるものは現世利益(げんぜりやく)といわれ，来世で得られる後世利益と区別される。仏教が日本に伝来した当初，それはもっぱら除災招福の方術として重宝された。庶民に浸透していく上でも加持祈禱などによる現世利益は大きく貢献した。これを，現世を超越した解脱をめざす方向から現世での福利を求める方向へと堕落したとして非難する立場もある。だが，瞑想や悟りを崇高なもの，生活の向上を求める現世利益を低級なものとみなす宗教観は，例えば，民衆の差し迫った難儀に応えるかたちで江戸時代末期以降広く展開した新宗教に対する，知識人階級やマスコミなどの蔑視とも深く関わっているのである（→ 72, 75）。

◆終末論の系譜

　現世中心主義の世界観に基づく現世利益に対し，来世中心主義の世界観に基づくのが終末論（eschatology，終末観ともいう）である。この観念は，歴史の終わり，すなわち世界や人類の終末を前提としており，ゾロアスター教，ユダヤ教，キリスト教，イスラームなどに顕著である。このような考えは，基本的には，世界や歴史を超越した存在（すなわち超越神）を前提にして初めて可能になるのである。時間は循環する

とげぬき地蔵尊（洗い観音）

と考える立場と異なり，この立場では時間は〈最後の時〉という一点をめざして流れているということになる。言い換えれば，歴史はある方向に向かって動くのであり，その意味で歴史は有目的的である。

　終末論が，世界の終わりに際して何らかの救世主が現れるはずだという願望と結びつくと，千年王国論やメシアニズムなどを喚起する。アジアでも，弥勒の世を希求する運動などに終末論的世界観を読み取ることができる。自然宇宙の循環的永続，すなわち世界の安定を願う立場と異なって，終末論的発想では世界は常にある目的に向けて革新されねばならないということになる。16世紀以降，ヨーロッパ社会が非ヨーロッパ社会に対して情熱的に働きかけようとしてきたのも，このような終末論的千年王国主義の現れであるという主張もある。

◆日本の宗教風土と世直し

　この世界が耐えがたいものであるという意識とその耐えがたさから逃れることへの切望が沸点に達したとき，それは革命的な世直し運動の形態をとる。日本でも幕末期に集中してみられた世直り・世直し，おかげ参り，ええじゃないか踊りなどに，このような運動を希求する民衆の危機意識を読み取ることができる。だが，それらはあくまで現世での幸福を追求する点で，厳密な意味での終末論ではない。日本には終末論は育ちにくいという議論もある。はたしてそうだろうか。　　　　　　　　　　〔宮本〕

> **58** 人々はしばしば宗教に苦難からの救済を求める。宗教はどのようにしてその要請に応え，そして幸福へと導くのだろうか？
> ●苦難と幸福

◆苦の原因論

現世での幸せを願う現世利益信仰も，来世での救いを期待する終末論も，いずれも苦しみからの救済という点では共通している。およそあらゆる宗教は，何らかのかたちで人々に幸福を与えることにその存在意義があるといえよう。しかし，その具体的な方策はかなり多様である。その理由の一つに，幸福を阻害する要因である苦の原因について異なる見解に立っていることが考えられる。

苦について最も徹底した考察を展開している宗教として仏教をあげることができよう。仏教は「四苦八苦」を説くが，その四苦は生・病・老・死であり，八苦はこの四苦に，愛する者と離別することによる愛別離苦，憎い者に会うことで生じる怨憎会苦，求めるものが得られないことから生じる求不得苦，そして感覚や意識などの働きに伴う五陰盛苦を加えたものである。ゴータマ・ブッダは，人間のあり方そのものが本質的に苦であると認識すること（苦諦）を悟りの第一歩だとした。ブッダはさらにこれら多様な苦の根源的原因を無常なものへの執着に求め，その執着を離れることが涅槃に至る唯一の道だと説いた。

仏教が苦の原因を内在論的に教えたのに対し，ユダヤ教やキリスト教では，苦に超越論的な説明を与える。すなわち，律法に背いたり傲慢な態度で神を否定したりする人間の罪に対し，その罪を自覚させるために神から与えられる罰が人間に苦悩をもたらすと考えるのである。したがって苦悩は神からのメッセージであり，啓示である。この逆説的な論理が最も先鋭的にうかがえるのが，イエス・キリストの死を贖罪＝神の無限の愛とする論理であろう。イエスが弟子たちに説いた神の愛（アガペー）は，かけがえのない指導者の磔刑死という耐えがたい苦難の状況に弟子たちがおかれたとき，初めてその真価が問われたといってよい。この苦難の出来事の救済論的昇華がなかったならば，キリスト教という宗教は今日存在してい

なかったかもしれないのだ (→ *108*)。

◆**幸　福　論**

　それではなぜ人々は宗教に救いを求めてきたのか，そしていまも求め続けるのだろうか。それはひとえに苦しみが理不尽であるからにほかならない。なぜ私が（わが子が，私の家族が，多くの人々が……）こんなにも苦しまねばならないのか。病や貧困や争いなどの苦難にさらされている人たちにとっては，病や貧困や争いそのものよりも，それらの苦難を引き受けざるをえない現実に対して納得がいかないことのほうがしばしば耐えがたいものとなる。この苦しい現実に意味を与え，それによって苦難を含めて世界全体を受け入れうるものとして再構築すること，これこそが宗教の「救い」の力であり，この力を確信することで現実世界に（苦しみとともに）安住できることが，宗教的な意味での幸福なのである (→ *18*)。

　もっとも，どのような方法で世界を受け入れるかは宗教によって多様である。例えば病や貧困そのものを少しでも解消してくれるよう神仏に現世利益を願うのも一つの方法であり，現世的苦楽を完全に否定して，ひとえに来世での救いを祈願するのも一つの方法であろう (→ *57*)。また，神や仏，あるいは教祖や聖人など，何らかの超越的存在の力にすがることで救いを求めることもあれば (→ *53, 97*)，修行というかたちで自ら救いの境地に高まろうとすることもある (→ *43*)。このように，何をもって「救い」とするかも，どのようにその「救い」に到達するかも，さまざまであるが，いずれにしろそこで希求されているのは生の意味の充溢であり，またその生が宿命づけられている世界との関係の修復であろう。

　ところで，東西冷戦の終結以降，民族や宗教の対立に起因する紛争が激増したといわれる。実際，そのような報道に接する機会も多い。このような現実を前にすると，宗教は人々を救いに導くどころか，対立へと駆り立てているのではないか，との声すら聞こえてくる。しかし，対峙する人々が抱いている憎悪を宗教（ないし信仰）に還元してしまうのは拙速であろう。むしろ，本来もっているはずの救済力をどうすれば宗教が取り戻せるのかを問うことが重要ではなかろうか (→ *25*)。　　　　　〔宮本〕

> **59** 世界の諸宗教において，教祖や聖者とよばれて崇拝の対象となる人々がいる。このような人々に何か違いはあるのだろうか？　　●教祖と聖者

## ◆崇拝される人々

　宗教においてはしばしば人間が崇拝の対象となることがあるが，その崇拝は大きく二つのタイプに分けることができる。一つは，子孫となる人々がその庇護を願って祖先を祀る場合であり，一般に祖先崇拝とよばれる（東アジアの場合は祖先祭祀ともいう）。もう一つは，ある特定の人間に超越的な聖性を認め，その救済の力を信じる人々によって信仰の対象とされる場合であり，聖者崇拝や教祖・宗祖への信仰がこれにあたる（堀一郎は日本の民俗宗教にみられる前者を「氏神タイプ」，後者を「人神タイプ」とよんで区別した）。どちらのタイプも人が崇拝される点では共通しているが，前者ではその信仰が血縁に基づく家族・親族内に限定されるのに対し，後者ではそのような限定がない。

　この分類とは別に，死後，すなわち肉体を失って霊魂の状態になった存在を崇拝の対象とする場合と，生前から崇拝の対象とする場合がある。先の区分でいうならば，祖先崇拝や英霊信仰などは当然前者にあたるが，聖者や教祖に対する崇拝はしばしばその生存中からみられる現象である。

　ではこれらの人々が崇拝されるのはなぜだろうか。ここでは，（擬似的なものも含めて）血縁を前提とする祖先崇拝は除き，生前すでに超越的な力を獲得したと信じられ，それゆえに崇拝の対象となった教祖や聖者の事例について考えてみよう（→ 44，97）。

## ◆教祖の誕生

　一般に新しく宗教伝統を創始した人を教祖とよぶ。同じ伝統の中にあっても新しい宗派を開いた人は宗祖や祖師とよばれ，教祖と同様に尊崇の対象とされることが多い。もっとも教祖の場合でも，しばしば既存の宗教から儀礼や教えなどを取り入れているが，重要なのはそれらに対する独自の救済論的意味づけである。

　教祖に限らず，一定の宗教的社会構造の中で霊威や霊能をもつと認めら

れ，それゆえに宗教的職能者として活動するものは多い。後に教祖となる人物にも，初めは身近な宗教体験をきっかけに自らの霊威に目覚め，それによって人々を救う活動を開始するというパターンがほぼ共通してみられる。ただ，単なる霊能者と教祖の違いは，前者があくまでも当該の宗教的社会構造の枠内にとどまるのに対し，後者はその救済活動を通じて，既成の宗教的世界に新しい地平を切り開き，教えや実践を通してその世界をリアルなものとして受け入れる人々を獲得する点にある。

◆聖者の多様性と共通性

他方，聖者の場合は，新しい宗教的世界の構築よりも，既存の宗教的世界をいかに体現するかのほうに重点がおかれる。キリスト教の聖人，仏教の阿羅漢や菩薩，イスラームのワリー，ヒンドゥー教のグルなどはすべて聖者という概念に含めてもよいだろう。もちろん，一口に聖者崇拝といっても，そこには幅広い多様性を認めることができる。例えば，生前から聖者として崇拝されていることもあれば，死後初めて聖者と認められることもある。聖者であることを公的に認めるシステムが確立している場合もあればそうでない場合もある。ひたすら世俗を離れて修行に専念する聖者もあれば，民衆の救済に積極的に関わる聖者もある。このように，個々の文化的歴史的そして何よりも宗教的文脈において，聖者とされる人々の有り様は多様であるが，そこに共通しているのは，それぞれ個別の状況において救済のわざに従事しながら，同時にその宗教的活動を通して個々の宗教的伝統を体現してもいるという点である（→ 75）。　　　　　　　　　　〔宮本〕

ヒンドゥー教の聖地の一つである北インドのバナーラスで修行するサードゥー（行者）。彼らの多くは，最も偉大な苦行者であるシヴァ神に倣い，悟りに到達するためにひたすら苦行の日々を送っている。（宮本久義氏提供）

## 60 世界中に聖地とよばれる場所がある。それはどのような場所だろうか？ それはほかの場所とどのように異なっているのだろうか？
●場所と記憶

### ◆神社とウタキと太古の記憶

　神社は杜(もり)がいい。春日大社でも伊勢神宮でも鹿島神宮でもどこでもよいのだが，立ち並ぶ木々の間の参道を歩むと，その清浄な雰囲気に心まで洗われるような清々しい気持ちになる。それは，単に豊富な酸素で脳の働きが活性化されるからという理由だけではない。杜は，こここそ神のいますところにふさわしいと思わせるような，文字通り「森厳な」雰囲気を醸し出すと同時に，どこか懐かしくて穏やかな気持ちを引き出すからである。縄文よりさらに古い時代の人々にとって，森は，豊富な食料を供給してくれると同時に危険な外敵からも保護してくれる，いわばシェルターの役割を果たしていた。杜は，脳の中枢に染み込んでいったこの原体験の最古の記憶を呼び起こすのかもしれない。

　沖縄にはウタキ（御嶽，御岳）とよばれる聖地が各地にみられるが，それらは基本的にクバ（びろう）やガジュマル（榕樹）などの木が生い茂った森と，その中心の少し開けたところ（イベ）に設置されたウガンジュ（拝所）からなるシンプルな構造になっている。拝所といってもせいぜい線香を焚く香炉などが置かれているくらいで，社殿は存在しない。うっそうとした森に囲まれた森閑とした空間は，まさに聖なる存在と交わるにふさわしい。神社の原初的な形態もおそらくこのようなシンプルなものであったに違いない。

　民俗学者で博物学者の南方熊楠は，明治政府の神社合祀令によってムラの鎮守の森（杜）が失われていくことに強く反対した。彼は，今日では環境保全運動のはしりとしても評価されているが，単に自然を守ろうとしたのではなく，粘菌もミミズも人も大いなる一つのいのち（生態系と読み替えてもいい）の一部として生かされていることの象徴としての森（杜）が失われることに，そしてそのことによって，人が人となるはるか昔の記憶を忘却してしまうことに反対したのではないだろうか（→ *12*）。

◆モニュメントとしての聖地

　日本に限らず自然の風景と結びついた聖地は，その風景にどこか懐かしさを覚える人々の原初的な宗教体験の記憶を喚起するものである（その意味で歴史以前の太古へといざなうものである）。それとは対照的に，歴史上の出来事を強く印象づける聖地も世界各地に存在する（→ 29）。それらは自然の風景よりも，過去に起こったことをリアルに想起させるための人工的な装置，すなわちモニュメントによって特色づけられる。例えば，エルサレムの嘆きの壁の前に立つユダヤ教徒，聖墳墓教会を訪れるキリスト教徒，メッカのカーバ神殿を取り囲むムスリム，ブッダガヤの菩提樹のわきで瞑想する仏教徒は，それぞれの仕方で，その場所に刻印された過去の出来事を追想する。

竹富島の美崎御嶽（みさきおん）。小さな神石を中心とする最も素朴なかたちの聖地の一つである。司馬遼太郎の著書『街道をゆく』は，人口わずか300余の竹富島に多くの御嶽があることを紹介している。（藤田庄市氏提供）

　聖地は同時に巡礼地でもある。人々は聖地をめざし，非日常的な時間をかけて，非日常的な空間を移動する。その旅の動機は，請願であったり贖罪であったりあるいは修行であったりと多様であろうが，いずれにせよその目的地は聖地なのである。それでは人はなぜ聖地をめざすのであろうか。原風景としての聖地であれ，歴史的なモニュメントしてのそれであれ，場所それ自体に聖なるものとのコミュニケーションを迫る力がある点では共通している。その力の前で人は，意識と身体の両方において日常とは異なる雰囲気に取り込まれることで全身全霊の変容を体験し，同時にそこが世界の中心であることを実感するのだ。聖地はまた，そのような体験が人類に共通した記憶の根底にあることを思い出させてもくれる（→ 42）。

〔宮本〕

> **61** 都市文明が発達することによって宗教はどのように変わったのだろう? 古代都市と現代の都市において宗教の役割は異なっているのだろうか? ●都市と文明

◆**古代都市と宗教**

かつてポール・ウィートリーが論じたように、古代中国の洛陽や長安、またそれらを模して造られた平城京や平安京など、伝統的な都市の多くは宗教的な目的に応じて、すなわちセレモニアル・センターとして建設された。それらの宗教的な都市においては、その中心は王=祭司による儀礼の空間でもあり、その儀礼の主たる目的は、コスモゴニー(宇宙の創世、創世神話)を物語る、あるいは再現することによって、定期的に世界を更新し、人々の地上の生に宇宙的範型を示して方向づけることであった。その際、東西南北、上下などの基本方位は、都市の空間を秩序づける上で重要な意味をもった。都市の中心は天上と地上とを結ぶアクシス・ムンディ(世界の軸)として、その周りから幾重にも隔離され、階層的な社会秩序の聖なる中心となった。

したがって都市が形成されるということは、それを中心に世界全体が大きな一つの秩序として再編されるということでもあった(コスモスに対応した都市)。自給自足的なムラ社会とは異なり、都市はそれを支える周りの地域社会との関係なしに存在しえないが、そのような関係を可能にしたのが、お互いに補完関係にある宗教的権威と政治的権力による社会の一元化であり(より正確には、この両者が明確に区分されるのは近代に入ってからであるのだが)、交易や経済の一極集中化でもあった。都市はまた、多様な思想や情報を収集すると同時に発信することで、人類の文明史に新たな局面をもたらし、仏教、キリスト教、イスラームといった創唱宗教の誕生を促したといえる (→ 74)。

◆**世俗都市の誕生**

中世までの都市と異なり、近代以降の都市は宗教的な目的に基づいて構築されていないところにその特徴の一つがある。特に産業革命以降、メトロポリス(巨大都市)、さらにメガロポリス(巨帯都市)が登場するに至っ

て，都市は中心を失い（あるいは複数の中心をもち），無秩序に増殖していった。すなわち，都市の内と外の境界は無化され，空間や方角は有意味的な方向性を失い，中心がいくつも誕生して，カオス化した都市は清濁合わせて人々を呑み込んでいった。

文明（civilization）の源泉でもあった都市（civitas）が全宇宙（コスモス）との照応関係を失えば失うほど，文明は自然と対立したものと捉えられるようになる。産業革命以降の急速な科学技術の革新の結果，人々の暮らしは飛躍的に快適で便利になり，その「文明」の主役であることを自負する近代西洋人は，自ら「世俗的救済」の担い手として，全世界に対する「布教」に使命感をもつに至った（→ 46）。しかし，チャップリンが映画『モダン・タイムス』で鋭く皮肉ったように，コスモスとの有機的なつながりを失った近代の功利主義的な文明社会における人間の生は，機械の歯車のように無機的なリズムによって刻まれることとなる。

◆現代都市と宗教

近代文明の「布教」はしかし，全世界の人々に等しく「世俗的救済」をもたらしたわけではない。現代世界の宗教について考える上で見逃せないのは，第三世界とよばれる国々で人口の都市への集中が進行し，その結果，劣悪な環境で生きている都市生活者が急増していることである。例えば，1950年の時点で人口1000万人以上を抱える大都市圏はニューヨークだけであったが，2005年ではその数は25に増えており，しかもそれらのほとんどは発展途上国にあるという。メキシコシティやサンパウロ，ジャカルタやマニラ，デリーやカラチ，カイロやテヘランなどに代表されるこれらの都市では，貧困や飢餓などの危機に恒常的にさらされながら多くの人々が生活している。さらに，グローバル化の急速な進展により，都市の無国籍化がますます進行している。とりわけ移民や難民の数の増大は，新しい文化接触，宗教接触の状況を各地で生み出しているが，そのような状況に対し，近代文明も伝統宗教も有効な手立てをほとんど提供しえていない中，まさに混沌たる都市空間の人間にとっての危機的な状況に応えるべく新しい宗教運動が生まれてきていることは注目に値する。〔宮本〕

> *62* 異なる宗教が対立するとき，必ず一方が善で他方が悪となる。しかし，立場が変わればそれは逆転してしまう。善と悪の問題について諸宗教はどのように考えるのだろうか？
> ●善　と　悪

### ◆善悪二元論

9.11の同時多発テロの余韻さめやらぬ2002年1月29日，アメリカのブッシュ大統領は年頭の一般教書演説で，北朝鮮，イラン，イラクの3カ国を「悪の枢軸」とよび，「テロとの戦い」に毅然たる態度で臨む姿勢を強調した。翌年，その脅威を口実に米軍はイラクを攻撃し，フセイン体制を転覆させたのである。ブッシュは「イラクは自由となった」と演説したが，民間人が多数死亡したイラクでは，多くの人がブッシュを世界最大の悪人とみているだろう。この対立の構図では，善と悪ははっきりと二分され，立場によって両者が入れ替わることはあっても混じり合うことはない。

このように善悪を白黒はっきりと分ける志向性の背後に，一神教の存在が指摘されることがある。いわゆる「アブラハムの宗教」の超越的な絶対神は，完全に善なる存在であるとされる。確かに，神を唯一の存在としてしまうと，正義や善はその神が独占することになってしまう。反対に悪や不正義は，そのすべてが神に対立する存在へと帰せられる。このような論理は，同じ神を奉ずる共同体の道徳的絆を強めるには有効だが，逆に「異教徒」と信頼関係を築きにくいというのにも一理あろう（→ *53, 110*）。

こうした善悪二元論は終末信仰（→ *32, 57*）が強い場合に顕著になる。そこには，紀元前7～6世紀にかけて古代イランに誕生したゾロアスター教が強く影響していると考えられている。その教えによれば，最高神のアフラ・マズダはすべての正義・秩序を司る善神であり，それに対抗するのが悪神アーリマン（ダエーワともいう）である。開祖のゾロアスターは，この二神が1万2千年にわたって争った後，アフラ・マズダが完全な勝利を収めるが（終末），その際に審判と裁きが行われると説いた。

### ◆善悪の相対性，関係性の喪失としての悪

しかし，善も悪もそれ自体で完結するのではなく，相対的な概念ともい

えるのではないか。何かを善として措定することは同時にそうでないものを悪として固定することになる。しかもその措定が人知を超越した啓示によってなされるとする一神教にとっては、悪とは常に神から離れることを象徴する。だが、神は至高の存在者なのだから、最高善の体現者としての神がなぜ悪の存在を許すのかは大きな問題である。伝統的には、それはより高い次元での善に到達するためだと説明されてきた。ライプニッツ風にいえば、すべての悪も神の予定調和の中での出来事なのである（→ 108）。

しかし、この論理をすんなり受け入れるには、この世界にはあまりにも悪が多過ぎ、それによって生み出される苦難は、それを免れることのできない人々には耐えがたいものに映る。悪は観念的なものとしてではなく、実体として迫ってくるからだ。そのとき悪は、人と人の関係、人と自然の関係、身体と精神の関係、社会内関係、社会同士の関係、そして何よりも人と世界（神）の関係など、さまざまな関係を無効なものとする。むしろ、そのようにして関係が喪失されてしまった状態を〈悪〉とよべるかもしれない。問題は、そのような関係を回復するために何が必要かということであろう。宗教的にいうと、それは受苦ということになるのであろうか。

◆**仏教と神道における善悪**

いわゆる一神教以外の宗教伝統では、善悪の問題はどのように説明されているのだろうか。例えば仏教では、原則的には輪廻が悪で、そこからの解脱が善であるが（→ 54）、原始仏教では、そのような悟りの段階に至る前提として廃悪修善が説かれ、とりわけ十善業と十悪業が明示された。さらに浄土教になると、親鸞（や法然）の「悪人正機」の考え方において「悪人」であることの自覚が救済論的に意味づけされた。

神道では、善悪はヨシアシの語で表現されるが、この概念は道徳的・宗教的な善悪も自然の有り様も、あるいはさまざまな物事の良否までも含むものであり、そこには神や人間や自然などすべてが本質的な相違をもたずに調和的に共存している世界観をみてとることができる。むしろ宗教的には、そのような調和的世界が現出している状態であるマコトと、そうでないマガ（あるいはツミ・ケガレ）とが、善と悪に対応するといえよう（→ 66）。

〔宮本〕

●第9章参考図書
[入門書]
荒木美智雄『宗教の創造力』講談社学術文庫，2001 年（初刊：1987 年）。
植島啓司『聖地の想像力――なぜ人は聖地をめざすのか』集英社新書，2000 年。
鎌田東二『聖なる場所の記憶』講談社学術文庫，1996 年（初刊：1990 年）。
私市正年『イスラム聖者』講談社現代新書，1996 年。
久保田展弘『日本多神教の風土』PHP 新書，1997 年。
久保田展弘『日本の聖地――日本宗教とはなにか』講談社学術文庫，2004 年（初刊：1994 年）。
島岩・坂田貞二編『聖者たちのインド』春秋社，2000 年。
谷川健一『常世論――日本人の魂のゆくえ』講談社学術文庫，1989 年（初刊：1983 年）。
谷川健一『日本の神々』岩波新書，1999 年。
西島建男『新宗教の神々』講談社現代新書，1988 年。
広井良典『死生観を問いなおす』ちくま新書，2001 年。
本村凌二『多神教と一神教』岩波新書，2005 年。
山折哲雄『悪と往生――親鸞を裏切る「歎異抄」』中公新書，2000 年。
[基本書]
エヴァンズ＝プリチャード，E. E.／向井元子訳『ヌアー族の宗教』岩波書店，1982 年→上・下，平凡社ライブラリー，1995 年（原著：1956 年）。
エリアーデ，M.／堀一郎訳『永遠回帰の神話――祖型と反復』未來社，1963 年（原著：1949 年）。
エリアーデ，M.／久米博訳『太陽と天空神――宗教学概論1』『豊饒と再生――宗教学概論2』『聖なる空間と時間――宗教学概論3』（エリアーデ著作集1～3），せりか書房，1974 年（原著：1968 年）。
河東仁『日本の夢信仰』玉川大学出版部，2002 年。
楠正弘編著『解脱と救済』平楽寺書店，1983 年。
五来重『日本人の死生観』角川書店，1994 年。
桜井徳太郎編『聖地と他界観』（仏教民俗学大系3），名著出版，1987 年。
宗教社会学研究会編『教祖とその周辺』雄山閣出版，1987 年。
ターナー，V. W.／冨倉光雄訳『儀礼の過程』新思索社，1996 年（原著：1969 年）。
柳田國男『先祖の話』（柳田國男全集15），筑摩書房，1998 年。
吉田禎吾『宗教と世界観』九州大学出版会，1983 年。

# 第10章
# 宗教における本質と規範

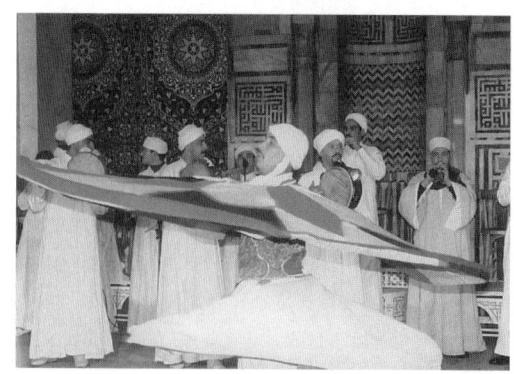

ラマダーン（断食月）の夜に踊りを披露するスーフィー。スカート状の衣を翻して旋回を続けることでトランス状態に入り，神との合一をめざす。イスラーム史上は異端視されることが多かった（カイロのアルグーリ宮殿）。（毎日新聞社提供）

　現代の世俗社会の中で特定の宗教を信仰している人の多くは，自らの信仰の本質が，外部の視点からは理解されにくいものだと感じている。それは，人間の生き方や社会・世界のあり方について宗教がもつ規範的なメッセージが，社会の中で共有されている世俗的価値観とは往々にして食い違うということを，彼らが感覚的に把握しているからであろう。一方で，宗教学はその生誕以来，こうした宗教者の規範的主張をより客観的な立場から考察する学問として自らを位置づけてきた。だが実際には，宗教の本質についての宗教学者自身の視点が，その分析の中に何らかのかたちで反映されることも少なくなかった。本章では，宗教がどのようなかたちでその規範的立場を保持しているのかという点について——そうした規範的立場に対して宗教学がとりうる態度の問題をも含めて——考えてみたい。

> **63** 宗教ではしばしば宗教体験が重視され，それを求めるあり方が一般に神秘主義とよばれる。神秘主義にはどのようなものがあるのだろうか？　宗教体験はどのようにして起こるのだろうか？　　　　　　　　　●神秘主義

### ◆「神秘主義」「神秘体験」のニュアンス

日常会話の中で，私たちは「宇宙の神秘」や「神秘的な感じの人」など，「神秘」や「神秘的」という表現を使うことがある。そうした表現はおそらく「不思議な」あるいは「謎めいた」といった意味で用いられ，そこには必ずしも否定的なニュアンスが含まれているわけではない。

ところが，「神秘主義」や「神秘体験」という表現になると，ややそのニュアンスは違ってくる。特に，一連のオウム真理教事件を知る多くの日本人にとって，「神秘体験」という語は，オウムの信者の特異な修行を髣髴させ，否定的なニュアンスを含むかもしれない。だがその一方，それを「神秘体験」とはよばなくとも，ある種の非日常的な体験を求める欲望は（意識的にであれ無意識的にであれ），おそらく多くの人がもっている。その極端な例を，ドラッグに走る現代の若者にみることもできよう。

### ◆宗教史における「神秘主義」

典型的には「神秘体験」とは，神や超越的存在との直接的な接触や合一の体験を意味し，「神秘主義」とは，そうした「神秘体験」に基づく一定の信念や実践の様態を意味する。こうした現象は洋の東西や時代を問わず，あまねく観察できるといわれてきた。インドの古典的ヨーガにおける体系的瞑想や禅仏教の坐禅における見性成仏（けんしょうじょうぶつ）の境地，中世ユダヤ教における世界生成の秘儀としてのカバラーやそれを理論的基盤とした近代の神秘的宗教運動であるハシディズム，さらにはスーフィズムとよばれるイスラーム神秘主義における神との合一体験など，さまざまなものがある。

一方，近代宗教学における「神秘主義」の概念は，キリスト教の伝統で発展した同概念の刻印を強く受けている。特に新プラトン主義の影響を受けた偽ディオニシオスの「否定神学」は，その後のキリスト教神秘主義の言説の基本的枠組みを提供したといわれる。中世には，スコラ学に一線を

画す立場として，ドイツ神秘主義とよばれる一群の神秘家が登場した。さらに近代に入ると，「神秘体験」や「宗教体験」が直接的・現前的性格をもつという点が強調され，それがキリスト教に対する自然科学的見地からの批判をかわし，宗教を認識論的に正当化する機能を担うようになる。

　もちろん，「神秘主義」とよばれるこうした現象が，当の宗教伝統においていかなる文脈から生まれ，またその伝統の中でいかなる位置を占めるに至ったかは，個々のケースに応じてさまざまである。だが，従来の宗教学においてこうした現象は，どの宗教伝統にもみられる普遍的な現象として，しかもそれぞれの宗教の核心をなす現象として半ば実体化された。こうして「神秘主義」研究は，宗教学の主要テーマの一つとなったのである。

◆宗教学における「神秘主義」の理解

　「神秘主義」を宗教の核心にみる立場の典型は，W. ジェイムズ『宗教的経験の諸相』(→ 83) にみることができる。彼は「神秘体験」を，あらゆる言語的・社会的媒介性を被らない一種の「直接体験」として捉えた。無媒介的な体験をまず措定し，後からそれに解釈が加えられるとするジェイムズの視点は，その後の神秘主義研究において洗練されることになる「体験／解釈（伝統）」という二分法を，すでに先取りしていたといえる。

　ところが近年，この「体験／解釈（伝統）」枠組みに対し，異議が唱えられた。ジェイムズらが言語や社会に先行すると考えた神秘体験が，実は常にすでに言語的・社会的な媒介を被っており，したがってそれは「直接体験」ではありえないという指摘である。この見解によれば，「解釈」や「伝統」は常に「体験」に先行し，むしろそれを可能にするものなのである。

　さらに，近年の宗教学では，ほかの宗教学的諸概念と同様，「神秘主義」という概念自体の歴史性が問われている。そもそもこの概念は，歴史的には 19 世紀初めの西洋でつくられたものであり，それをその時代的・文化的な限定を考慮せずに宗教史の中に広く適用していくことの問題が指摘されている。いずれにせよ，宗教史において普遍的にみられると考えられていた「神秘主義」が，概念としては実は近代の宗教的言説による創造であり，宗教学がそれに大きく加担していたという事実は，宗教学自体の近代性をよく物語っているともいえよう。

〔島田〕

## 64 多くの宗教にみられる戒律や禁欲は何のためにあるのだろうか？

●戒律と禁欲

◆宗教的な法としての戒律

　私たちは通常，ある共同体をできるだけ円滑に運営していくために何らかのルールをつくる。そうしたルールは，その共同体の性格と規模に応じて，法律，規定，会則，掟などと呼び分けられる。「戒律」は，個々の宗教伝統における法律として捉えることができる。ただし，世俗的な法律が共同体の維持をその第1の目的とするのに対し，宗教伝統における戒律の目的は，あくまでも救済や悟りへの到達にある。つまり戒律とは，救済や悟りを得ようとする個人や集団に対して要求される宗教的な掟のことである（→ 20）。

　例えばユダヤ教の『律法』（トーラー，モーセ五書）の中の一書，「出エジプト記」には，イスラエルの民が守るべき神との契約として，ヤハウェからモーセに与えられた10の掟（「十戒」）が記さており，これらに背くと契約違反として神の怒りを招くことになる。旧約聖書全般にわたり，これ以外にも数多くの掟が記されており，それらは倫理や祭儀から食べ物や服装に至るまでの諸規定を含んでいる。イスラームにおける法（シャリーア）もまた，儀礼のあり方から飲酒や豚肉食の禁止なども含めた生活の細部にまでわたる事柄を規定しており，ユダヤ教の律法と同様，宗教伝統のアイデンティティの基盤としての機能も果たしている。キリスト教では，イエスは，律法の厳格な遵守に固執する律法主義の立場を批判し，律法を守れない人々にも福音による神の救済を説いた。こうしてイエスは，ユダヤ教の律法を，神への愛と隣人愛とに転換したといわれる。

　一方，戒律という言葉を生んだ仏教では，出家と在家の区別に応じて，守るべきとされる戒律にも大きな違いがある。仏教では戒律が究極的には悟りに達するための手段とされたからである。もっとも，在家主義をとる大乗仏教になるとこうした区別は曖昧になった。さらに日本の仏教は，全体的には戒律自体をむしろ軽視，あるいは廃止する方向に展開していった。

道徳的厳格さの観点から日本の仏教諸宗派が嘲弄されるのを耳にするのも、こうした理由からである。また文化史的にみれば、こうした伝統は、しばしば指摘される日本人の法感覚の脆弱さとも無関係ではなかろう。

◆禁欲の行方

「戒律」と「禁欲」は、宗教史の中では密接に関わっている場合が多く、むしろ禁欲的要素をまったく含まない戒律は考えにくい。宗教史の文脈における禁欲とは一般に、心理・生理的欲望の組織的統制（性的節制、断食、飲酒の禁止など）によって何らかの宗教的理想を実現しようとする態度をさす。そうした禁欲や苦行は、特殊な宗教的境地で獲得しうる至福の状態・体験と連続した状態としても捉えられてきた。その実現のために、宗教者は世俗を離れた場に身を置くことが多かった。その典型的な例は、キリスト教史における、古代末期の「砂漠の修道士」や中世の修道院の「規則」によって説かれた禁欲のあり方にみることができる（→ 43）。

ところが、初期近代に入ると西欧では、それまで世俗の外部での実践として現れていた禁欲的宗教倫理が、世俗の只中に向かうことになる。M. ウェーバーは、人間に神の道具として世俗的な職業を通じて陶冶する意義を説いたカルヴィニズムの倫理に注目し、それを「世俗内禁欲」として類型化した。ウェーバーによれば、こうした禁欲的プロテスタンティズムの職業倫理が、自己の日常生活における浪費や快楽への欲望を合理的に管理・抑制し、それが近代資本主義精神のエートスとなったのである。

現代社会では禁欲は、宗教的分脈においてよりも性欲の抑制として語られることが多い。これはおそらく（M. フーコーが明らかにしたように）、カトリックの告解制度からフロイトの精神分析に至る展開の中で、自らの性的欲望の認識を通して真の自己認識に到達しようとする、近代西洋社会における性をめぐる言説の傾向と無関係ではないだろう。一方で、今日の世界が直面する環境問題や生命操作の問題など、さまざまな人間的欲望の衝突をいかに調整するかという課題も、広義の禁欲の問題として捉えることができよう（→ 6, 12）。私たち人間の欲望はどこへ向かおうとしているのだろうか。そうした場面において、宗教が伝統的に培ってきた知恵を市民社会に提示することは、あながち無駄とはいえまい。　　　　〔島田〕

## 65 宗教の伝統はしばしば正統と異端の対立の歴史をもつ。なぜ，そのような対立が生じるのだろうか？

●正統と異端

### ◆「正統と異端」のロジック

多くの人にとって，「正統と異端」という表現がもつ響きはかなり「宗教的」なものであろう。しかし，これと類似した現象は社会に広く認めることができる。例えば，ある法案を国会で成立させることこそが党の公約であるとする政党の「主流派」と，それに反対する「造反議員」とよばれる人々とは，ある種の「正統と異端」の関係にあるとみることができる。

だが，この対立概念についてすぐに気づくのが，それが一定の価値判断に基づいているという点である。それは，「正統」こそが本来の正しい立場であり，「異端」は逸脱だとする見方である。「正統」を自負することの意味は，自らを「異端」と区別することにこそある。逆に，自ら進んで「異端」を名乗る人物や集団はまれである。というのもそれは，「自分は『正統』よりも価値的に劣位にある」と自ら打ち明けることと同じだからである。

しかし同時に，どちらの立場も他方の立場が存在しなければ意味をなさない関係にあるという意味で，「正当と異端」は相関概念でもある。それはこの両者の立場が，何らかの思想・信条を共有していることを前提として成り立っているからである。宗教史でみると，それは開祖や教祖，預言者とよばれるような人々の教説である場合が多い。この点で，「異端」と「異教」は異なる。開祖を異にする二つの宗教は，あくまでも「異教」同士であって，どちらかがどちらかの「異端」ではない。

### ◆キリスト教史における「正統と異端」

「正統と異端」の問題は，神学・宗教思想を厳格に体系化しようとする伝統において，より先鋭化する傾向がある。ここでは，この問題が最も顕著かつ頻繁に表れてきたキリスト教を例にとろう。まず，ローマ帝国への反逆罪として十字架に掛けられたイエス・キリストは，当時のユダヤ教主流派からみれば「異端」的存在であった。だが，そのイエスの運動から生

まれたキリスト教は、政治・社会的には4世紀のローマ帝国における公認、国教化を経て、また教義的には長期にわたる聖書正典の編纂作業や公会議を経て、自らが「正統」信仰の地位を獲得する一方で、それに異を唱える者を「異端」として断罪してきた。ところが1054年、そのキリスト教会が西のローマ・カトリック教会と東の東方正教会とに分裂してしまう。両者がともに自らの「正統」性を主張していることは、西側が「カトリック」(＝普遍的)と名乗り、東側は「正教会」(＝正統)と名乗ったことに端的に表れている。さらに中世末期の西欧では、カトリック教会に権力が集中するにつれて「異端」問題が深刻化していった (→ 50)。

このように、「正統と異端」の問題については、キリスト教会内部に一貫した基準があったわけではなく、むしろそれは、その時代の社会的・神学的状況に大きく規定されたものであった。しかも、「異端」とされる立場が常に、規模と権力の両面において優位に立つ集団から劣位にある集団に対して、一方的に与えられるレッテルであったこともうかがえる。

◆宗教学における「正統と異端」の理解

宗教学において重要なのは、何が「正統」で何が「異端」かという判断を下すことではなく、むしろ、この両概念をあくまでも分析のためのカテゴリーとして用いながら、実際に両者を区別する判断自体が、なぜ、どのような状況の中で起こるのかということを、経験的な資料の中に探ることである。宗教学者は「正統と異端」の問題を、それが必然的にはらむ歴史性や (広義の) 政治性のレベルにおいて捉えようとするのである。

この意味では、宗教改革期以降の西洋世界で展開したのは、当時のカトリック教会からみれば「異端」の蔓延化ともよべる事態であったかもしれないが、宗教学的にみればそれは、そうした「正統」的視点そのものが徐々に相対化されていくプロセスにほかならない。

現代の民主主義社会では、何が「正統」で何が「異端」かを判断する決定的な基準をもつことは困難である。この問題はあくまでも、同じ信条や価値観を前提とする共同体内の対立の問題になる。とはいえそれは、人間が何らかの共同体の構成員として生きる存在である限り、常に人類社会とともにある普遍的な現象として捉えることができるだろう。　〔島田〕

> **66 多くの宗教が正義を説くが、それは普遍的なものだろうか？ 正義と正義が対立したらどうなるのか？**
>
> ●正義は普遍的か

◆「正義」と宗教的テロリズム

　宗教における「正義」を、まずは「自らの宗教的信念に裏付けられたあるべき秩序の実現と維持」として、広義に理解しておこう。社会の流動化が加速し、価値観が多様化の一途をたどる今日の日本では、「正義」について語ること自体に気恥ずかしい思いを抱く人は少なくないだろう。とりわけ今日の世界で顕著な宗教と暴力の関係をみれば、いわゆる「宗教的テロリズム」の実行者を支える「正義」の観念に対し、人々が深い猜疑心を抱くのも無理はない。

　一般に宗教的テロ行為は、市民社会が宗教に対して抱く期待やイメージとは正反対のものであり、だからこそ理解しがたいものである。実際に、神や「正義」の名において無辜の人々の命を奪う行為は、その実行者からすれば、邪悪なものに対して神の正義の審判を下す神聖な行為にほかならない。したがって、彼らは「テロリスト」を自認しない。たとえその背後に、信仰的動機以外のさまざまな要因を指摘できようと、テロ行為に最終的な正当性を与えるのは、やはり何らかの宗教的教説や世界観である場合が多い。例えば、いわゆるイスラーム過激派による近年のテロ行為には、同胞を防衛し、異教徒をムスリムの土地から撃退するという「ジハード」（聖戦、→110）の論理が明確に認められる。彼らの行為を最終的に動機づけるのは、それが正しく、同時に聖なる行為だという信念である。

◆「正義」がはらむ問題

　他方、「テロリスト」を名指し糾弾する側にも、暴力性を帯びた「正義」をめぐる言説が存在する。例えばアメリカのブッシュ大統領は、イラクへの先制攻撃を正当化するため、アルカイダとイラクとの関係を誇大に妄想することで、イラクを「悪の枢軸」の一つに数え入れた。自らの主張に賛同するものを「正義・善」とし、それに異を唱えるものを「不正・悪」とみるこうした極端な「善悪二元論」のレトリック（→62）が、彼の支持

基盤である保守的プロテスタント（→ 31, 34）の世界観に根差していると捉えられるのも無理はない。たとえブッシュ自身がそれを否定しようとも，外部，特にイスラームの側には，それが強いキリスト教的（十字軍的）メッセージを含むものとして受容されてしまう（→ 32）。

これは外交上の問題だけにとどまらない。同性愛結婚，妊娠中絶，公立学校での祈りの行為など，道徳的価値観をめぐりアメリカ国内には深い対立状況（＝「文化戦争」）がある。保守的プロテスタントないし「宗教右派」は，同性愛婚や中絶を合法化し，政教分離を厳密に守ろうと主張する人々を，アメリカの道徳的退廃を招いた世俗主義者として批判する。これに対し，主流派プロテスタント教会に属する人々の側からは，自分たちのリベラルな価値観は世俗主義ではなく，真摯な信仰に基づくものであるという反論の声があがっている。つまり，「宗教右派」も「宗教左派」もともに，自らの強い信仰信念に従って社会的正義の実現を望んでいるがゆえにこそ，深い対立関係に陥っているのである。

◆宗教学における「正義」の概念

「正義」の概念については，宗教学や神学においてよりも，むしろ近代以降の社会思想や政治学において豊富な議論の蓄積がある。そもそも近代西洋で生まれた国家論自体が，多様な価値観が共存しうる社会の枠組みとして啓蒙思想家が構想した「社会契約説」を土台としたものであった。さらに，1970年代以降の英語圏を中心とした政治学の領域では，「正義」の概念を中心に据えた新たな社会契約説が議論されるようになった。

一方，経験科学を標榜する宗教学においては，「正義」の議論が大きな位置を占めたことはこれまでなかった。だが，たとえそれが大きな位置を占めなくとも，「オウム真理教事件」を体験した日本の宗教学にとっては，宗教間の問題としてのみならず，宗教と社会の問題としても，「正義」をいかに捉えるかという問いは必要であろう。普遍的「正義」についての社会的合意に達することがたとえ不可能でも，特定の宗教的「正義」の観念を批判的に捉え返す視点をもつためには，私たち自身が「正義」について思考をめぐらし，また議論を続ける努力が不可欠である（→ 62）。〔島田〕

## 67 宗教をそれ以外のものから区別するものは何だろうか？

●宗教の本質への問い

### ◆日常的な「宗教」の了解

　現代の世俗社会では、法的・行政的なレベルのみならず、社会意識のレベルでも、宗教が公共の場面に参入することに対しては強い警戒心が払われる傾向がある。だが、同時に宗教は、一定の道徳的基準を満たすことも期待されている。したがって、ある宗教集団がそうした道徳的基準を満たしていないとみなされた場合、その集団は社会からの厳しい批判を受けることになる。

　これはある意味では当然なことではあるが、また別の見方からすれば、「宗教の本質」についての日常的了解が、特に道徳的諸問題に集中するという特徴をも物語っている。宗教に対する社会の側の要求がとりわけ道徳的な問題をめぐってこうした両義的な性格を帯びるのは、日本のみならず、現代の先進国社会に共通してみられる傾向である。

### ◆宗教の側からみた「宗教」

　逆に、特定の宗教にコミットしている立場からすれば、「宗教」という語にはまた別の意味での両義性が含まれているといえる。日常的了解のレベルであれ学術用語のレベルであれ、そもそも「宗教」という語・概念の生成を論理的に可能にしている条件の一つは、宗教の複数性・相対性についての認識である。世界には数多くの信仰伝統が存在するという認識がなければ、自らの信仰伝統の固有性を超えた、一般的・総称的な「宗教」なる語をわざわざ用いる必要はないだろう。おそらく多くの宗教者は、自らの信仰伝統が社会的にも法的・行政的にも「宗教」とみなされていることに対しては、さして問題を感じてはいない。

　だが、他方で彼ら（とりわけ神学〔宗学・教学〕者）は、自らの宗教の絶対的な真理性を強く信じれば信じるほど、おのずとそれが「宗教」という語の複数性や相対性の含意とは相容れなくなるという感覚も同時にもち合わせている。すなわち宗教者にとっては、自らの宗教の固有性・絶対性の

主張と,「宗教」概念がもつ複数性・相対性の主張とは, 一定の緊張関係にあるともいえよう。自らの信仰伝統を「宗教を超えたもの」として規定しようとする信仰者や神学者が少なくないのも, おそらくはこうした理由によるものである。たとえそれが「超えたもの」であっても, やはりそこでは「宗教」概念に頼らざるをえないということに留意しておく必要がある。

### ◆宗教の本質規定の近代性

一方で, 改めて宗教についての日常的了解から一歩進んで（あるいは引き下がって）,「そもそも宗教とは何なのか」という問いを, より反省的・批判的に取り上げようとするのが宗教学の基本的な課題であり（→ 77, 78）, とりわけこの問いに正攻法で取り組もうとしてきたのが宗教哲学とよばれる立場である。歴史的にはそれは, 先に指摘したような, 多様な宗教の存在についての認識に加え, 宗教が文化領域の一つとしてほかの領域と並存するという, いわば社会における宗教の相対的な地盤沈下を背景として, 神学から独立するかたちで成立した（→ 50）。

こうした一連のプロセスを最も象徴的に示しているのが, 18世紀ドイツの自由主義神学者, F. シュライエルマッハーである。彼は神学者でありながら『宗教について』(『宗教論』〔1799〕) というタイトルの書を著し, そこで道徳や形而上学とは異なった宗教の独自性を, 宇宙の直接経験に求めたのである。

ほかの文化領域との差異を明確にすることで宗教の自律性を擁護しようというその戦略は, その後の宗教哲学や宗教現象学の問題設定に一つのモデルを提供した。例えばそれは, R. オットー（→ 93）の「自然主義的世界観対宗教的世界観」という視点の中に, さらには後続の宗教現象学者らによる, ほかの領域には還元不可能な「宗教それ自体（sui generis）」という発想の中にみてとることができる。そうした潮流の中では, 宗教の本質への問いという認識論的な課題が, 実は宗教を近代世界の相対化の荒波から救い上げるという, 明らかに実践的な機能をも同時に担っていたという点を見逃してはならない。

〔島田〕

●第10章参考図書

[入門書]

板垣雄三編『「対テロ戦争」とイスラム世界』岩波新書，2002年。

久野昭『神秘主義を学ぶ人のために』世界思想社，1989年。

島薗進『現代宗教の可能性――オウム真理教と暴力』岩波書店，1997年。

土屋恵一郎『正義論／自由論――寛容の時代へ』岩波現代文庫，2002年（初刊：1996年）。

中村雄二郎『宗教とはなにか――とくに日本人にとって』岩波現代文庫，2003年。

橋爪大三郎『人間にとって法とは何か』PHP新書，2003年。

深澤英隆「「体験」と「伝統」――近年の神秘主義論争に寄せて」脇本平也・柳川啓一編『宗教体験への接近』（現代宗教学1），東京大学出版会，1992年。

堀米庸三『正統と異端――ヨーロッパ精神の底流』中公新書，1964年。

[基本書]

井筒俊彦『意識と本質』岩波文庫，1991年（初刊：1983年）。

今野國雄『修道院――祈り・禁欲・労働の源流』岩波新書，1981年。

ヴェーバー，M.／大塚久雄訳『プロテスタンティズムの倫理と資本主義の精神』（改訳版），岩波文庫，1989年（原著：1920年）。

エーコ，U.／河島英昭訳『薔薇の名前』東京創元社，1990年（原著：1980年）。

エリアーデ，M.／風間敏夫訳『聖と俗――宗教的なるものの本質について』法政大学出版局，1969年（原著：1957年）。

オットー，R.／山谷省吾訳『聖なるもの』岩波文庫，1968年（原著：1917年）。

カント，I.／北岡武司訳『たんなる理性の限界内の宗教』（カント全集10），岩波書店，2000年（原著：1793年）。

グルントマン，H.／今野國雄訳『中世異端史』創文社，1974年（原著：1963年）。

佐々木閑『出家とはなにか』大蔵出版，1999年。

ジェイムズ，W.／桝田啓三郎訳『宗教的経験の諸相』上・下，岩波文庫，1969-70年（原著：1901-02年）。

シュライエルマッハー，F.／佐野勝也・石井次郎訳『宗教論』岩波文庫，1949年（原著：1799年）。

西谷啓治『宗教とは何か』創文社，1961年。

フーコー，M.／渡辺守章訳『性の歴史1　知への意志』新潮社，1986年（原著：1976年）。

フロイト，S.／吉田正己訳「トーテムとタブー」『文化論』（改訂版フロイド選集6），日本教文社，1970年（原著：1913年）。

# 第11章
# 諸宗教の見取図

ハロウィンでお菓子を集める子供たち。万聖節のケルト起源はほぼ忘れられ，アメリカではキリスト教と習合した国民行事となった。近年は昼間か，比較的安全なエリアに限って保護者同伴で行われる。ロサンゼルス郊外にて。

　人類の宗教を見渡して，それらがどういう関係にあるのかを見定めたい。諸宗教を類型化して見取図をつくるのだ。がっちりとした教義や教団組織をもった宗教が分類の基準になる。最も「宗教らしい宗教」といえるものだが，それらは「救済」をテーマとしていることがわかる。だが，「救済」に焦点を合わせる前の人類の初期の段階にも，「宗教」といってよいものはあった。「原始宗教」「未開宗教」といったり，昨今では「部族宗教」「無文字社会の宗教」といったりするものの特徴づけが宗教理論の発展上，極めて大きな課題となった。これらを整理していくと，古今東西の宗教について見晴らしがよくなる。宗教の歴史的発展の図式ともいえ，ときに「宗教進化論」ともよばれる，アニミズム，新宗教，そしてナショナリズムと宗教の関係といったことも，諸宗教の見取図を携えていると理解しやすくなる。

> **68** 宗教の原始的形態はどのようなものだったのか？
> 「原始人」や「未開人」の宗教はどのようなものなのか？
> また，「先住民」の宗教はどのようなものか？
> ●未開宗教・原始宗教

「宗教」というとまず，教義や教団や開祖をもった仏教やキリスト教を思い起こす人が多いと思う。だが，これらの宗教はせいぜい千数百年の歴史をもつにすぎない。人類の歴史はもっともっと長い。富が蓄積されて都市ができ，文字文化が発達するようになったのもせいぜい数千年前からのことだ。これに先立つ時期の人類は宗教をもっていなかったのだろうか。

### ◆先史時代の宗教と未開宗教

約20万年前に出現したネアンデルタール人の遺跡には死者の霊に配慮した埋葬の跡がみられるし，3万7000年前に出現したクロマニヨン人の遺跡からは豊かな生命の産出を願ったと思われる女性の像が見出されている。日本の縄文時代は紀元前約1万年から始まっているが，縄文時代の遺跡や土器には，死者の霊に配慮したり豊饒を祈ったと思われる形跡がさまざまに見出される。証拠が十分とはいえないが，原始時代の人類が神や霊の観念をもち，神話を語り儀礼を行っていたとする推測は妥当だろう。

19世紀に宗教研究が確立してくる頃には，地球上に無文字社会（→ *51*），部族社会がまだ広く分布していた。人類学者や宗教学者は彼らの文化が原始時代の人類の文化を現代に伝えているものと考え，それらを primitive culture, primitive religion とよび，日本語では「原始文化」「原始宗教」と訳していた。だが，原始宗教を研究すれば，遠い昔の先史時代の宗教の特徴が理解できるかどうか確かではない。第二次世界大戦後には「未開文化」「未開宗教」と訳語を変えた。これは「原始」というより侮蔑的なニュアンスが薄い言葉を用いようという意図によるものだったが，それほど違いはないようにも思える。

### ◆未開宗教の諸特徴

19世紀の後半から20世紀の中頃にかけて，アフリカやオーストラリアや太平洋地域の住民やアメリカ先住民などの無文字社会，部族社会の住民

の宗教が熱心に研究され,「宗教の起源」について, また「未開宗教」についてさまざまな理論が提起された。「アニミズム」(→ 70)「呪術」「マナ」「タブー」(→ 69)「神話」(→ 49)「儀礼」(→ 41, 96)「供犠」「トーテミズム」(→ 95)「シャーマニズム」(→ 47) などは未開宗教の特徴を説明するのに用いられた用語である。近代人とはまったく異なる未開人の思考法や世界観の特徴をどのように捉えるのかという問いが立てられた。最も有力なものは社会学者のE. デュルケムや宗教学者のM. エリアーデによって提示されたもので, 世界を聖と俗に区分して, 前者を畏敬し, そこに生命力や秩序の源泉を感得しようとするところに未開宗教の特徴をみようとするものである (→ 93)。神や霊を身近にあるものと考えること, 直線的な時間ではなく循環的な時間観念を好み, 宇宙の始まりのときに周期的に回帰しようとすることなども未開宗教の特徴とされる (→ 56)。

一神教で信仰されるような宇宙の中心である高い地位の神(高神)の観念が, 未開宗教において重要な位置をもったのか, それとも人類文化の発展に伴ってのちに形成されたものであるのかという論題も, さまざまに論じられた。アニミズムのように小さな霊を信仰するのが古いという説と高神信仰は人類の初期からあったという説がある。原始的な高神信仰はときとともに後退して, 高神は役割のない「暇な神」となった例が多いとも論じられている。

◆先住民の宗教

無文字社会, 部族社会は地球上にほとんどみられなくなったが, 現代では文明社会に暮らしながら, 高度の文明社会以前の文化を継承していると考える人が多数存在している。彼らの中にはかつて未開宗教とよばれていたものを, 現代的な環境の中で保存したり, 復興させようとしたりする人々もいる。アメリカやハワイやアフリカの先住民たちにそのような例がみられる。日本でも沖縄やアイヌの宗教は縄文時代の文化を継承し, またアジア太平洋地域やアメリカ大陸の先住民文化と同種のものだと感じている人たちもいる。先住民の宗教は自然を支配しようとせず, 共生しようとするエコロジー的な宗教だと考えてその価値を称揚する人たちも少なくない (→ 12)。

〔島薗〕

> **69** 特別な力をもつものへの信仰とはどのようなものだろうか？　そして，神秘的な力，不思議な働きを信じる信仰はどう説明されてきたのだろうか？
> ●マナとタブーとカリスマ

### ◆「マナ」と「タブー」の語の意味

　ある物体が特別な力をもっていて，それを保持している人には幸運がついてくる——このような信仰は私たちの日常生活に満ちあふれている。このような物体の神秘的な力をさすのに「マナ」という学術用語を用いることが多い。神々や霊と接することができるような霊能力をもった人を沖縄地方では「セジが高い」という。この「セジ」とマナは意味が近い。呪文を唱えると困難が解決すると信じるとき，その言葉にはマナがこもっていると考えていることになる。マナをもつ物や人はよい力を発揮すると信じられるが，たいへん危険であるために触れてはいけないと考えられているとき，それは「タブー」の信仰だと説明する。タブーは神秘的な力があるために禁じられているものである。タブーを侵せば恐ろしいことが起きる。聖地はしばしばマナをもつとともにタブーともされている。現代社会でもタブーの語は用いられるが，そこでは実は神秘的ではない説明できる力を恐れている場合もある。タブーの語が世俗化して用いられているのだ。

### ◆学術用語としての歴史

　マナという語はメラネシアの住民が使っていた語にイギリス人の宣教師，R. コドリントンが注目し，1889 年に『メラネシア人』という本で紹介したところから西洋で盛んに用いられるようになった。アメリカ先住民には「ワカン」や「オレンダ」，アラビア語には「バラカ」の語があるが，これらはいずれも「マナ」と似たものをさす語だとされた。文化人類学者のR. マレットはこの語が人類の最も原始的な宗教観念を表す語だと考え，1909 年の著書，『宗教と呪術』(*The Threshold of Religion,* 1909) で宗教の起源は「マナ」の信仰にあると論じた。エドワード・タイラーが霊を信ずるアニミズムこそ宗教の起源だと説いたのに対して (→ 70)，アニミズムよりもっと古い信仰形態がマナイズム，あるいはプレアニミズムだとした

のだ。こうしてマナはただちに宗教人類学の基礎概念となっていった。

「タブー」という語の導入はもっと早い。これもイギリス人のジェイムス・クック船長が、ハワイなど太平洋の島々の航海記録をまとめた1784年の書物で、ポリネシアの諸地域で用いられている語として紹介した。マナという語は初めから宗教理論の文脈で用いられたが、タブーはそれ以前に用いられていた。マレットはタブーとマナは同種の信仰で、タブーとは否定的なマナの信仰であると論じた。『トーテムとタブー』(1912-13) を著した S. フロイト (1969) は、近親相姦のタブーと、自らの氏族を示す動植物（すなわちトーテム）を食べないというタブーとを関連づけ、人類社会の最も原初的な禁止の掟がタブーの背後にあると論じた（→ 95）。

マナの概念は宗教社会学の歴史にも大きな影響を及ぼした。社会学者の E. デュルケムは『宗教生活の原初形態』(1912) で、その理論の核心的な部分でマナの概念を用いている。デュルケム (1941-42) は社会成員が同一の集団に属する者として強く結束するための象徴や儀礼を提供するところに宗教の主要な機能があると考えた。そして、マナとは成員を従わせる社会の力が結晶化したものだと説明したのだ。一方、宗教社会学の基礎を築いたもう一人の巨匠、M. ウェーバーは、マナとほぼ道義の語として「カリスマ」を用いた。カリスマは聖書にもたびたび登場するギリシア語で、神の賜物を意味する。ウェーバーはこの語を政治社会学においても多用したが、そのことからも知られるようにこの語は人に対して用いられることが多い。神の賜物を授けられた人物がカリスマ的指導者である（→ 44, 97）。

マナの概念は当初、宗教起源論において大きな役割を果たしたが、その後、宗教学の中での役割は周辺的なものになっていった。宗教起源論は結局のところ憶測にならざるをえないのでその後あまり積極的には取り組まれなくなった。また、確かにマナにあたる信仰が重要だとしても、この概念がさすものはあまりに広く、初期の宗教でマナが非常に重要な役割を果たしていたという証拠があるわけでもない。現代人の精神生活を描くときに、タブーやカリスマのような語が果たしているのと同様の意義をもつことができるのかどうか、なお検討してみる必要があると思われる。〔島薗〕

> **70**　「自然を尊ぶアニミズム」とはどのような信仰なのだろうか？　アニミズムこそ宗教の原始形態だと考えてよいだろうか？　　　　　　　　　　　　　　●アニミズム

　静かな暗い森を一人で歩いていて急にザワザワと風がそよいだとき、目にみえない何者かのメッセージだと考えるのはアニミズム的な感性だ。路傍で死んだ人の霊を慰めるお地蔵様の前で、そっと手を合わせる人はアニミズムから遠くない。都市のある交差点で交通事故が繰り返し起こるのは、その辻に霊の思いが働いているからだと考えるのもアニミズムである。

◆アニミズム＝原始宗教説の由来

　近代諸学が確立してくる19世紀後半に、アニミズムこそ最も原始的な宗教だという宗教起源論が唱えられた。初期の文化人類学者として名高いE. タイラーが1871年に『原始文化』という書物で主張した学説だ（→92）。タイラーはアニミズムとは万事万物に精霊（spirit）の存在や働きをみる世界観だが、これも人類の思索の産物だとした。人類はまず人間の霊魂（soul）という観念に思い至ったのだという。なぜ霊魂の観念を得たかというと、一つには人の死に出会い動かなくなった死体をみて生命を支えていた何かが死後どうなるのかと考えたに違いないという。もう一つは不在の他者の幻像をみるという経験で、不在であるにもかかわらず他者が実在すると如実に感じることがある。この二つの経験が重なり合わさって、死後も死者の霊魂が存在し続けるという信仰が生まれたのだろうという。

　もし人に霊魂があるなら動物やほかの生物にも精霊があるかもしれない。精霊という観念が広がってくると、さらに生物だけでなくあらゆる存在に生命があり、精霊があるという考えも発達してくる。子どもが自動車に「ブーブ」といって愛着を示し、歩きながら彼方にみえる「お月様がついてくる」と感じるのはアニミズム的だ（ピアジェ1955）。加えて、事物に属する精霊だけでなく、ある性格や機能を担った独立の精霊も考えられるようになるだろう。こうしてこの世が精霊で満ち満ちたものと考える世界観がタイラーの理解したアニミズムだ。

◆アニミズムと神信仰

タイラーはアニミズムの時代ののちに，人類の知が発達して神の観念が育ってきたのだろうと推測する。個々の存在ではなくて同類の存在や働きを代表する霊，例えば穀物を代表する農耕神や魚類を代表する海の神といった神々が考えられるようになり多神教の世界観が育ってくる。さらに世界全体を統括する存在にまで考えが及ぶようになれば，一神教やゾロアスター教の二元論の信仰へと近づいていくだろう。このような抽象的な観念を思考する能力の欠けた原始的な段階の人類の思考がアニミズムだという。

　アニミズム論への批判はいろいろある。芸術家が世界を生き生きと描くとき，そこにアニミズム的な感受性が働いており，それは劣った知性などではない。マナイズムの立場から精霊信仰だけを特別視することへの批判もなされた。人類は初めから天の神のような万物の上位にある高い神の観念をもっていたとする考え方もある。小さな個別的霊の信仰よりも，宇宙の大きな秩序をつかみとる神話的思考のほうが先んじていたのではないか。太陽神信仰と穀霊信仰はどちらが先ともいえないだろう。そもそも神信仰なしに精霊信仰だけが存在した時代やそうした時代の宗教を考えることが不適切ではないか。M. エリアーデのような宗教学者はそう考えた。

## ◆現代人のアニミズムびいき

　しかし，たとえアニミズムが多神教や一神教と，あるいはダルマのような宇宙的な理法の観念と共存してのみ成り立ってきたとしても，アニミズムという概念の有効性がなくなってしまうわけではない。死者の霊や自然の霊に重きをおく宗教文化は確かにあるし，それらを排除するところに特徴がある宗教文化もある。前者は確かにアニミズム的だといえる。日本や台湾や香港やインド，アフリカやカリブ海などはアニミズムがいまも息づく地域だ。それはまたシャーマニズムが根強く生きている文化でもある。

　こうした文化は合理的な思考力に欠けていて精神的に未熟だと考え，アニミズムは低い文化を見下す語だと受け取られた時代もあった。しかし，環境問題が切実になり近代文明の限界が自覚されるようになって，逆にアニミズムにこそ希望があるという考え方が強まってきた。1980年代以降の日本の縄文文化ブームなどでは，そこにナショナリズムも作用している（→ 11, 12）。

〔島薗〕

> *71* 神道と同類の宗教にはどのようなものがあるだろうか？　神道やヒンドゥー教を「宗教」とよぶのが適切か，また「民族宗教」とよぶのが適切か？　　●民族宗教

　どんな個人も目覚めるべき真理があるとして，国境を超えて広がっていこうとする普遍主義的な宗教に対して，国家や民族の枠内の人々にのみ信徒が限定されるタイプの宗教を民族宗教という。

### ◆民族宗教に類別される諸宗教

　神道，ユダヤ教，ヒンドゥー教，道教などは民族宗教としてひとまとめに類別されることが多い。キリスト教や仏教やイスラム教と比べたとき，これらの宗教の地域的な広がりが限定的であり，特定の民族や国民の間でのみ信仰されているという特徴をもつことは確かだろう。だがそれを超えて，これらの宗教が共通点をもつかどうかはよく検討してみなくてはならない。

　神道とヒンドゥー教と道教は多神教という点で共通点をもつが，ユダヤ教は一神教である（→ 53）。ユダヤ教はシンクレティズムを排するが，神道やヒンドゥー教や道教はシンクレティズムが少なくない（→ 99）。中でもヒンドゥー教は大きな文明圏の主要な宗教となったが，道教や神道はマイナーな地位におかれた時代が長く，仏教や儒教と混じり合うことが少なくなかった。また，神道とユダヤ教は神と特別の関係をもつ特定民族の歴史に対する信念が信仰体系の核心にあるが，道教やヒンドゥー教ではそのような信念が占める位置はもっと小さい。

　そもそも道教が広まった中国やヒンドゥー教が広まったインドは多民族が共存する複合的な社会であり，政治統合の拡充とともに世界帝国的な共通文化がゆっくり形成され，拡大していった。そのような共通文化の一部として，道教やヒンドゥー教も次第に緩やかなまとまりを形成するようになったものである。「民族宗教」という語を用いるとしても，「民族」という語の意味がユダヤ人や日本人の場合とは相当に異なっている。後者の場合，特別の土地に住み特別の聖なる地位をもつ民族という意識が長期にわたって存続してきたのが特徴だ。

◆「宗教」なのか

「民族宗教」という言葉が使いにくいもう一つの理由は，これらの文化伝統が「宗教」とか「○○教」（○○ ism）という語で名指されるようになったのは比較的新しい時代のことだということである。ウィルフレッド・キャントウェル・スミスによると，「ヒンドゥー教」や「道教」という言葉が用いられるようになったのは，19世紀の初期の西洋でのことだという。「○○教」といい，世界に数ある諸「宗教」の一つだということになると，あたかもはっきりした輪郭をもち，何かまとまった教義や組織があるかのような印象を与える。しかし，実際には，「宗教」とよんで輪郭づけるのは非常に難しい。いつから始まったのか，どれほどの人々への広がりをもつのか，ほかの文化要素と「宗教」とをどう分けるのかなど，たくさん困難な問題が生じてしまうのだ（→ 77, 78）。

そこで当事者の間では，しばしば「ヒンドゥー教は宗教ではない」とか「神道は宗教ではない」といった言説もなされることになる。例えば，ヒンドゥー教というより，インド的な生活様式といったほうが現実に合っていると考える人も多い。道教や神道については，中国や日本の民俗（民族ではない）宗教と「道教」や「神道」との間にどのように線を引くかが難しい。「○○教」とよぶことによって，本当は存在していないまとまりをあたかも実在するかのように考えてしまわないよう注意する必要がある。

◆ナショナリズムと民族宗教

民族宗教では「民族」が聖なる価値をもつという事態が生じるが，近代の国民国家でもナショナリズムが昂じて「民族」が聖なる価値をもつに至ることが多い。日本の国家神道復興運動，ユダヤ教の宗教右翼，ヒンドゥー教の民族奉仕団（RSS）の運動はそのよい例だ。これらは民族宗教が基盤となって，宗教的ナショナリズムが発展している例だ。他方，普遍主義的な救済宗教に立脚しながら，民族や国民の団結を鼓吹する場合もある。アラブの団結を訴えるイスラム勢力や，神から与えられたアメリカ合衆国の聖なる使命を信じ，対外戦争を聖戦と考えるキリスト教集団などはその例である（→ 28, 32, 34）。もちろん「宗教」にコミットすることなく，国民の聖なる価値を鼓吹する人たちも世界各地に少なくない。〔島薗〕

> **72** 仏教でも神道でもないけれども昔ながらに続けられて
> きた宗教生活もあるのではないだろうか？ そんな民俗宗
> 教はどのような特徴をもつのだろうか？　●民俗宗教

稲荷神は神道では宇迦之御魂神(うかのみたまのかみ)とよばれ，仏教では荼吉尼天(だきにてん)とよばれる。伏見稲荷大社（京都）は稲荷信仰の本拠でいうまでもなく神社だが，豊川稲荷（愛知県）や最上稲荷（岡山県）は仏教寺院だ。だが，これらの神社や寺院と関わりをもちつつも，住居に祭壇を設けて祈禱をして地域住民の願いに応じているのは民間宗教家である。地域住民はまだ昔ながら家に伝わったやり方で，宅地に置かれた稲荷の祠(ほこら)にお参りし，初午(はつうま)の日には近くの稲荷神に参拝に行く。稲荷信仰は仏教寺院と神社に関わってはいるが，僧侶や神職が関与する以前に民間宗教家と地域住民が伝えている信仰世界がある。このような宗教を民俗宗教とよんでいる（→ 57, 99）。

### ◆民俗宗教の特徴

民俗宗教に対置されるのは，成立宗教とか組織的宗教とよばれるものであり，典型的には救済宗教だ（→ 73）。後者は体系的な教義や儀礼があり，教団組織をもっており，その伝統を創始した教祖がいることが多い。「宗教」として明確な輪郭をもち，その宗教によってこそいまの自分があると考えている人，すなわち強い宗教的アイデンティティをもつ人々，多くの場合，専門宗教家がその中心になっている。これに対して，民俗宗教は生活者が中心で民間宗教家が指導的な立場にいる場合でも，その立場は生活者と密着している。年中行事は宗教的な内容を含んでいることが多いが，組織的宗教と関係が深い場合でも，地域住民は教団組織に深く関わることなしにその内容を伝えていることが多い。

民俗宗教では文字で記された教義は大きな役割をもたない。文字知識，学問的知識の学習や伝達はあまりなされない。話し言葉や身体的な実践こそ重要だと考えられている（→ 39, 51）。これは組織的宗教で文字知識が重視されるのと対照的である。文化人類学者のロバート・レッドフィールドはメキシコを主なフィールドとして宗教文化の研究を行ったが，民俗文化は主として農村などの地域社会で口頭伝承で伝えられる「小伝統」(little tradition）によって成り立っているとした。他方，都市では文字知識が大きな役割をもっており，「大伝統」（great tradition）の継承に多くのエネルギーを注いでいる。宗教の存続には，大伝統と小伝統がどちらも重要だが，組織的宗教が常に大伝統によりどころを求めるのに対して，民俗宗教は小伝統が基軸となる。

　民俗宗教では聖と俗の間が近い。身近に霊の働きを感じるアニミズム，他界との直接的交流を実践するシャーマニズム，日常生活のニーズに答えてくれる現世利益信仰などは民俗宗教によくみられる特徴だ。また，地域社会の祭は民俗宗教の色合いを濃厚に帯びていることが多い。組織的宗教が支配する地域でも，祭の内容には組織的宗教の教義からは説明できないことが多いが，それは民俗宗教がなお生き残っていることの証拠とみなせよう。東アジアでは死者のための儀礼が大きな役割を果たしており，日本のお盆の行事は民俗宗教的な色彩が濃い。こうした特徴は未開宗教と通じており，民俗宗教は未開宗教の残存物だとも考えられてきた（→ 68）。

◆**組織的宗教と民俗宗教の関係**

　組織的宗教のうちでも救済宗教は，民俗宗教を異教や迷信として排除していこうとする傾向をもつ場合が多い（→ 65）。救済宗教の宣教師や熱心な布教者は，地域住民の民俗宗教は偶像崇拝であり，真の信仰を妨げる悪しき風習だとして，その撲滅を説くことも少なくなかった。イスラームやキリスト教が広まると，民俗宗教は排除されていく場合が多い。しかし，イスラームやキリスト教の中にも民俗宗教的な要素は含まれている。マリア崇拝や聖者崇拝はそのよい例だ。これらは，民俗的キリスト教，民俗的イスラームなどとよばれることもある。

　この例にみられるように，組織的宗教と民俗宗教は密接につながりあっており，どこからが民俗宗教でどこからが組織的宗教かを区別して名指すのが困難な場合も少なくない。同じ行事を仏教の行事の一部としてみることもできれば，民俗宗教の一部としてみることもできるのだ。神道やヒンドゥー教のような民族宗教の場合，組織的宗教と民俗宗教の境目はますます区切りにくい。その意味では，民俗宗教とは実態を表す言葉というより，宗教研究上の視座として理解したほうがよいのかもしれない。　〔島薗〕

> **73　多くの文明社会で「救い」(救済) をめぐるシステムが巨大な影響力を保ってきたのはなぜか？「救い」と「宗教」は必ず結びつくものなのか？** ●救済宗教

　キリスト教や仏教やイスラームは，「救い」という観念と「救い」のための実践が中核にある宗教だ。ここで「救い」「救済」(salvation) とは，神によって人が「救済」されるというのも，人が仏の教えに従って煩悩から「解脱」するというのも含む。「解脱」も「救済」の一部という用法だ。

　救済が思考の焦点となり，救済をめぐるシステムとして宗教が存在している場合，「救済宗教」(salvation religion) とよばれる。上にあげた三大宗教だけでなく，天理教やモルモン教やオウム真理教のような新宗教も救済宗教だ。救済宗教という用語は M. ウェーバーがよく用いたもので，宗教の類型や人類史の中での宗教の歴史的変化を考えるとき，役立つものだ。

◆救いが重要なわけ

　「救い」が求められるのは，つらいことや願いがかなわぬことに心が塞がり，出口がみえなくなるからだろう。心身の苦悩や自分の限界に耐えかねて，そうでもなければ目を凝らすことのないような世界と人間の深淵から目が離せなくなってしまう。だが，救済宗教はそのような限界状況の暗闇の彼方に至高の実在や輝かしい至福の境地をかいまみる。このように強度の苦悩と喜びのコントラストを強調し，その両極の交錯に世界や人生や心の真実をみようとするのが救済宗教の特徴だ。また，人類社会のある時点で至高の精神的指導者が登場したと信じ，そのことによって人間や世界の深い層があらわになり，救いへの究極の道が示されたとするのも救済宗教の特徴だ。教祖や預言者や救世主によって示された決定的絶対的な真理によって，初めて人類は救いへの道を知ったと信じるのだ。

　神道や儒教やヒンドゥー教や部族宗教の中にも，救済の観念が織り込まれていることはある。だが，それらにおいては救済の観念が強力な核となっているとまではいえない。だから，例えば神社神道は救済をめぐるシステムとはいえない。神社神道では人類史のある段階から人類の救済が可能になり，それは究極の真理が教祖によって示されたことによるとは考え

ないからだ。ところが，黒住教や金光教のような教派神道では，教祖によってこそ救いの道が示されたと信じる。これらは神道，すなわち日本の地域の神々への信仰を基盤とした救済宗教である。

### ◆階級支配と脱現世志向

　救済はこの世（現世）を超えた価値を示すものだが，それはしばしば現世の外部において達成されるものとされた。死後においてこそ究極の救いが達成されるとする信仰だ。救済宗教には苦悩を生きるこの世と，救済と永遠の安らぎが達成できるあの世という観念が伴うことが多かった（→ 54, 57）。また，救済宗教は僧侶（聖職者）というエリートの養成と結びつくことも多い。真理に近づくために特別の修行をしたり，学習をしたりして敬われる存在だ。文字文化の恩恵が少数者にしか至らない時代に，文字を通して学習される高次の真理に近い存在と信じられたのが僧侶である。彼らはしばしば禁欲生活を守り，そのことによって世俗生活の価値が限られたものでしかないことを身をもって示す存在だった（→ 44, 47）。

　このような脱現世的な要素は，現世での力の行使を相対化する見方を含んでいる。その背後に，現世の政治的支配に対する抗議の意志をみることもできるだろう。救いを必要とするようなこの世を支配している権力者はせいぜい限定的な敬意にしか値しない。だが，救済宗教は現実の政治支配に対抗することもあるが，むしろそれを正当化する機能を果たすことのほうが多い。いまあるこの世の秩序もこの世を超越した絶対的な次元の影響下にあるわけであり，それゆえにこの世の支配秩序も超越者・超越界に準ずる敬意を受けるべきだと説かれるのだ（→ 30）。

　極端な権力の差異があり，多数の被支配者が現世の苦悩を余計に負わなくてはならないと感じられている階級社会で，救済宗教は力を保ってきた。だが民主主義の時代，また多数者が現世の多くの価値にアクセスする自由があると感じている近代，救済宗教の姿や位置は変化する。脱現世的な要素や聖職者崇敬の要素が弱まっていく。日本の新宗教はそのよい例だ。そもそも救済という観念が疎遠に感じられてくる場合もある。現代の先進国で，救済宗教の影響力が弱まっている一つの理由がそこにある。　〔**島薗**〕

## 74 人類の精神史の中で救済宗教はどのような位置を占めているのだろうか？ 「救い」に人類がこだわってきたのはいつからか？
●枢軸時代と歴史宗教

　現代においても世界各地で，キリスト教やイスラームや仏教に改宗する人はたくさんいる。これらの救済宗教は個々人の回心（→ 83）を促し，布教・伝道（→ 46）に熱心な宗教である。人が知るべき真理と正しい生き方を教え，信仰者の共同性を全世界にまで広めようとする普遍主義がその特徴だ。家族・親族や部族・国家などの地域的な連帯は限界があると考え，血縁地縁を超えて連帯意識を拡張していこうとする。信仰をもつ「個人」の意識をもつと同時に，人類であれば誰でも従うべき究極的真理を示すことにより，人間同士の連帯に基づく共同性を構築しようとする。超地域的な共同性を可能にする仕組みが救済宗教の基本的な特性に含まれている。地域的な関係が破られ，領土支配が広がっていくような社会（国家・帝国の形成）で急速に拡大し，強い支持を獲得するのは理解しやすいところだ（→ 61）。

### ◆枢軸時代の精神革命

　では，救済宗教が世界に広まっていったのはいつ頃からだろうか。ドイツの哲学者の K. ヤスパースは『歴史の起源と目標』(1949) という書物で，人類の精神史の転回点として紀元前 800 年から紀元前 200 年の間が重要だとした。この時代に地中海沿岸地域，西アジア，インド，中国といった世界の文明の先端の諸地域で，示し合わせたように偉大な精神革命が起こった。孔子やブッダやソクラテスや，イエスの教えを先取りするようなユダヤの預言者が出現したのはこの時代だ。すべての人間が個人として耳を傾け，これまで大切だと考えて執着していたものの彼方に目をやり，実在の深い次元に目覚める。ものの見方が変わり，これまでの自己意識を突き破って真の自己を見出す道を歩み始めるようになる。世界精神史が一つの軸に沿って転回したとすれば，この時代こそそうした時代だという。そこで，ヤスパースはこの時代を「枢軸時代」（軸の時代；axial age）とよんだ。この時代の精神革命の強い影響を受けたそれ以後の諸文明は「枢軸文明」

(axial civilization) といえる。

　枢軸時代の精神革命から発展した枢軸文明の大きな礎石の一つは学問や教育だ。西洋中世の哲学のように現代的な意味での哲学を基軸とした学問と教育の体系や，儒教のように儀礼と道徳と教育と政治哲学を複合したような文化体系が枢軸文明を支えた。精神的価値を尊ぶ学と教育は枢軸時代の人類への贈り物の一つである。だが，学や教育とも密接に関係をもちつつ，それにもまして重要なのは「宗教」だろう。しかも，救済の教説や救済のための実践を中核とし，救済をめぐる観念や実践に携わる専門家が一般生活者を指導する役割を担うようなシステム，すなわち救済宗教のシステムである。キリスト教や仏教のように大量の僧侶が精神的価値を担うエリートとなる場合もあったし，イスラームのように法学者が重要な役割を担う場合もあった。西洋哲学や儒教はエリートにとってはたいへん重要なものであったが，一般庶民には手の届かないものだった。これに対して救済宗教は一般庶民の精神生活にも大きな影響を及ぼした。救済宗教は枢軸文明の影響下の社会を底辺から支えてきたといえる。

### ◆歴史宗教（世界宗教）と近代

　いくつかの救済宗教のシステムが枢軸文明の中核に位置することになった。過去，2000年余りの文明は少数の救済宗教の影響下で偉大な思想や芸術を生み出し，人々の生活様式をかたちづくってきた。このように文明の全体と深い関わりをもって発展してきた救済宗教を R. ベラーは「歴史宗教」(historic religion) とよんでいる。M. ウェーバーなどほかの学者は「世界宗教」(world religion) の用語を用いている (→ 98)。だが，近代，特に20世紀後半以降の救済宗教の展開を考えると，歴史宗教の語のほうが適切かもしれない。この時期，なお歴史宗教は発展拡張を続けているが，他方，その権威は相対化され，文明全体の中での地位が縮小低下し，諸ライバルとの併存を強いられるようになる。過去の文明を導いた偉大な救済宗教だが，現代では世俗的合理主義やユートピア思想（マルクス主義など）などと，あるいは新宗教（これも世界宗教とよべる）や新しい霊性文化（スピリチュアリティ）と競い合って個々人の支持を得なくてはならない状況におかれている (→ 36, 75)。　　　　　　　　　　　　　　　　〔島薗〕

> **75 救済宗教は民衆の生活の中ではどのようなかたちをとってきたのだろうか？ 新宗教という救済宗教の特徴は何か？**
> ●民衆宗教と新宗教

歴史宗教は偉大な学者（神学者・哲学者・科学者）や芸術家を生み出し，現代社会に生きる人々，もはや字義どおりの信仰をもたない人々もそれら著名人の作品に強くひかれ，ときには生きる支えにさえしている。バッハ，カント，西行，道元，エル・グレコ，ドストエフスキーなどはその作品を歴史宗教の養分と切り離すことができない偉大な精神文化の創造者たちだ。

◆歴史宗教と民衆宗教

だが，歴史宗教の巨大な影響は聖職者が掲げる教義や少数のエリートの構築物の中にだけあるのではない。歴史宗教は民衆の生活形式をかたちづくる上でも大きな役割を果たした。それは歴史宗教の表向きの教義そのままというわけではない。民衆の宗教生活はまた独自の内実をもった世界としてみる必要がある。民衆生活の中で生きる救済宗教は教義や思想書とは異なる。そして近代になると，民衆自身を主要な担い手とする救済宗教が登場する。新宗教は民衆中心の新しい救済宗教の形態だ。

民衆宗教という語には少し前にでてきた民俗宗教（→ 72）と同じような意味もある。だがここでは，救済宗教が民衆生活の中に取り込まれて，独自のかたちをとったものをさすことにする。例えば，キリスト教やイスラームでは，聖者崇拝に多くの善男善女が集まる（→ 59）。ある少女が聖母マリアをみたと語ったことから癒しの信仰が始まったフランスのルルドの泉は，現代のカトリックの巡礼の一大聖地となった。サンタクロースが聖ニコラウスの民衆信仰から始まっているように，カトリック世界での巡礼やお祭は聖人や聖母への信仰が大きな役割を果たしている。大乗仏教の世界での観音信仰や地蔵信仰や大師信仰と似ている。キリストの再臨が間近だと信じたり，弥勒仏の到来による救いを待望する信仰も民衆の間に広まることが多かった。民衆が千年王国（→ 97）や救世主の到来を信じて宗教反乱が起こり，社会体制の変革の前ぶれとなることも多かった。これらも救済の理念が民衆を魅了したために，歴史の大きな変動が起こった例

である

◆新 宗 教

　近代になると民衆の救済宗教運動が一時的な熱狂に終わらずに，独自の教団をつくって存続していく例が増えてくる。英語圏では既存の歴史宗教の分派とみなされるものがセクトとよばれ，既存の歴史宗教とは異なる独自の救済宗教とみなされると「新宗教」(New Religion, new religious movement) とよばれる。日本では「新興宗教」ともよばれる。戦前は「類似宗教」などとよばれることもあった。現代，新しい宗教を危険なものとみなして「カルト」とよぶのと同様の用語法である (→ 33)。

　西洋でセクトが多数存続できるようになるのは宗教改革以来のことで，ラディカルな運動だった再洗礼派が初期の代表的なものだ。この流れに属するメノナイト派は現在も平和主義でよく知られるセクトである。イギリスやアメリカはたくさんセクトを生み出したが，クエーカー（フレンド派），メソジスト派などはセクトとして始まって，いまは主流派の一つに数えられる教派（デノミネーション，→ 101）となっている。西洋では19世紀になってキリスト教の枠を超えるような新宗教が存続できるようになってくる。モルモン教やエホバの証人やキリスト教科学は代表的なものだ。

　日本では多くの新宗教が生み出された。19世紀の初めに如来教や黒住教が，中期には天理教や金光教が，後期には大本が生み出された。1930年代から60年代は最も華々しく新宗教が発展した時期で，創価学会や立正佼成会のような法華系（日蓮系）の新宗教，世界救世教や生長の家のような神道系の新宗教が大発展を遂げた。日本の新宗教に特に顕著にみられる特徴は，民衆自身が布教などに自発的に参加する信徒参加型の組織や実践形態がとられ，現世での幸福を重視した救済観がみられる点である (→ 46, 57)。西洋のセクトや新宗教にもこの特徴はかなり分けもたれているが，西洋ではさほど現世主義的でなく，現世から断絶し，孤立した教団生活をつくろうとするものが多々あった (→ 34)。日本でも70年代以降，一群の一段と新しい新宗教（「新新宗教」などとよばれる）が登場したが，そこでは現世に背を向けるような性格がめだつようになっている。〔島薗〕

## 76 支配的宗教の地位が弱まる近代の市民社会は，宗教的次元の欠けた空間なのか？ 国民の連帯感を育むナショナリズムとは宗教の代替物なのか？
●市民宗教とナショナリズム

信教の自由が認められ，精神生活の多元化が進んでいくと，その社会の公的生活の中から特定宗教の影響力が後退していく。例えば，公立学校の中で特定宗教の教義を教えるのを避けるようになる。国家行事の中でも特定宗教色をださないほうがよいという考え方が強まる。どこまで進むかは別として，国民は共通の宗教をもつことはないという前提が受け入れられていく例は多い (→ 28)。しかし，それでは政教分離の近代国民社会が聖なるものによる精神的団結をもたないかというとそうではない (→ 30)。

### ◆市民宗教

J.-J. ルソーは『社会契約論』(1762) の中で，民主主義が進み，個々人の人権が尊ばれるようになると，従来のキリスト教に代わって，新たに自由な市民の精神的団結を支える信仰が必要になると考え，それを「市民宗教」とよんだ。ルソーは市民宗教の教義として，神の存在，来世の生，善に報い悪を罰すること，宗教的寛容などをあげたが，これは想像の産物である。ところが 20 世紀後半になると，宗教社会学者たちが，事実，いくつかの国にめだった市民宗教が存在すると論じるようになった。

R. ベラーは「アメリカの市民宗教」(1967) という論文で，アメリカでは，建国以来，アメリカ人は民主主義の理想を実現するという使命を神から委ねられ，そのために苦難を克服していかなくてはならないという宗教的信念が強く働き続けてきたと論じた。例えば，ケネディ大統領の就任演説は「人間の権利は政府の気前よさからではなく，神の手から与えられている」という建国以来の「革命的信念」に基づき，「神の祝福と神の助けを願いつつ，しかし，ここ地上においては神の御業が真にわれわれ自身の仕事でなければならないことを意識しつつ，われらが愛する国を導くために前進しよう」と訴えていた。

国家として死者を追悼することも市民宗教の重要な構成要素となる。特

に戦没者の追悼は，国民がともに聖なる存在を強く意識する宗教的な実践だ。アメリカではワシントンの郊外にあるアーリントンの無名戦士の墓地は国旗を掲げる兵士が厳粛に死者を守る聖なる場所となっている。

敗戦以前の日本の戦没者追悼の中心地は靖国神社だったが，これは「国家神道」とよばれるものと深い関わりがある。明治維新から敗戦までの日本の市民宗教は国家神道を基軸として展開したといってよいだろう。国家神道の中核には天皇崇敬があった。靖国神社は天皇のために死んだ兵士を神として祀る場所という性格をもっていた。聖なる天皇の像を心に刻むのは教育勅語の奉読のときであり，祝祭日に天皇を讃える歌を歌うときだった。学校は市民宗教の普及の場として大きな役割を果たすが，戦前の日本の場合，それは特に顕著だった（→ 29）。

◆ナショナリズム

「市民宗教」という概念は，近代の国民国家がかたちづくってきた言説や儀礼のシステムの中から宗教性が顕著なものを取り出して論じる用語なので，その語がさす範囲を定めるのが難しい。例えば，国旗に敬礼し厳粛に国歌を歌うことは，それ自身広い意味での宗教的な行為といえないこともない。そこまで広げて市民宗教のさすものを考えると，その広がりはナショナリズムという言葉のさすものに近づいていく。

ナショナリズムは世界中で近代に形成されていく国民国家の精神的基盤だ。国民が同一の共同体に属しているという意識と感情を育む言説や実践全体をさす。国のために進んで死ぬ精神を養うやり方は，確かに宗教の名に値するかもしれない。だが，国の代表が闘うスポーツ競技で，自国のチームに熱狂的な声援を送るのもナショナリズムの現れだから，それらをすべて宗教と関連づけるのは行き過ぎのようにも思える。

だが，自分がある輪郭をもった範囲の人々と一体だと想像しつつ，ともに強い希望や恐れを感じて日々を過ごすことは，それ自体，広い意味で宗教的とよべるだろう。政治学者の B. アンダーソンは国民という大量の人々が，親密な仲間であるかのように連帯意識をもつことを「想像の共同体」という語で示したが，かつて宗教が果たしていた役割の幾ばくかをナショナリズムが肩代わりしているという理解によるものだ。　　〔島薗〕

●第11章参考図書

[入門書]

阿部美哉『世界の宗教』丸善ライブラリー,1999年。

島薗進『現代救済宗教論』青弓社,1992年。

村上重良『近代民衆宗教史の研究』(増訂版),法藏館,1963年。

[基本書]

アンダーソン,B./白石隆・白石さや訳『想像の共同体——ナショナリズムの起源と流行』(増補版),NTT出版,1997年(原著:1983年)。

池上良正『民間巫者信仰の研究——宗教学の視点から』未來社,1999年。

井上順孝ほか編『新宗教事典』弘文堂,1990年。

岩田慶治『カミの人類学』講談社,1979年。

ウェーバー,M./武藤一雄ほか訳『宗教社会学』(『経済と社会』第2部第5章)創文社,1976年(原著:1956年)。

エリアーデ,M./久米博訳『宗教学概論』1〜3(エリアーデ著作集1〜3),せりか書房,1974年(原著:1968年)。

ゲルナー,A./宮治美江子ほか訳『イスラム社会』紀伊國屋書店,1991年(原著:1981年)。

佐々木宏幹ほか監修『日本民俗宗教辞典』東京堂出版,1998年。

シュタイナー,F./井上兼行訳『タブー』せりか書房,1970年(原著:1956年)。

タンバイア,S. J./多和田裕司訳『呪術・科学・宗教——人類学における「普遍」と「相対」』思文閣出版,1996年(原著:1990年)。

ニーバー,H. R./柴田史子訳『アメリカ型キリスト教の社会的起源』ヨルダン社,1984年(原著:1929年)。

ピアジェ,J./大伴茂訳『児童の世界観』(臨床児童心理学II),同文書院,1955年(原著:1926年)。

ベラー,R. N./河合秀和訳「宗教の進化」『社会変革と宗教倫理』未來社,1973年(原著:1964年)。

マレット,R. R./竹中信常訳『宗教と呪術——比較宗教学入門』誠信書房,1964年(原著:1909年)。

ヤスパース,K./重田英世訳『歴史の起源と目標』(ヤスパース選集9),理想社,1976年(原著:1949年)。

安丸良夫『日本の近代化と民衆思想』平凡社ライブラリー,1999年(初刊:1974年)。

レドフィールド,R./安藤慶一郎訳『文明の文化人類学——農村社会と文化』誠信書房,1960年(原著:1956年)。

第 III 部

# 宗教に距離をとって問う

　現代人にとって宗教とは何なのか。人類にとって宗教とは何だったのか。また，社会の中で宗教はどのような役割を果たしてきたのか。——このような問いは，さまざまな方向から答えていくことができる。宗教社会学，宗教心理学，宗教人類学，宗教の思想史的研究，そしてポストモダンやポストコロニアルとよばれるような立場（近代に特徴的な考え方や植民地主義の過去を反省的に捉える立場）などからの宗教研究がこうした課題に取り組んできた。この第III部ではいったん宗教に距離をとり，概念や理論をうまく使って分析的に捉え，宗教の機能や意義について人々が疑問に思うことを解きほぐしていこう。

第12章

# 「宗教」概念と宗教学

『指輪物語』(The Lord of the Rings) の初版本。ファンタジーというよりヌミノーゼ的（ルドルフ・オットーが「畏怖させかつ魅了する神秘」という宗教の本質的特徴を表すのに使った言葉）。

アニメ・ゲームや流行のファンタジー作品はしばしば世界の神話・伝説をモチーフにしているが，そういった神話・伝説を「宗教」と結びつけてみたことはあるだろうか。おそらく多くの人は両者を別個のものと思っているだろう。しかし，神話研究は「宗教学」の初期からその主要な分野の1つであった。宗教学の祖とされるマックス・ミュラーやミルチャ・エリアーデは神話を好んで取り上げた。神話にこそ「宗教」の本質が端的に現れると考えられていたのである。

この概念上のすれ違いは，現在，日本では「宗教」と聞くと，「教団があって，教祖がいて，教えを説くもの……」と連想する人が多いことからくるのだろう。では，私たちはなぜこのような宗教観をもつようになったのだろうか。

## 77 「宗教」とは何か？

●日常的「宗教」概念

◆「オウムは宗教か」ときかれたら？

「宗教とは何か」と改まって問われると、おおかたの人は答えに詰まるだろう。それでは代わりに次の問いを考えていただきたい。

「オウム真理教は宗教か。理由をつけて答えよ（オウム真理教事件についてよく知らない人は、「テロ事件を起こした自称宗教集団は宗教といえるか」と置き直して考えよ）」。

どうだろうか。この問いに対しては、「宗教といってもよいのでは」「いや、宗教とはいえない」という、Yes/Noの答えがすぐにでたのではないだろうか。世の人は皆、宗教を言葉で明確に定義できなくても、「宗教」と「宗教ではないもの」、あるいは「宗教らしい宗教」と「偽物の宗教」を分けることはごく日常的に行っている。そしてその判断の規準は、社会的にほぼ共通である。そのことを示す例をあげよう。

ある大学の授業でこの問いに答えてもらったところ、オウムは「宗教である」が6割、「宗教ではない」が4割であった。「宗教である」と答えた学生のほうが多いというのは意外かもしれないが、その理由をみてみると、決してオウムがよい宗教だという意味ではなく、$A_1$「ある種の宗教的特徴をもっていることは否定できないから」という消極的意見、または$A_2$「しょせん宗教とはそういうものだから」というシニカルな意見だった。

$A_1$　（オウムも他の宗教と同じく）信者には心のよりどころなので宗教／（オウムも他の宗教と同じく）教祖と信者がいるから宗教。

$A_2$　（オウムに限らずどの宗教も）表は美しいが裏で汚いことをやっている／（オウムに限らずどの宗教も）暴力に至ったことがある／（オウムに限らずどの宗教も）何かを盲信したり強制的に信じ込ませる。

「宗教ではない」と答えた学生たちの判断規準は次のようなものだった。

$B_1$　教祖はインチキであり、信者はだまされている／教祖・信者の精神状態は狂気に等しい。

B₂　金・権力に対する欲がある／生きている人間を教祖と崇めている。
　B₃　他人に危害を与えた／洗脳・マインドコントロールにより，信仰を強制している。

B₁は教団の人間が異常だから，B₂は教団が世俗的で超越性に欠けるから，B₃は人を救わず不幸にするからという理由とまとめることができる。とすると，オウムは「宗教である」と答えた学生と「宗教ではない」と答えた学生は，実は宗教について正反対の意見をもっているわけでなく，むしろ「望ましい宗教とは何か」という点では著しく似ている。すなわち，「個人の自覚に基づき自由に選択された信仰があること，物欲や権力欲とは無縁の精神性を中心とすること，社会には干渉せず，他人や信者の人権を侵害していないこと」が，あるべき姿としての宗教の条件なのである。

◆日本人が自分を「無宗教」と思うのは

　さてここで，「日本の宗教とは何か」という問いに戻ってみよう（→2）。日本人は初詣，葬式を筆頭に，行事や祭に際して宗教的な行為を行うが，自覚的には「無宗教」の人が多いということだった。なぜ初詣や葬式では「宗教」とはいえないと感じる人が多いのか。それは，儀礼に参加することは，外面的・形式的であって信仰には関係ないし，賽銭を投げ御利益を願い，豪華な葬式で死者の社会的地位を誇示する物質性・世俗性は非宗教的だと思うからではないだろうか。ならばここでも，「宗教」と「非宗教」を分ける規準は，「自覚的な信仰が中心か」にあるといえる。

　まとめれば，「宗教とは何か」について社会には共通了解があり，多くの人はこれを習わずしてすでに知っている。しかし，そのような世の人が使う「宗教」の言葉はしばしばレッテルとして働く。「これは真の宗教だ」「これはニセ宗教だ」というように。宗教学はこのレッテル貼りを断固行わないところから始まる。「待った！　オウムを宗教ではないと批判しなくていいのか」。──否，この宗教学の態度は，オウムを差別するなということとは違う（「オウムも一つの宗教として認めよう」というのもまたレッテル貼りだから）。宗教学は宗教／非宗教の間に自ら線を引くのではなく，人々がどのように線を引いているか・引いてきたかを調べるのである。次項に説明を続けよう。

〔藤原〕

> **78** 1000年前の世界。仏教もキリスト教もイスラム教もあったが,「宗教」はまだなかった。
> ●「宗教」概念の近代性と宗教学の成立

◆「宗教」という概念の誕生

「仏教やキリスト教は『宗教』の一つである」「『宗教』は人類史上非常に早くから存在していた」などと人は当たり前のようにいう。ところが,「宗教」という言葉と概念が生まれたのは比較的新しいことなのである。もちろん,自分はキリスト教徒であるとかユダヤ教徒であるという自覚は,キリスト教,ユダヤ教という言葉とともに古くからあった。

だが,自分が信じているのは世界に数多く存在する「宗教」というものの一つだという認識と,そのような一般的カテゴリーとしての「宗教」という言葉は 17～18 世紀の西洋において出現した(「宗教」の語の原型である religio というラテン語は多義的だった)。その背景には,大航海時代を経て世界に関する知識が増えたこともあるが,何よりも大きいのは,近代化の中で人々が宗教に対し「醒めてきた」ことである。たとえば,それ以前の○○教徒は「恋愛真っ最中」の人。何ものにも比べられない,かけがえのない体験をしている人。これに対し,自分の体験を他人も体験する「恋愛」の一つとして眺め,「恋愛とは何か」を語ったり,自分は恋愛についてAタイプかBタイプかなどと分析したりするのは,一面興醒めでもあるが,自分について新しい発見を得る面もある。

「宗教」という言葉・概念は,人々がこのような段階に至り,自分の信仰を客観視し,さらに自他の信仰に共通する「宗教一般」について抽象的に語り始めたときに生まれた。啓蒙期とよばれるこの時代を経て,宗教を客観的に分析する学としての「宗教学」が 19 世紀に誕生することになる。

◆「レッテル」としての「宗教」と宗教学の立場

しかしまた,「宗教」という言葉は生まれるや否や,レッテル化もした。「宗教」は単なる総称ではなく,中身をもったからである。その中身が,前項で浮かび上がった「個人の自覚に基づき自由に選択された信仰,物欲や権力欲とは無縁な精神性,社会には干渉せず,他人や信者の人権を侵害

していない」という特徴にほかならない。このように内的信仰,超越,政教分離,自由といった要素を備えたものを〈宗教らしい宗教〉とみるのは,全世界・時代共通ではなく,西洋近代に特有である。プロテスタント的宗教観やリベラリズムを反映しているといわれている。

それではなぜ日本でもそのような宗教観が一般的になっているのか。それは,「宗教」という言葉も,「宗教とは何か」という問いもなかったところに,明治期にreligionの翻訳として「宗教」の語がつくられ,同時に「宗教とはこういうものだ」という概念も輸入されたからである。「宗教」概念は西洋近代的宗教を範としているので,それとは異なる日本の状況は必然的に「無宗教」とレッテル貼りされることになったのである。

だが,だからといってここで「日本にも本当はれっきとした〈宗教〉があるのだ。キリスト教とは違うが,アニミズムという古来からの〈宗教〉が」などと主張するのはどうか。この場合も〈宗教〉の語はレッテルとして使われていることに十分注意していただきたい。この語りも宗教学的ではないのである。

「イスラム教」の表記が,本によっては「イスラム」や「イスラーム」であることをご存知だろうか。これは,イスラム教には元来,宗教と政治・社会を分ける西洋近代的発想はないので,「宗教」という言葉を入れた呼称は不適当だという意見によるものである。「教」の字がなく,アラビア語の発音に最も近い「イスラーム」が学術的には普通の表記となっている。このように,レッテルとしての「宗教」の言葉によりイスラームが歪められるといった問題に敏感になるのが,宗教学的な姿勢なのである。

なお,「レッテル」と区別する必要があるのは,理論において必要な道具としての「宗教」の定義である。例えば,宗教を「集団を結束させる機能をもつ」と定義する(→ 90)。すると「サッカーのサポーター集団は現代社会において宗教代わりの機能をもっている」という発見が生まれる。これは世の人がよく軽蔑を込めて使う,「それじゃまるで宗教だ」というもう一つのレッテルとしての「宗教」の語法とは異なる。前者は,「スポーツ信仰と宗教信仰はぴったり重なるのか。違いがあるとしたらどこか」というさらなる問いを生み,理解を深めるよう作用する。〔藤原〕

### 79 書店では「宗教」の棚はたいてい「哲学」の隣である。宗教学は哲学の一種なのか？

●宗教学と哲学・神学

◆宗教学と哲学の違い

確かに書店の本の配置のみならず，大学では宗教学専攻は哲学科に入っていることが多い。だが，宗教学は哲学に包摂されるものではないばかりか，哲学とはかなり異質な部分も多い。宗教学は哲学の親戚であるという通念が生まれた一因は，宗教を次のように理解する人が多いためである。

すなわち，宗教とは，「自分はなぜ生まれてきたのか。死んだらどうなるのか。世界は何のために存在するのか」といった根本的な問いへの答えであると。実存哲学風といわれることがあるこの宗教観は，前項で述べた，内的信仰を宗教の核とする西洋近代的宗教観を，知的側面において展開させたバージョンである。人生の意味について悩み考える人間の中の哲学者的本性から宗教が生まれたという考え方である。この考えは確かに宗教の一面を突いており，こうした問いを前に人類がいかに思考をめぐらしてきたか，それが歴史のダイナミズムとどう関係してきたかは最も面白い宗教研究テーマの一つである。しかし，それはあくまで宗教の一面でしかない。

この哲学者的宗教観では説明のつかない例をあげよう。部族宗教（→68）の神話は，同一地域でも部族により多少とも異なる。ここには一つの不思議がある。部族間には交流があり，互いの神話の世界創成譚を知る機会もあった。では人々は，他の部族の神話では，世界の起こりについて自分の部族の神話とは違う説明がなされていることについて不思議に思わなかったのだろうか。なぜ自分の神話を信じ続けることができたのだろうか。

これについては，かつては研究者の中にも，神話をつくり信じる人々は知的に未熟な段階にあり，矛盾に気づかないのだという人がいた。しかし現在はむしろ，宗教はそもそもそのような哲学的問いへの答えには尽きないからだ，また宗教的信仰はある哲学的命題（説明）を正しいと認め受け入れることとは違うからだと考えるようになっている。神話の多様な働きや，宗教の諸側面・諸要素は，第II部で示した通りである。

◆宗教学と神学の違い

　宗教学に近いと思われているもう一つの分野に「神学」というものがある（→ 50）。神学とは、いってみれば、宗教系私立高校の「宗教」の授業をステップアップしたものである。神学も宗教学も同じ「宗教の研究」のようにみえるだろうが、実は大きな違いがあり、対立することすらある。

　というのは、神学は「正しい宗教」と「誤った宗教」の間に線を引くことをその本分としており、その点ではまさに宗教学とは正反対だからである。普通のレッテル貼りとの差は何かといえば、神学は主として、「オウムは宗教か」という先の問いに対し、「信仰があるだけでは宗教とはいえない。オウムは信仰の内容がしかじかの点で間違っているから宗教ではないのだ」という答え方をする（「神学」の語は主としてキリスト教神学をさすが、仏教等ほかの宗教でも教学・宗学といった神学に相当するものがある。オウム事件のときは、この立場の学者は「人を殺すのは仏教ではない」などと教義をよりどころに「真の仏教」「偽の仏教」の間に線を引いていた）。

　宗教学と神学にはなぜこのような違いがでるのか。それは、神学は宗教の内部の学であり、究極的には「救い」を求めるからである。救いに向かって知が方向づけられるので、正しい信仰を追求し誤った信仰を排することになる。これに対して宗教学の目的は人に救いを与えることではない。「宗教によって救われたい人はご自由に。救われたくない人も結構。しかし、どちらもその前に、人生にはさまざまな選択肢があることを知っておこう。ある宗教を信じることは、その人の生き方をどのように変えるのか。このことを、その宗教を他の宗教と比較したり、社会・歴史の中において眺めたりすることにより考えよう。その後でもう一度、自分の選択について検討してみよう」。これが宗教学という（多くの人は大学で初めて学ぶ）知性の使い方である。このために神学からは、真理を相対化する危険な学であるとか、真理を徹底的に追求しない表面的な学といわれることがある。だが、宗教学で学んだことは、人生の場面場面での判断に必ず効いてくる。

　付け加えれば、書店にはまた「精神世界」というコーナーもよくあるが、これは新宗教（→ 75）の神学書のあるところと理解するとよいだろう。

〔藤原〕

## 80 超能力や心霊現象といった超常現象は本当にあるのか？

●宗教学と科学

◆超常現象に対する宗教学と科学のアプローチの違い

　超常現象は実在するかどうかを調べるのは、宗教学者ではなく科学者である。これは、宗教学者には調べる手段がないからということではなく、宗教学と科学の関心の違いによる。科学者とは、いってみれば科学的真理の神学者である。したがって、超常現象についても白黒をつけようとする。

　科学者のみならず、テレビでしばしば特番が組まれるように、超常現象の真偽に興味をもつ人は多い。超常現象を体験したと主張する人や超能力を実演する人と、それがまやかしであると見破ろうとする人の対決の歴史は長い。しかし、これは意外にも底の浅い議論なのである。不思議な現象を科学的に説明するということは、その現象が実際には自然法則に則っており、異常ではないと示すことである。だが、科学者はすべての超常現象の発生場面に立ち会うことはできない。

　これに対し、超常現象を肯定する側としては、自然法則から外れる例外はたった一つでもかまわない（カラスは黒いという認識を覆すには、「白いカラス」を1羽みつけるだけでよい）。すなわち、科学者が「人魂をみた」という報告の山を、物理的現象、あるいは見誤りや嘘であると次々暴いていっても、それでは人魂の存在を信じる人たちをすべて納得させることはできない。その科学者が調べていない事例の中に、人魂が本当に出現したケースがある可能性が残るからである。つまり、これは最初から決着のつかない議論であり、実際に科学者（著名なところではアメリカのサイコップ団体等）の奮闘にもかかわらず、超常現象はあるという人は後を絶たない。傍目には信じるか信じないかの争いにすぎないようにみえる。

　宗教学の立場はこのどちらでもない。宗教学は「あなたは信じるか信じないか」ではなく、「信じた場合、その人のものの見方や行動はどうなるか」と問うのである。例えば、受験に失敗した人が、その原因を「霊のたたり」や「誰かの呪い」であると信じたとする。この場合対処するとした

ら、その人は祈禱師に祓ってもらうなどの手段をとることになる。とすると、明らかなように、その人は失敗を契機に自分の勉強方法を反省したり、生活態度を改めたりという方向には向かわない。あるいは、「真面目に勉強した受験生が落ちるような試験は、問題が適当ではないのではないか」とか、「1回の試験の合否がその後の人生を左右する制度はよいのだろうか」と社会に対して疑問をもつこともない。それまでの生活を続けながら、試験に落ちるたびごとに、お祓いを繰り返すだけである。「たたり」や「呪い」で原因を説明づけ、それを祓いで取り除いたと考えれば、そのときは精神的には楽になり癒されるだろうが（つけ加えれば「まじない」と総称される現象がすべてこのような特徴をもつわけではない）。

◆科学と宗教の関係

また、科学者と宗教的信仰は常に相容れないわけではない。1996年の米ジョージア大学の歴史学者による調査では、最先端の研究に携わる同国の科学者（数・生物・物理・天文学）約600人のうち、「神を信じる」者は39%、「死後の世界を信じる」者は38%だった。しかも、この数値は80年前とほとんど変わっていないことも確かめられた。アメリカ人全体では「神を信じる」者は9割を超すので、それよりは低いのだが、大学では文系の研究者よりも理系の研究者のほうが神を信じる割合が高いとはよくいわれることである。「科学で証明できないものは一切信じない」という態度と、「この世には科学では解明できないこともあるのだ」という態度は、正反対のようにみえて実は同次元にある。理系専攻の大学生が、あるときから突然超常現象に傾倒するということが起こっても不思議はないのだ。

これに対して、宗教学のメッセージは、「非科学的なことは信じるな」でも「人知を超えたものを畏敬せよ」でもなく、「それを信じることはこのような生き方を選ぶことである。あなたはそれでよいか」というものだ。

なお、近代物理学を興したルネサンス期の科学者が、錬金術などのオカルトの実践者でもあったことが、歴史研究の発展により明らかになった。このような科学史的発見は宗教学にも取り入れられている。また、第Ⅰ部で取り上げた生命倫理・環境倫理は科学と宗教学の新しい接点である。

〔藤原〕

## 81 学者よりも信者のほうが宗教をよく知っているのではないか？

●宗教比較の方法

◆理論と比較

「宗教については,他ならぬその信者が一番よく知っているだろう。各宗教の権威を集めて説明してもらえば,宗教に対する最高の理解が得られるのであり,それとは別に宗教学は必要ない」。これは「学」という営みに対する最大の誤解である。宗教学を通して初めて明らかになることは数多くあり,それらは「理論」と「比較」という手段によってもたらされる。

理論のほうは次の第13～16章で種類ごとに紹介する。理論を立てる場合は,78で述べたように,宗教を明確に定義するのが普通である。これはレッテル貼りではなく,自分はある角度から宗教をみようと思うという宣言である。言い換えれば,定義は宗教／非宗教を分ける特定の規準を絶対化することではなく,反対にその限定性を自覚することである。定義はそれと結びついた理論の内部で意味をもつ。例えば,社会学的な宗教学の理論では,宗教はまずは社会構造として定義される。しかしこの定義だけ聞いても普通の人は何もわかった気はしないだろう。その理論を知り,理論に従った事例分析をみることで初めて定義の価値がわかるのである。

他方,比較は宗教学の基礎であり,宗教学の祖 M. ミュラーは,自分の宗教しか知らない者は宗教をまったく知らないも同然だと比較の重要性を説いた。正確には,自分の宗教しか知らない人も比較と無縁ではない。ある宗教の信者がその宗教について理解していることは,潜在的にライバル宗教を立て,その他者との比較を通し自己規定することから生まれることが多い。

例えば,「キリスト教は愛の宗教」と信者の人はよくいう。ところが,新約聖書の福音書中,「愛」という単語が使われているのは(「好む」などの軽い意味で用いられる場合を除くと) 2カ所のみだという指摘もある。それなのになぜ「愛の宗教」はキリスト教の代名詞と化したのか。これについては語の使用頻度と重要性は必ずしも比例しないと考えることもできる

だろう。だが、もう一つ可能な考え方では、キリスト教がユダヤ教やイスラームと張り合う過程で、ライバルたちを「儀礼（律法）遵守を至上とする無味乾燥な宗教」「好戦的な宗教」とイメージし、その対極にあるものとして自らを第1に「愛」という概念で規定するようになったとみることができる。イエスは愛を説かなかったというわけではないが、その教えの中で愛という一要素がこれほど強調されるに至ったのは、「よい宗教」「悪い宗教」のレッテル貼りのための比較が続けられてきた経緯があることは無視できない。宗教学の比較は、世間に多いこの種の比較とは異なるものだ。

### ◆宗教学の2種の比較──発見的比較

宗教学の比較は2種類に大別できる。第1は、上述のような日常的に行われている比較が伴う通念を突き崩す、発見的比較である。

キリスト教の側からイスラームは「右手にコーラン、左手に剣」を振りかざして改宗を迫る暴力的宗教と表象され、その偏見は日本にも浸透した。これに対する反論として多いのは、「イスラームは実際には寛容であり、異教徒からは人頭税をとる代わりに信仰を許した」というものである。しかし、この反論をとる者は、武力行使を厭わぬイスラーム過激派を前にすると「それは例外的」とか「真のイスラームではない」というしかない。

ところが、比較をうまく使うと次のような別の反論が可能である。「両宗教の改宗の大きな違いは、キリスト教では主として伝道師が、イスラームでは軍人や貿易商人が布教を行ったという点である。それは、キリスト教には聖職者が存在するのに対し、イスラームには布教のような聖職にのみ従事する者はいないからである。キリスト教からは確かに『右手に聖書、左手に銃』という言葉は生まれようがないが、それは、そもそも伝道師は軍人とは異なり銃を携帯していないからである。しかし、それはキリスト教の改宗のほうが平和的だったということは意味しない。アメリカ大陸などへの布教にみられるように、聖書を持つ手と銃を持つ手は別々の人間の手だったということにすぎないのだから」。この比較は、イスラムとキリスト教のどちらがよい・悪いというためのものではなく、両宗教の布教の形式に注目することで一般通念を正す働きをもつ。これが発見的比較である。宗教学のもう一種の比較については次項で説明しよう。　〔藤原〕

## *82* キリスト教も最初は新宗教だったといってよいか？

●類型論（タイプ別比較）

◆宗教学の2種の比較——体系的比較①（テーマ別）

　宗教学のもう一種の比較は、世界の諸宗教を総合的に比べる体系的比較である。体系的比較はさらに「テーマ別」型と「タイプ別」型（しばしば「類型論」とよばれる）に分かれる。

　テーマ別比較には、諸宗教の差異を強調する場合と共通性を強調する場合がある。例えば「諸宗教は死にどのような意味を与えてきたか」というテーマを立て、宗教ごとの死の解釈の特徴を探る場合が前者である。他方、諸宗教に共有されている要素、「神話」「儀礼」「神観念」「聖地」などをテーマとし、諸宗教を見比べながら、「神話（儀礼等々）とは何だろうか」と本質を取り出すのが後者である。「聖地」であれば、聖地はみな天と地を結ぶ「世界の軸」（→ *61*）という象徴的意味をもっており、イスラームのカーバ神殿もバビロニアのジッグラトも、その一つの現れだとされる。

　このテーマ別比較を大々的に展開したのがミルチャ・エリアーデ（→ *93*）である。彼は特に諸宗教の共通性を強調したので、「金太郎飴のようだ」と批判を受けた。このため後のテーマ別比較の多くは、「差異も共通性も調べる」という常識的路線に落ち着いた。だが実は、問題は克服されていなかったのである。というのも、「宗教間の差異を発見する」ことが「各宗教の独自性を発見する」ことであるなら、そこでは各宗教内部の多様性は無視されているからである。キリスト教も仏教も多くの派に分かれ、時代により変化しているのに、「キリスト教はA、仏教はBの特徴をもつ」という比較でよいのか。

　エリアーデ的方法にはもう一つ問題がある。諸宗教の共通性は、宗教の中にあらかじめ暗号のごとく含まれていて、それを宗教的感性の豊かな人が解読するという前提があることである。エリアーデの暗号解読に共感する愛読者が存在することは事実である。しかし、共通性や差異の特定は、みる人の問題関心によって変わりうるのではないか。例えば、果物の比較

であれば,何科何類かとまずは植物学的に共通性と差異を調べることができるが,〈食べる〉という別の関心のもとでは,丸かじりできるか,酸味はあるかなどの点で比較し分けることができる。エリアーデ的方法は,特定の見方を絶対化し,宗教／非宗教の区分を固定化するおそれがあるのである。

◆宗教学の2種の比較──体系的比較②（タイプ別）

「タイプ別」型には,「テーマ別」型からの発展形もある。似た宗教をまとめてXタイプ,Yタイプとグループ化したり,共通パターンを神話にも儀礼にも認めたりする場合である。だが,血液型や星占いのように,タイプ分けについては,面白がる人と個性を否定されたと感じる人がいる。ところがこれとは反対に,個性をむしろ明らかにするタイプ別比較がある。

この比較の代表が M. ウェーバー（→ 90）で,彼は〈救済〉という観点から諸宗教を比べる（イメージ的にいえば）「座標軸」をつくった。軸は,「救いのゴールを現世での幸せにおくか,来世での幸せにおくか（現世肯定⇔現世否定）」「救いの手段として規律正しく生活するか,瞑想に没頭するか（禁欲⇔神秘主義）」「救いを受ける単位は集団か個人か」など複数あり,各宗教内部の一つひとつのケースは,これらの諸要素のどれが強くどれが弱いかによって,異なる象限の別々の箇所に位置づけられる。この方法が画期的なのは,分類がレッテル貼りにならず,かつ同じ箱の中に放り込むのではなく,各対象の個性と相互の位置関係を調べることができるからである。

例えば,「キリスト教も最初は新宗教か」との問いに対しては,「違う」と答える人は普通は「キリスト教は真の宗教でありカルトではない」というレッテル貼りをしている。だが,ウェーバー的には,19世紀以降の新宗教とそれ以前の伝統的なキリスト教では,救済観の上で〈現世肯定〉対〈現世否定〉という違いがある（→ 75）。また,軸設定の観点を〈家族や財産等の価値〉とおけば,その点では「初期キリスト教も新宗教の多くと同じく反社会的だった」と共通性をみることができる。

ほかにも比較法はあるが,宗教学に多い比較は以上であり,いちいちそれと断ってはいないが本書全体にわたって使われている。　　　〔藤原〕

## ●第 12 章参考図書

[入門書]（宗教学一般についての入門書は序章の参考図書を参照）

安斎育郎『科学と非科学の間』ちくま文庫, 2002 年（初刊：1995 年）。

池上良正ほか『宗教とはなにか』（岩波講座 宗教 1), 岩波書店, 2003 年。

池田清彦『科学とオカルト』PHP 新書, 1999 年。

垣花秀武『宗教と科学的真理』（叢書 現代の宗教 6), 岩波書店, 1997 年。

島薗進・鶴岡賀雄編『〈宗教〉再考』ペリカン社, 2004 年。

ペイドン, W. E./阿部美哉訳『比較宗教学』東京大学出版会, 1993 年（原著：1988 年）。

村上陽一郎『奇跡を考える』（叢書 現代の宗教 7), 岩波書店 1996 年。

[基本書]

アサド, T./中村圭志訳『宗教の系譜——キリスト教とイスラムにおける権力の根拠と訓練』岩波書店, 2004 年（原著：1993 年）。

磯前順一『近代日本の宗教言説とその系譜——宗教・国家・神道』岩波書店, 2003 年。

ヴァッハ, J./渡辺学ほか訳『宗教の比較研究』法藏館, 1999 年（原著：1958 年）。

ヴェーバー, M./大塚久雄・生松敬三訳『宗教社会学論選』みすず書房, 1972 年（原著：1916-20 年）。

ヴェーバー, M./富永祐治・立野保男訳, 折原浩補訳『社会科学と社会政策にかかわる認識の「客観性」』岩波文庫, 2003 年（原著：1904 年）。

エリアーデ, M./前田耕作訳『宗教の歴史と意味』せりか書房, 1973 年（原著：1969 年）。

サイード, E. W./大橋洋一訳『知識人とは何か』平凡社, 1995 年（原著：1994 年）。

鈴木範久『明治宗教思潮の研究——宗教学事始』東京大学出版会, 1979 年。

田丸徳善『宗教学の歴史と課題』山本書店, 1987 年。

津城寛文『〈霊〉の探究——近代スピリチュアリズムと宗教学』春秋社, 2005 年。

深澤英隆『啓蒙と霊性——近代宗教言説の生成と変容』岩波書店, 2006 年。

藤原聖子『「聖」概念と近代——批判的比較宗教学に向けて』大正大学出版会, 2005 年。

増澤知子/中村圭志訳『夢の時を求めて——宗教の起源の探究』玉川大学出版部, 1999 年（原著：1993 年）。

# 第13章
# 宗教を心理において問う

2005年に行われた愛知万博では，宮崎駿のアニメ映画「となりのトトロ」の設定に沿った「サツキとメイの家」が展示され，多くが訪れた。自然と調和したファンタジックな世界観が人々の心を癒すと期待された。

　親しい友達がある宗教の信者となった。家族に誘われてのことらしい。何でも話し合ってきた友人なので少し心配している。彼の様子はいまのところ別に怪しくも不自然でもなく，世の中とかけ離れたことをするわけでもない。また強引に誘われるわけでもない。自分はそうしたものには頼りたくないが，つきあいはこれまでと変わっていない。彼のような人がどうしてという気持ちと，彼が決めたのだからそれなりの理由もあるかもしれないという気持ちとで，複雑な心境だ。

　宗教に関わって個人に生じる変化をつかむためには，心理的側面に焦点を当てるやり方がある。親しい友達を（そして自分自身をも）ちょっと距離をとって観察するような状況を想定してみよう。宗教の心理的側面からの研究もそのような観察から出発したのだった。

## 83 神秘的な体験は，突然人を立派な人物に変えたりするのだろうか？

●回　心

### ◆なまの神秘的体験

「回心」(conversion) というのは，キリスト教の文脈では，信仰にまじめでなかったり無関心であったり反発していた人が，熱心な信仰者へと(しばしば急激に)変わることをいう(ただし conversion の語は改宗，転向，入信とも訳され，宗教のみならず政治的な主義主張の大きな移行をさすこともある)。回心のような急激な変化を捉えることは，信仰の働きを知るためのまたとない素材だと考えられた。そして実際，約100年前の北米で心理学という学問が始まって間もない頃，回心は心理学の重要な研究テーマの一つだったのだ。

心理学者 W. ジェイムズの『宗教的経験の諸相』(1901-02) はその中の一つで，回心や神秘体験について数多くの事例をあげながら検討した，オムニバス形式の講演録である(ジェイムズ 1969-70)。この本が100年たってもなお読まれているのは，手紙や日記，自伝などから数多くの引用があり，神秘的な体験や悩みの告白に触れることができるからでもある(→63)。現代人の目からみると，古風な世界観を感じさせるのだが，それでも個人のなまの体験にしかない力強さがある。

回心を考える典型例として，以下では，キリスト教の迫害者だった人物が，強力な伝道者へと変わる場面を，新約聖書の「使徒言行録」(9章)から引用しよう。

> サウロが旅をしてダマスコに近づいたとき，突然，天から光が彼の周りを照らした。サウロは地に倒れ，「サウル，サウル，なぜ，わたしを迫害するのか」と呼びかける声を聞いた。……(中略)……サウロは地面から起き上がって目を開けたが，何も見えなかった。人々は，彼の手を引いてダマスコに連れて行った。サウロは三日間，目が見えず，食べも飲みもしなかった。……(中略)……たちまち目からうろこのようなものが落ち，サウロは元どおり見えるようになった。そこ

で，身を起こして彼は立って洗礼(せんれい)を受け，食事をして元気を取り戻した。

引用部分はこの人物が体験したことで，その前後の主観的な変化については触れられていない。引用部分の直前では迫害の先頭に立ったこの人物が，直後では伝道側でイエスは神の子であると説き始める。この体験を通して，彼（サウロ＝聖パウロ）自身の主観的な変化があったことがうかがわれる。

### ◆主観的変化と心的現実

話の不思議はいったん脇におこう。私たちは不思議な話を聞くと，それだけで本物と決めつけたり，怪しい話と退けたりしてしまいがちであるが，どちらも即断に過ぎる。

ジェイムズの定義によると，回心とは，一貫性に欠けている自分，間違っていて劣等で不幸であると意識されていた自分（回心前）が，宗教的なリアリティをしっかりとつかんだ結果，統一性をもった自分，正しく優れておりまた幸福であると意識される自分（回心後）へと変わることだとされる。好ましくない自分からよい自分に変わったと当人が実感していることと，奇跡的出来事が実際に起こったか否か，彼が周囲からみても好ましい人物に変化したかどうかはもちろん別問題であり，この心理学的な定義は当人の実感に重きをおいていることがわかる。当人が光や声があったと感じたことは否定できない事実である（心的現実）ことに注目して，それ以外の物理的現実の真偽をいったん脇におき，まずは変化した当人の心理を理解しようと試みる態度が必要だ。その次に，当人の言動や体験の内容から，その是非を評価する段階がくる。

体験を理解しようとする態度は，研究者自身が体験してみようとする態度へもつながった。また，意識状態を変化させる薬物を服用して，神秘体験と比較しようとする人々も現れた。諸宗教の体験は化学的に説明でき，根本的には同じものであるとみる考えも生まれてきた。

〔葛西〕

> **84** いろいろな宗教があるけれど，神秘家や達人・聖人のレベルになると，宗教の違いは越えられるのではないか？
> ●宗教体験の普遍性

### ◆神秘主義の普遍性

　武道家10人が集まっていて，それぞれが自分が最強と言い張って対立している状況を想像してみよう。異種格闘技の勝負をしてみたが，全然勝負がつかないし，どうもお互いに型がよく似ている。そこでお互いに流派を訊ね合ってみれば，実はもともとは全員同じ流派に属していた，ということもありうる。宗教についても同じことがいえるかもしれない。異教だと思って警戒してきたが，達人の境地では「万教同根」，宗教同士の差や対立なんてばかばかしいものかもしれない（→ 105）。

　宗教家が自分自身の宗教体験について語った記録を突き合わせると，それらが似ているように感じられることが多い。例えば，キリスト教修道士とスーフィー（イスラーム神秘主義者）は，ともに，それぞれ瞑想が深まる中で神と自分とが一つになる境地がすばらしかったと語っている。こうした神秘体験をいくつか比較した人々は，そこに，「聖なるものと自己とが神秘的に出会って一つになる，そして自分が消えてしまうのが最高の境地」という共通のモチーフが含まれていると感じた（→ 63）。

### ◆永遠の哲学

　A. ハックスリーという思想家は，細部のバリエーションはただの文化的な違いとして見逃すことで，宗教体験の核のレベルでは諸宗教がつながっていることが明らかになると考えていた。諸宗教を引き比べればそこに共通する本質だけが取り出せるはずだ，この考えを彼は，「永遠の哲学」（Perennial Philosophy）とよんだ（ハックスリー 1988）。

　「永遠の哲学」という表現はもはや死語になっているが，諸宗教が根っこでつながっているという発想は現代に至るまで繰り返し現れている。諸宗教のあちこちを折衷して貼り合わせたような新宗教の中に，あるいはアメリカ先住民のお祭と沖縄の民族祭祀とを共催する運動の中に。エジプトやケルトや縄文の古代知に，現代人が失ったものがあると考える人々の中

に。あるいは欧米における座禅の実践者の中に。1979年からは、東西霊性交流とよばれる、諸宗教の指導的地位にある人々が相互の宗教儀式や修行を体験する会議が行われているが、この背景には、1910年より始まったプロテスタントにおける諸教派の一致協力

アメリカ・ロサンゼルス市内のカトリック教会で行われた、仏教とキリスト教徒の合同礼拝。仏教キリスト教国際会議にて。十字架とイエス、中央の神父、黄衣の声明僧が一緒に並んでいることに注意。

運動(エキュメニズム)や、62年から65年にかけて行われたカトリックの第二バチカン公会議において、他教派や他宗教への態度が問われたことがある。文化や民族の壁を超えての往来が盛んになる中で、他の宗教を信じる人々は、間違っているか、別の道を歩んでいるのか、あるいは見かけの違いはあれど同じ道を歩んでいるのか、見解をだしておく必要が生じたのである。「永遠の哲学」は、宗教の差を強調する紛争や戦争が目につく現代において、諸宗教が本質的には同じとみなすゆえ、有意義な論点であるといえる。

しかし、諸宗教が同根であるという論理には、別の乱暴さがある。「仏教」の名でよばれる諸活動さえ一枚岩ではない。宗派による違い、大乗仏教と上座(部)仏教の違いもある。儀礼や祭日の日取りはどうか。日本で4月8日は花祭り、釈迦の誕生日とされているが、アジアの多くの国では5月中旬頃の満月の日に行われるウェーサカ祭がこれにあたる。あるいはチベット仏教の観音は、日本とはかなり異なり、憤怒の顔貌をそなえている(中国風観音は大腹の大黒のようだ)が、それを慈悲深い姿と考えるのは日本人にはわかりにくい感性ではないか。一宗教の中にもあるこうした違いをないことにするのではなく、無宗教をも含めた多様な立場を確認しながら関わり合うことがますます必要になってくる(→ *16*, *82*, *117*)。

〔葛西〕

> *85* カウンセラーが人々の悩みを聞くように,かつては神父が人々の悩みや罪の告白を聞いていた。宗教が衰えてその代わりに心理学が広がったのだろうか？
>
> ●宗教としての心理学

### ◆宗教的な心理学者

宗教に深い関心をもつ心理学者・心理療法家は少なくない。その代表格といえるのは C. G. ユングだろう。牧師の息子として生まれ育った彼にとって,宗教は深い関心の対象であるとともに,それがこの世で現実にとるかたちには疑問や不満を覚えており,父親にも反発していた。彼の博士論文は心霊現象を引き起こす従妹についての分析であり,人生の後半には,自らの内面をマンダラ図形として描き,錬金術や東洋的瞑想の文献を収集して,それらの知見をも含み込んだ心理学を構想していた (→ 55)。彼の心理学は宗教的・神秘的題材を踏み込んで扱うゆえに,宗教的なものとみなされ,またそれゆえに怪しげで胡散臭いものと批判されたりもする。その一方で,古い道徳に収まらなかった彼の,実践者探求者としての姿勢に憧れる人々も多い。

心理学や心理療法においては,個人の内面に踏み込み,その宗教的問題を扱う機会も多い。信仰をもつ患者,逆に信仰嫌いだったり棄教者だったりする患者もいて,それぞれの宗教観を含めて,心理学的に吟味することが重要となってくる。

### ◆宗教を語らないのに宗教的？

しかし現代社会においては,宗教的な言葉を一言も語らずに,宗教のように人を導く働きを心理学がしている一面がある。

伝統的な社会において,自然に隣接して,人間の力の弱さを痛感させられていた人々にとって,民俗宗教を背景にもった暦と慣習に従って生きることが大切だった (→ 72)。現代社会では,人々はどのように生きていくかを,心理学によって考える。例えば,同僚や友人,家族などの他人に合わせつつ,自分の個性をも実現させていくにはどうしたらよいだろうか。あの世というものはなく,この世で何をしようが自分は死とともに消えて

なくなるのだとしたら、人に迷惑をかけさえしなければ、自分のやりたいようにすればいいのではないか。お金をちまちまと倹約する必要はないし、好きなものを買い、食べたいものを食べ、好きな相手と寝て、情熱的に生きればいいのではないか。配偶者とは愛情で結ばれたのだが、その愛情がなくなったとき、無理に一緒にいる必要はないのではないか。

　自分自身の満足、自分の個性の発揮を何よりも大切なことであると説いたのはさまざまな心理学の思想であり、ラディカルな心理学者に至ってはそれを理念的モデルとするだけでなく、その通りに実践した。

◆**自分も他人も傷つけないように生きる、という心理学的道徳**

　一方で、心を傷つけることはどういうことかと分析することで、自分に対しても他人に対しても罪深いことだとも、心理学者は説いた。心理療法の事例やトラウマ（心的外傷）についての理論は、他人を傷つけぬように、また自分も傷つかぬように心遣いをして生きることが大切だと説いた。自他の人格を尊重することが道徳原理といえるまでに重視される状況を、社会学者E. デュルケムは「人格崇拝」とよんだ（デュルケム1989）。これは遠い欧米で起こっていることではない。頑固一徹、勤勉、敬虔などの価値観は、日本においても棚上げされている。地方から都市部へと働きにでてきた人たちが住む家には仏壇も神棚もなく、先祖やあの世を意識することがなくなっていく（石井1994）（→ *38*）。判断の基準は、自分自身の満足感と、他人の満足感を測る共感能力である。現代の私たちは、他人を平気で傷つける人を失礼と思うし、また自分が傷つけられたときに怒りを覚える。二つは両立しないこともあるので、状況に応じて、自分の満足と他人の満足とのバランスをとることが、心理学的に正しい生き方ということになる。だが、バランスをとっていくことはなかなか難しいので、生き方を指南する心理学書が数多く刊行され、読まれることになる。

　心の治療や生き方の方向づけにあたり、心理学的な理念が道徳のように重視される状況は「心理主義化」とよばれる。かつてプロテスタントたちが神の前で罪悪感を感じて苦しんだように、現代人は自分がバランスをとれていないのではないかと悩むのである。

〔葛西〕

> *86* 宗教によって偉業が成し遂げられたり，人間が依存的になったりする。宗教は人間を強くするか，弱くするか？また弱さと強さそれぞれはどのような意味をもつのか？
>
> ●強さと宗教

◆ビジネスと信仰

　日本経済新聞には，「私の履歴書」という長期人気連載がある。各界の重要人物がどんな人生をたどってきたかを語る連載で，ビジネスマンが仕事をする上でのヒントも詰まっているので，愛読者が多い。これをみると，運送会社や電気会社の創立者等々，少なからぬ経営者が信仰を支えにしていることがうかがわれる。一つの事業をかたちにするのは簡単ではない。綿密な計画と身を削る努力と忍耐の積み重ねだ。また，人の動きという不確定な要因も入ってくる。機を待ち続ける粘り強さの一方で，チャンスには行動力が求められる。常に緊張を強いられるこのような仕事は，普通の人では参ってしまうだろう。なるほど信仰あっての経営なのだ。

◆自己決定の難しさ

　だが，宗教は必ず人間を強くするかといえば，必ずしもそうとはいえない。状況によっては，依存的で弱い存在へと追い込んでしまうこともある。一つの例として「青春を返せ裁判」について語ろう。

　「青春を返せ裁判」とは，開運のためと称して壺などを高額で売ったことで知られたある宗教教団の元信者たちが教団を訴えたものである。2002〜03年にかけて，大阪高裁，新潟地裁，札幌高裁などで元信者側の勝訴となった。教団に捧げた献金を返せというのでも，心身に及んだ暴力について慰謝せよというのでもなく，「青春を返せ」というのはどういうことなのか。教団のために献身した10年20年という若い時は戻ってこない。しかしそれは自分で信じて献身したのではなかったのか。

　事情は元信者の立場にある。裁判の当事者は，元信者のうちでも，積極的に伝道・勧誘活動を行った人々である。したがって，某教団に対しては被害者であるが，彼らによって勧誘された人の側からみると別の一面もある。勧誘や物品売買の一端は確かに彼ら元信者も担ったのである。

それゆえ，脱会後に振り返ってみると，「霊感商法等の反社会的経済活動をする集団に心ならずも所属しその一員として活動することとなったことにつき自責の念に苛まれ」「貴重な人生の日々を控訴人にとっては後悔のみ残る時間としてしか過ごせないことを余儀なくされたものとして，耐え難い悔しさを残」すこととなった（判決文より）。青春を返せとは，熱心なメンバーとして活動しまた勧誘にも携わるように追い込まれたことを償えという主張なのだ。判決文や準備書面や意見陳述書をぜひ検討してみてほしい（全国霊感商法対策弁護士連合会〈http://www1k.mesh.ne.jp/reikan/〉）。

　彼らの伝道が，教団に「マインドコントロール」されたことによって生じたものなのか否かが争点になり，議論は紛糾した。しかし判決では，「マインドコントロール」が有効か否かの複雑な議論を避け，違法性の高い布教活動さえも宗教的には善なのだと元信者に信じ込ませた状況全体が問題にされ，以下の点が指摘された。教団が教団名を明かさず近づいたこと，入会させるにあたっては霊の祟りなどを強調し不安を喚起したこと，長時間にわたって拘束し元信者を疲れさせることで入会のきっかけをつくったこと，元信者がほとんど現金を持たない状態で布教・伝道に明け暮れる日々を送らせたことなどである（→ 24, 33）。

◆宗教によって弱められたもの，失われたもの

　さて，事件から離れて最初の問いに戻ってみよう。宗教は人を強くするか。元信者は，社会的に批判されている宗教の信者として活動した。周囲からはやめるように強く説得されながらも折れずに活動したこともあっただろうが，客観的にみれば，この状態は「宗教によって強くなった」どころか，むしろ組織に依存させられた，疑問をもたないよう追い込まれたと形容するほうが適切だ。同じ経済活動でありながら，経営者の信仰がもつ「強さ」とはずいぶん異なるものだ。信仰を世に活かしていく喜びや生き甲斐がなかったのだから。

〔葛西〕

> **87** 人間はいつも「勝ち組」でいられるわけではない。だから，強さを強調するだけでは人間的にも宗教的にも未熟なのではないか？　　　　　●弱さと宗教

挫折を一度も味わったことのない人は，大きな波がきたとき耐えられないかもしれない。ただここでは，人生経験として挫折が必要だ，という消極的な捉え方ではなく，もっと積極的に，「弱さ」(fragility) が一つの強みとなる状況を考えてみたい。アルコール依存症という「不治の病」と取り組む人々を例に取り上げよう。

◆断酒の難しさ

アルコール依存症の人が酒を断つ方法としてよく勧められるのが断酒自助会への参加だ。そこで行われるのは，車座に座って，各自の飲酒体験を語り合うことである。話題は力強い断酒の誓いではなく，飲酒によってどんな失敗をしたか，そして，断酒をしようとしたがまた飲んでしまったことを語るのである。ところでこの失敗を語ること，自分の弱点を外に出して語ることが，酒をやめるために最も有効な方法だという（→ 49）。

私たちの常識的見解では逆だ。本人を傷つけないように，アルコールの問題や飲酒に伴う失敗にはなるべくふれないようにするだろう。そして励ましながら，暗いことを考えないように，重い気持ちにならないようにおだてて，「今回もまた飲むかもしれないなあ」と思いつつ，「大丈夫だよ，強い意志でがんばって」などと励ますのだ。本人も「いや今度こそ絶対にやめるから」と強がってみせる。……だがそれはしばしば再飲酒という結果に至り，本人も私たちも「何て意志が弱いんだ」とため息をつく。うちひしがれた本人はやけになり，断酒をあきらめ，生活も乱れ，周囲との関係も悪化してしまうという悪循環に至る。

◆「治らない病気」と自覚すること

飲まないこと・失敗をしないことが意志の強さの証(あかし)なら，それはとても難しい。強がることは誰にでもできるが，本当に強くなるのは難しい。酒を前にして口の寂しさを味わいながら，一滴だけなら，10 年やめたから，上司が勧めるから等々と言い訳をひねり出すことははるかに簡単だ。実際，

10年20年の間一滴も飲まなくても、一口で体が思い出し、すぐに元通りになってしまう。だから、アルコール依存症という病気には治癒はない、といわれる。

では断酒自助会の人はどうするのか。彼らは、自分たちのことを「飲まないアル中」とよぶ。断酒がとりあえず続いているだけで、ちょっとしたことでまた飲んでしまうこと、飲めば止められない「アル中」としての自分の「弱さ」を自覚している、という。

強がりだけでは簡単に足元をすくわれてしまう。弱さを自他ともに認め、そこから地に足のついた人生を始めよう。自分は確かにアルコール依存症だ、自分は意志が弱い、おそらくこれからも失敗をするだろう、だが酒をやめて幸せになりたいという意志だけはしっかりもち続けていこう……。そして彼らは車座になって酒をめぐる失敗を確認するのだ。効き目がなさそうな、気休めにすぎないようなこのやり方が、実は入院や投薬に勝る、断酒を継続する最もよい方法なのである。

自分の弱さを認め、これだけは隠しておきたかったことを正直に告白する。「自分は意志が強い、自分は大丈夫だ」と強がることでかえって周囲につくっていた壁を取り去ることで、家族や同僚や自助会仲間が自分のことを心配してくれているのがよくみえるようになる。弱さを認め受け入れることで新しい関係が開かれ、それが断酒を続けていく力になる。飲んでしまったらまた自分の弱さを素直に認めればよい。ただ、酒を断ちたいという気持ちだけはもち続け、そのための工夫を重ねていくことで、断酒は成り立っていく。

弱さを認めることで強さに変えるという方法は、すでに宗教的だ。事実、この断酒自助会の方法は、オックスフォード・グループという20世紀初頭のプロテスタント系の宗教運動の集会から受け継いだものだし、断酒自助会からこの方法を逆輸入したキリスト教会もたくさんある。断酒自助会は宗教ではない。しかし、宗教教団に所属しなくても聖なるものとは出会えると考える現代人にとっては、このような出会いの文脈——霊性——は興味深く重要なものであるはずだ（葛西2006）（→ *19, 36*）。　〔葛西〕

## 88 人間が心理的に成長したこと(あるいは退歩したこと)を測る指標はあるだろうか?

●サイコヒストリー,信仰の発達段階説

### ◆「真理」の善し悪しは評価できるのか

宗教によって人間は強くも弱くもなる。また,視点によって強い弱いはかなり異なってみえる。86でみたように,精力的に活動して「強い」ようにみえたが,それは強いられたものであり本当の自分は弱かったという例もある。一方,87では,強がりではなく弱点を認める中にある強さの可能性を指摘した。現在の日本では,生き方についても多様な選択肢がある。あらためて考えてみよう,人間の成長や退歩を測る方法はあるのか。ことに,宗教の創始者や宗教者の場合,彼らの説く「真理」や「悟り」をどうやって評価するのだろう。

そうした「真理」や「悟り」は,あまりに高尚すぎ,普通の人の理解を超えているかもしれない。とはいっても,そうした宗教者を一人の人間とみて,その来歴や現在のあり方をみたときに,限定つきではあれ,その人の姿を通して「真理」「悟り」の価値を測るぐらいはできそうだ。

### ◆サイコヒストリー

E. H. エリクソンは,人々が人生の諸段階で現れる課題と取り組み,自他ともに豊かにできる責任ある対応をする能力を獲得していくプロセスを研究した。著作や歴史的史料や伝記的史料から,日記などの私的な記録に至るまで,多様な資料を踏まえて,さまざまな人物の内面の移り変わりを描こうとする(サイコヒストリー)。単に「自分が誰か」ということだけではなく,自分がどこの誰で,どこでどのように役に立っているかという,自分の位置,存在意義と自己評価とに深く関わる信念を「自己アイデンティティ」とよんだ。

例えば,イギリス支配への非暴力・不服従・非協力を説き,インドの独立に大きな役割を果たしたマハトマ・ガンディーは,世界的な偉人の一人として語られる。だが実際のガンディーは,完全な善人というより,両親や友人との関係で悩みも抱え,不安や迷いも多く含んだ人物である。にも

かかわらず，彼の非暴力主義が多くの困難を超えて確固たるものとなりえた理由を，どうやったら，心理的に，また歴史的に説明できるだろうか。この問いに答えようとしたのが，エリクソンの『ガンディーの真理』である（エリクソン 1973-74）。

心理学者ユングの場合（→ 85）や，あるいは沖縄のユタの事例にみるように（→ 18），一人の人間が確固たる信念や超人的な能力をもって社会に貢献していくに先立っては，時として精神医学的に異常な状態をくぐらねばならないことがある。その成果が異常で反社会的・非社会的なものにとどまることも多いだろう。一方，その成果が（たとえ知的に美しく整備されたものでなくても）多くの市井の人々を安らげたり支えたり力づけるものであったとしたら，それは意味のある思想といえる。新宗教の思想には，庶民的な生活道徳を踏まえてそれらを止揚したものも含まれ，日本の近代にとって意義ある思想であったと指摘されている（安丸 1987）（→ 75）。

宗教者が生産した思想だけでなく，日常生活や，家族や周囲との関係，性や次世代の育成，また異常な体験をも含めて考察対象とする方法は，回心研究（→ 83）に似ている。ただし，回心研究の関心が，回心体験の内容を焦点に，時間的にもその前後に集中するのに対して，サイコヒストリーの場合は，人生全体を捉えようとし，また体験以後どのように人間として意味のあることをなしたのかが深く問われる。

◆信仰の発達段階説

より普通の人々に対しての研究も，信仰の宗教的な堅さよりも，人生にどう生かしていくかが問われている。例えば，J. W. ファウラーがだした 6 段階の信念発達段階モデルは，人生の意味を問い，うちひしがれたときにどうやって立ち直るかを問い，自分が信じるものをめぐってどんな感情を抱くかを問う。600 人近い人々に尋ねることで，子どものように模倣を重ねていた段階から，より独立して，自己という枠を超えて物事を普遍的に捉えられる段階へと至る発達を考えるのだ（Fowler 1995）。　〔葛西〕

## 89 人間は死ぬとどうなるのだろうか？

●心霊研究，臨死体験

人間は必ず死ぬ存在である。自分は何歳まで生きられるだろうか。また，その後はどうなるのだろうか。そして，その前は？　生の前後がどうなっているかの問いに答えることは，宗教学者よりも，宗教家の仕事だ。死後の世界に関心をもった人は多い。「シャーロック・ホームズ」シリーズ作者のコナン・ドイルは，英国心霊科学協会の一員として霊界の存在を熱心に説いて回った。第一次世界大戦で戦死した息子からのメッセージを受け取ったのがきっかけだったという。

◆死というタブー

シカゴ大学の医師 E. キューブラ゠ロスが死を前にした患者たちと接することになった 1960 年代，参考になる本を探したときのことだ。大学の巨大な図書館で調べても，死をテーマにした本がまったくなかったという。死は医学にとって敗北であり，死にふれることはタブーであったのだ。

そこで，彼女自身が患者たちに話を聞くことにした。死に対する不安，途中で奪われてしまったライフワークへの思い，どうして自分が死ななければならないのかという怒り，残す家族への心配などが，患者たちをさいなんでいた。聞き取りが拒絶される懸念もあったのだが，自分の胸の内を彼女たちに語ることができて喜んだ患者もいた。死によって失われねばならないすべてのものを一つひとつ患者たちが断念していくプロセスを経て，思いがけず安らかな死を迎えることができた例もみた。断念のプロセスには一定のパターンがあると彼女は考え，それを精神分析理論の見地から観察した。

『死ぬ瞬間』(1969) という彼女の著書は，死の受容をめぐる研究を触発し，エイズ患者や幼い子どもの死についての続編とあわせ，死を前にした人々への精神的なサポートと，それを通じての医学生教育に大きく貢献した（キューブラ゠ロス 1971）（→ 8）。

死ぬ直前のことを研究していけば，その後どうなるかを考えるのは自然

なことだ。多くの患者もそれを問うはずだ。霊魂の存在や，死後の他界の様子が宗教では説かれるが（→ 9, 52），それは本当か。彼女の関心は死そのもの，また死後へと広がっていく。晩年の著作では「幽体離脱」や「臨死体験」などが語られ，彼女の研究は医学の守備範囲を大きくはみだしていく。

◆臨死体験の普遍性？

身体が機能停止していく過程で人間の意識も失われるのだから，死の瞬間以後，人間は何もわからなくなってしまいそうなものだ。ところが，死の寸前で生還した人々が，かなり強烈な，しかもトンネル，強烈な光，親しい人との再会，川を渡るなどのモチーフがそろった，共通する体験をしているといわれることがある。いわゆる「臨死体験」だ。同様の内容が『バルドゥ・トェ・ドル』というチベットの枕経（死者の枕元で成仏のため読んでやる経典）にある。体験に驚かされずに身を任せて成仏すべきであると説かれている。ちなみにこの経典では，情交する男女に死者の魂が引き寄せられていくとそのまま女性の胎内に入り，次の人生が始まるとして，「死後」と「生前」が直結しているとされている（川崎 1993）。

他界モチーフの共通性を，死後の世界が実在する証拠として強調する人々もある。だからといって他界が本当にあると信じるのは早すぎる。他界のモチーフが文化を超えて人類レベルで共有されているのかもしれない（比較神話学などにはこういう立場もある）。また，「臨死体験」として感じられる内容が，まさに死の瞬間に本当に起こっているのかどうかもわからない。私たちが8時間の睡眠をとっても，それが一瞬に感じられることもあるように，夢の中では時間の感覚は圧縮されたり伸張されたりしている。それゆえ，「臨死体験」と思われているものは，身体が機能停止する前のわずかな時間に圧縮された，臨死体験の夢にすぎない可能性もあるわけだ（→ 55）。死そのものは他人にも本人にも捉えがたいものであるから，これらの問題に確答することは難しいだろう。

それでも，ドイルやキューブラ゠ロスが探究を重ねた熱意は共感できるものではないだろうか。

〔葛西〕

## ●第13章参考図書
### ［入門書］

上田閑照・柳川啓一編『宗教学のすすめ』筑摩書房，1985年。

キューブラー゠ロス，E./川口正吉訳『死ぬ瞬間』読売新聞社，1971年（原著：1969年）。

ジェイムズ，W./桝田啓三郎訳『宗教的経験の諸相』上・下，岩波文庫，1969-70年（原著：1901-02年）。

松本滋『宗教心理学』東京大学出版会，1979年。

諸富祥彦『トランスパーソナル心理学入門――人生のメッセージを聴く』講談社現代新書，1999年。

脇本平也編『信仰のはたらき』（講座 宗教学2），東京大学出版会，1977年。

### ［基本書］

エリクソン，E. H./星野美賀子訳『ガンディーの真理――戦闘的非暴力の起源』1・2，みすず書房，1973-74年（原著：1969年）。

エリクソン，E. H./西平直訳『青年ルター』1・2，みすず書房，2002-03年（原著：1958年）。

島薗進・西平直編『宗教心理の探究』東京大学出版会，2001年。

スコットン，B. W.ほか/安藤治ほか訳『テキスト トランスパーソナル心理学・精神医学』日本評論社，1999年（原著：1996年）。

高橋原『ユングの宗教論――キリスト教神話の再生』専修大学出版局，2005年。

武井秀夫・中牧弘允編『サイケデリックスと文化――臨床とフィールドから』春秋社，2002年。

津城寛文『〈霊〉の探求――近代スピリチュアリズムと宗教学』春秋社，2005年。

ベルクソン，H./平山高次訳『道徳と宗教の二源泉』岩波文庫，1953年（原著：1932年）。

森真一『自己コントロールの檻――感情マネジメント社会の現実』講談社選書メチエ，2000年。

ユング，C. G./宇野昌人ほか訳『心霊現象の心理と病理』法政大学出版局，1982年（原著：1902年）。

ユング，C. G./湯浅泰雄・黒木幹夫訳『東洋的瞑想の心理学』創元社，1983年。

# 第14章
# 宗教を社会において問う

世界に布教する某宗教の教会であるが、これは日系アメリカ人向けの教会。民族別の教会はどのような需要に応えているのだろうか。カリフォルニア州ガーデナにて。

　宗教は個人の事柄であるとともに社会現象でもある。また、社会の成り立ちや変化について考えていくと、宗教が極めて大きな論題であることに気づく。社会制度の根本の謎を解くためには、宗教とは何かを考えることが鍵になるとさえいえるかもしれない。少なくとも、20世紀の初頭の社会学の巨匠たちはそう考えた。宗教に距離をとりつつある近代人は、なぜ宗教から離れていくのか、そのとき社会はどのように団結を保つのかという問いも重要な問いだった。人間とは何か、近代人とは何かと問いかけて、「宗教を社会において問う」ことにおおいに意義があると考えられた。社会を改良していこうとする合理的な思考にとって、他者である宗教のさまざまな側面に注意を向けることは、近代人のさまざまな盲点をあらわにしていくことでもあった。

> **90** 社会学の巨匠たちが，また宗教社会学の巨匠だったのはどうしてか？ 体系的な社会学を確立させた社会学者はどのように宗教を捉えたのか？　　●巨匠の宗教社会学

19世紀の社会理論家，例えばA. de トクビルやA. コントやK. マルクスにも宗教について重要な洞察がある。だが，近代科学の規範にかなうかたちで宗教についての本格的な社会学的研究をまとめたのは，二人の巨匠，E. デュルケム (1858-1917) と M. ウェーバー (1864-1920) だ。この二人はそれぞれ，まず西洋の宗教と近代社会の関わりについての研究を明らかにした。デュルケムの『自殺論』，ウェーバーの『プロテスタンティズムの倫理と資本主義の精神』がそれである。その後は人類社会全体で宗教がもつ位置を理論的に明らかにしようとする野心的な考察に乗り出した。デュルケムの『宗教生活の原初形態』(1912) とウェーバーの『世界宗教の経済倫理』(1920-21) がその主な成果である。

◆デュルケムの宗教論

『宗教生活の原初形態』ではオーストラリアの先住民の宗教が最も原始的な宗教とされ，その特徴が考察される。同一部族中の各氏族がそれぞれに特定の動物や植物を尊ぶ。アメリカ先住民の言葉を借りてそれらをトーテムとよび，トーテム崇拝のシステムをトーテミズムとよぶ (→ 95)。原始宗教の特徴はトーテミズムとして理解できる。ではなぜトーテムがそれほど尊ばれるのか。トーテムには神秘的な力，すなわちマナ (→ 69) がこもっており，そのマナは社会結合が象徴化されたものだ。人と人とが同じ実質を分けもっていると信じて連帯感を抱くとき，人々は社会結合の神秘的な力を象徴化する。それがトーテムであり，のちに神となるとデュルケムは論じる。神とは社会なのだ。トーテム儀礼の熱狂をデュルケムは「集合的沸騰」とよぶ。それは社会統合の神秘的実感を確証する重要な機会だ。

このようにデュルケムは宗教の本質を社会結合にみた。デュルケムの社会学は，宗教の衰退により近代社会では規範喪失（アノミー）で生きる力を見失ってしまう人がいるのではないかという危機感に根ざしていた。と同時に社会学への期待もあった。社会学は宗教の本質を見抜いたことに

よって，これまで宗教が保持してきた社会統合を自覚的に扱う責任をもった学知の担い手となるという自負だった。

◆ウェーバーの宗教論

ウェーバーは社会の本質は何かという問題にさほどの関心を払いはしなかったが，社会の発展とは何かについて考え，それを「合理化」という概念で理解した。そして，なぜ西洋において合理化が進展し，ほかの社会に先んじて近代化を成し遂げたのかを考察しようとした。自ら合理化が進んだ西洋社会に生き，それが冷徹で人間性を欠いた「鉄の檻」のようなものになることに危機感をもったウェーバーは，「精神のない専門人」が指導する社会がなぜもたらされたのかを宗教史的な背景から理解しようとした。

ウェーバーの考えでは，宗教の基底には非合理な呪術的思考がある（→ 94）。願望や感情に引きずられて，自己や世界の真実に深刻に目を向けようとしない態度だ。ところが，預言者や市民層が自己や世界の真実について深刻に考え，神や宇宙的理法と悪や災いに満ちた現実との関係を解き明かそうとする合理化が進む。とりわけ重要なのは，なぜ神の下にあるこの世でかくも悪がはびこるのかという「神義論」の問いだ（→ 108）。この問いこそが救済宗教（→ 73）の合理化ポテンシャルを推し進める。インドの輪廻転生という観念とともにこの世のすべてを前もって定めた神という観念（予定説）が，最も徹底した神義論である。

救済宗教の教えの合理化が人々の生活全般にわたる合理化をもたらしたのは，予定説を信じたカルヴァン派に代表される禁欲的プロテスタントだ（→ 64）。勤勉と倹約，そして資本主義の市場原理に則った合理性によって近代社会をもたらしたのは，「呪術からの解放」，すなわち一神教の伝統を徹底させた西洋社会だった。だが，こうして合理化が進んだ西洋文明はどこへ向かえばよいのか。社会学こそその問いに答えようとする学問なのだ。

デュルケムやウェーバーの宗教社会学は近代社会の危機を問うとともに，人類社会や人類精神史の全体を覆い尽くすような壮大な理論を構築しようとする野心に満ちたものだった。その骨太の思考は多くの洞察を含み込んでおり，読み返すたびに新たな示唆を与えてくれる古典となっている。

〔島薗〕

> **91 近代化を自明の進歩と考えた時代の宗教社会学は何を問題にしたか？ 20世紀後半の宗教社会学の特徴と限界は何だろうか？**　●巨匠以後の宗教社会学

### ◆宗教集団への注目

E. デュルケムや M. ウェーバーののち，宗教社会学はもっと堅実に，資料に即して社会における宗教の位置について考察するようになった。実証科学としての社会学の意義を強調し，経験的なデータを数多く収集し，それに基づいて社会における宗教の位置と役割を明らかにしようとする方向性だ。堅実な実証研究を重視するようになったのはよいことだが，そのために問題意識が狭くなったことは否めない。宗教について確かなデータを得ようとすると，宗教集団に注目することになる。だが，そのために宗教集団こそ宗教の主要な座であるとする考え方が支配的となっていった。

例えば，宗教集団の類型論は宗教社会学の重要なテーマとなった（→ *101*）。すでにウェーバーは社会成員全体が所属するチャーチと究極の真理にめざめたと信じる者だけが所属するセクトを対比していた。これは E. トレルチが『キリスト教諸教会諸集団の社会教説』(1911) で，キリスト教の集団形態をチャーチとセクトと神秘主義に分類したのに影響を受けたものだ。神秘主義は個人の宗教体験を重視して，自由な信仰形態をよしとするものだ。トレルチやウェーバーの教団類型論を受けて，アメリカの神学者，H. リチャード・ニーバーは『アメリカ型キリスト教の社会的起源』(1929) で，アメリカの教団はチャーチでもセクトでもないデノミネーションという形態に落ち着く傾向があると論じた（ニーバー 1984）。チャーチやセクトやデノミネーションのような宗教集団の現状がどのようなものであるか，誰がどのような動機で宗教集団に加わるのかといった問題が主要な関心事となった。

### ◆宗教集団の宗教社会学を超えて

近代化が進む社会全体の中で，宗教がどのような位置を占めるかという論題も盛んに論じられた。近代化が進むと宗教の社会的影響力は狭まるという世俗化論が強い支持を得た（→ *100*）。だが，世俗化論の証拠は宗教

集団の動向から論じられるのを常とした。キリスト教の教会の礼拝出席率の変化とか，宗教集団の構成員の分析に力が注がれた。ところが，その後，このような世俗化論は急速に力を失った。一つには，世界各地で宗教復興やファンダメンタリズムとよばれる事態がめだつようになったからだが，社会における宗教の位置を宗教集団ばかりから考えていてよいのかという問いかけが浮上してきたことも重要である。社会における宗教の位置を宗教集団以外の観点からの見方の意義が見直されてきたのだ。

　宗教集団以外の宗教性に早くから注目したアメリカの宗教社会学者に，R. ベラーがいる。ベラーは宗教が社会統合の機能をもつというデュルケムの理論を近代化が進んだ社会にどのように適用すればよいかについて考えた。世俗化論に従えば，近代社会では宗教が衰退していくので，宗教の社会統合機能は衰退していくことになる。これに対して，ベラーは「アメリカの市民宗教」という論文で，アメリカの政治においてはキリスト教の伝統を引き継ぐ宗教的理念が主要な価値理念として大きな役割を果たしてきたし，いまなお果たし続けていると論じた（→ 76）。G. ワシントンやA. リンカーンやJ. F. ケネディの演説を例にひきながら，ベラーは神から聖なる使命を帯びたアメリカという理念が，国民統合の核心をなしていると論じた。一方，ドイツの社会学者，T. ルックマンは1960年代に個人化が進み宗教集団に結集する人が減っていく一方で，個人的に宗教的意味を紡ぎ出そうとしているとして，これを「見えない宗教」とよんだ。70年代以降，集団的な「宗教」は好まないが，個人的な「スピリチュアリティ」の追求にはおおいに関心があるという人々が増えていく傾向（→ 36）を先取りした認識だった。

　巨匠以後の宗教社会学は実証性を重んじる代わりに，対象を狭く欧米の宗教集団に絞り過ぎる傾向があった。そのため宗教社会学の諸概念が現代世界の宗教の分析には役立たないものになってしまっているのではないか。イスラーム圏で育った宗教人類学者のT. アサド（2004, 2006）は『宗教の系譜』(1993)や『世俗の形成』(2003)で，そもそも「宗教」や「世俗」という宗教社会学の根本概念がキリスト教世界の特殊な歴史を反映したものであることを明らかにして，西洋中心主義の再考を促している。〔島薗〕

> **92 合理主義的な近代社会とは異なる性格をもった社会の宗教に向き合う姿勢は，どのように変化してきたのだろうか？**
> ●宗教人類学・宗教民俗学の流れ

◆宗教起源論の時代

19世紀の後半に宗教学が起こってきたとき，宗教起源論は大きな論題だった。宗教起源を論じることで，宗教の本質を知ろうとしたのだった。宗教起源を論じるには，「原始人」の文化を理解する必要がある。ちょうど世界の諸地域の「原始民族」の文化についての記述が蓄積される時期だった。それらを比較検討しながら，宗教の起源や原始民族の宗教を考察しようとするのが初期の宗教人類学だった。

だが，原始民族の文化にみられるような宗教観念や実践は，文明社会では絶滅してしまっているわけではない。原始宗教的なものがしばしば文明社会にもみられることも注目されていた。『原始文化』を著したE. タイラーは，文明社会にもアニミズムのような原始宗教が部分的に「残存」していると考えた（Tylor 1871）(→ 70)。宗教民俗学はこのような考え方に基づいて，文明社会の周辺に残っている口頭伝承の宗教文化を研究する学問として発達した。19世紀の末から20世紀の初めにかけて，宗教人類学や宗教民俗学を通して宗教の原初形態が明らかになるという期待が高まり，多くの学者がこの領域に踏み込んだ。タイラーやJ. フレイザーはそれぞれの分野の代表的学者であり，隣接分野に属するE. デュルケムやS. フロイトは宗教人類学，宗教民俗学から多大な影響を受けて影響力の大きい宗教理論を構築した学者のよい例だ（→ 94, 95）。

◆機能主義，異文化理解，オリエンタリズム批判

初期の宗教人類学や宗教民俗学者は「肘掛け椅子の人類学者」とよばれるように現地に赴くことなく，人が集めた資料や情報を比較整理しながら大きな理論をつくろうとした。1930年頃から自らフィールドワークを行った文化人類学者や民俗学者の重要な仕事が多数公刊されるようになる。B. マリノフスキーやエヴァンス゠プリッチャードやR. レッドフィールドはすぐれたフィールドワークの成果により，部族社会や民俗社会の宗教に

ついて研究した代表的な学者である。彼らは個々の地域社会の宗教を丁寧にみながら、社会構造や経済生活などと結びつけて宗教を捉えようとした。社会のさまざまな側面がもつ機能の相互連関を見出し、宗教をその中に位置づけようとする考え方だ。こうした機能主義の研究により、初期の宗教人類学者が提示したような大きな展望をもつ宗教起源論や宗教理論は疑義を付され、信憑性を失っていった。

1960年代以降は、これに代わって部族社会や民俗社会の文化を広く見渡しながら、近代社会とは異なる社会の思考や実践の特徴を内在的に理解しようとする試みが活発だった。神話を体系的に比較し、自然と文化の諸矛盾を解きほぐそうとする部族社会の思考法を理解しようとしたC. G. レヴィ゠ストロースの構造主義人類学や、参与観察によりその社会の儀礼や象徴を分厚く記述し、固有の思考法を読み解こうとするC. ギアーツの解釈学的人類学などがすぐれた成果を生んだ。それ以前の宗教人類学が近代的な合理主義的思考の優位を前提に、滅びゆく劣った文化を人類知性の発展史の図式上に位置づけることに向かいがちだったのに対して、機能主義以後の宗教人類学は近代社会の諸前提を相対化し、むしろ宗教を通して近代社会が見失った人間精神の諸要素を理解しようとし、「異文化理解」による近代社会批判を期待するような性格を帯びた。

1980年代以降、「異文化理解」にポジティブな価値をみようとする考え方が疑われてくる。異文化を理解するというが、他者の生活を観察してそれを記述するというような活動はどのような動機でなされてきたのか。相手をうまく支配するための知の蓄積というモチーフが大きかったのではないか（→ 111）。文化人類学とは植民地化される地域の人々を、支配する西洋側に都合がよいように表象しようとするオリエンタリズム的な知性に則った学だった（→ 112）。宗教研究においては、そもそも「宗教」という概念を携えて、非近代社会の文化を記述してきたことが妥当であったかどうかが問われている（→ 67, 78）。また、現存のものから古い宗教の形態を推測して、そこにこそ文明の影響を受ける以前の真正の宗教（例えばアニミズム）があったと論ずるような態度が批判にさらされている。〔島薗〕

> **93** 宗教研究がメジャーな世界宗教だけでなく，民族宗教や部族宗教をも含めて広く理解しようとしたとき，どのような「宗教」の定義がされたのか？
> ●宗教の広い定義と「聖と俗」

◆聖と俗による宗教定義

一般社会ではキリスト教や仏教のように偉大な指導者の教えに則ったものこそ主な宗教だという考えもある。だが，「多神教」や「異教」も含めてさまざまな宗教があるという考えは早くから存在した。宗教起源論が論じられ，「原始宗教」とは何かといった議論が盛んになってくると（→ 68），あわせてそもそも「宗教とは何か」という議論もなされるようになる。E. タイラーは宗教の最小限の構成要素はアニミズム，すなわち「精霊への信仰」だとした（→ 70）。その後も英語圏では宗教とは「超自然的な存在への信仰である」と定義することが多い。これは宗教とは世界の成り立ちを知的に理解するものだという考えに則っている。

だが，このような定義では間に合わないという意見もすぐにでてくる。例えば仏教はどうか。仏教では神や精霊の存在を信じる必要はない。すべての存在は実体がない（諸法無我）と説くのだから，「超自然的存在への信仰」という定義では当てはまらない（→ 53, 106）。また，R. マレットがマナイズムとよんだような信仰では，神秘的な力を信じるが，神や霊の存在を信じることは不可欠ではない（→ 69）。そこで，E. デュルケムは宗教を「聖と俗」という概念で定義しようとした。世界をまったく異なる2領域に分ける世界観が宗教だというのだ。デュルケムは知的命題よりも，言葉に先立って行われている儀礼の実践のほうに基礎的な宗教の特徴が現れており，儀礼にこそ「聖と俗」の分離が顕著にみられると考えた（→ 90）。

『宗教生活の原初形態』から数年遅れて，ドイツの宗教学者で神学者でもあった R. オットーが『聖なるもの』（1917）を著し，宗教＝聖という理論のもう一人の創始者となった。オットー（2005）は宗教の本質は宗教体験から理解しなくてはならないとした。そして，宗教的体験とは聖なるものの体験であり，人を圧倒し畏怖させ威嚇するとともに魅惑するところに

聖なるものの特徴があるとした。オットーの宗教定義は宗教体験にはほかに還元することができない独自なものがあるという考え方，つまり「宗教それ自体（sui generis）」が人間の体験の構造としてあるという考え方と結びついている。この考え方に沿って，その後，宗教独自のものを記述しようとする宗教現象学という学問系譜が展開していく。聖の概念は「宗教それ自体」を想定する考え方と結びつきやすい側面をもっていた（→ 67）。

同じく，「宗教それ自体」を前提として「聖と俗」について包括的な宗教現象学的記述を展開したのは M. エリアーデだ。エリアーデは『宗教学概論』（1949）や『聖と俗』（1957）で，人間が宇宙全体を秩序立ててそこに深い意味を読み取るときそこに聖が成り立つとした。深い意味を欠いた俗が聖に変わることをヒエロファニー（聖の顕現）という。このヒエロファニーを記述するのが宗教学の課題とされる。エリアーデはヒエロファニーは永遠に循環する時間の意識をもつ原始宗教的な神話的世界観の下で典型的にみられると考えた。キリスト教などの文明社会の宗教はそれを保存したが，近代人はこの原初的（アルカイック）な世界観を失い，意味喪失に苦しんでおり，聖なるものの体験の回復を求めているとも論じた。

◆**いくつかの定義の併存**

一方，神学者のパウル・ティリッヒは，宗教を「究極的な関心」という言い方で捉えようとした。小さな聖を感じ取っても，遊びで超自然的な存在に関わって，それらを信じているとしても，それでは宗教を信じているとはいえない。宇宙や人間の奥深い存在意義や存在理由について問いかけようとする態度，またそれに応答しようとする態度の中にこそ宗教があるのではないか。そのような態度を「究極的な関心」とよびそれを宗教の主要な特徴と捉えるならば，それは最も高次の目的や価値を提供するものとしても特徴づけられるだろう。このように宗教を「究極的な関心」から定義しようとするやり方を宗教の機能的定義といい，「超自然的な存在への信仰」による実体論的定義と対置される。機能的定義を採用すると，例えば社会主義的なユートピア主義や一生をビジネスに捧げて悔いない人生も「宗教」といえなくもないことになる。宗教代替物といえるようなものを宗教に含めることになりかねない。

〔島薗〕

> **94** 願掛けをしたり,お守りを身につけたり,おみくじを買ったりすることは宗教なのだろうか? 宗教と違うとすれば,どこがどう違うのか? ●呪術・占いと宗教

明日天気になるようにテルテル坊主を吊るすのは呪術だ。下駄を飛ばして表か裏かで明日の天気を判断するのは占いだ。お葬式から帰ったら塩で清めるのは穢れを払うのだ。これらは広い意味での呪術のうちに含まれる。

◆フレイザーの呪術論

　宗教の起源が問われ,原始宗教の特徴が盛んに論じられた時代,呪術(magic)と宗教とを区別し,両者がどう異なるのかがさかんに論じられた。その後の議論に大きな影響を与えた説は,ジェイムズ・フレイザーの『金枝篇』(1890)にみられる。古典学者であり,原始文化や民俗文化についての文献にもよく目を通していたフレイザーによると,呪術を行うとき人は事物がある神秘的な作用に感応すると考えている。大方の呪術は共感呪術とよぶことができる。例えば,ものを燃やして煙を立てて雨乞いをするとき,煙が雲をよび起こすと誤って考えている。当時の心理学では人間は観念連合を用いて因果関係を推論していくと考えられたが,科学では観念連合が正しく適用されるのに対して,呪術では観念連合が誤って適用される。

　観念連合の誤適用には二つのタイプがある。一つは類感呪術(模倣呪術)で類似した行為によって結果を導びこうとする。人形の心臓に釘を刺して呪うような場合だ。もう一つは感染呪術で互いに接触していたものは後に至るまで影響を及ぼすという考えに基づく。相手の持ち物を盗んで燃やすことで相手に危害を及ぼそうとするような場合だ。呪術は人間の力で結果を導びこうとするもので科学と似ているが,推論が誤っているので擬科学とよぶべきものだ。宗教は超自然的な存在に対して下から慰撫し融和を求めるが,呪術が霊的存在に働きかけるときは上から強制・脅迫・操作しようとする。やがて呪術が成功しないことを悟ると人は科学に進むか宗教へと進む。宗教は呪術とは異なる複雑な思考に基づくとフレイザーは論じた。

◆フレイザー以後の呪術論

トロブリアンド諸島で長期のフィールドワークを行った文化人類学者，B. マリノフスキーはフレイザーの呪術論の弱点をついた。それによると，未開人は合理的な思考を行う力を十分にもっており，航海術や農業技術などは高度の知識に裏づけられている。だが，彼らは合理的な知識が及ばず，何か人知を超えたものに頼るほかないところでは呪術を用いる。例えば危険が少ない内潟ではあまり呪術を用いないが，思いがけない天候の変化や暗礁に悩まされる外海ではさかんに呪術を行う。だから呪術は科学に近いというより宗教に近いもので，呪術と宗教は連続している。では宗教と呪術はどこで区別できるか。宗教儀礼では特定の目的がめざされずそれ自体が目的とされることが多い。子どもの誕生を祝う儀礼は宗教的だが，子どもの病気を治そうとする儀礼は呪術的だ。また，呪術的儀礼は個人的に行われることが多いが，宗教的儀礼は集団的に行われ社会統合の機能をもっている。後者は宗教とは社会統合の力を崇敬するものだというデュルケムの理論の影響を受けた論点だ（→ 90）。宗教と呪術は連続していて，どこかに線を引いて両者を区分することができるようなものではない。むしろ呪術＝宗教的とよべる領域が広がっていると考えたほうが適切だとした。

ウェーバーは人類社会の発展が合理化の方向をたどっているとみて，それを「この世の呪術からの解放」（脱呪術化）とよんだ（→ 90）。すでに宗教の中でさまざまな精霊や力に頼る呪術を排除し，唯一の神や宇宙の理法に従って倫理的に行動することを求める変革が進められたが，これは脱呪術化による倫理的合理化だ。近代になると合理化の進展に拍車がかかり，一神教のように合理化された宗教にさえ含まれている呪術的思考も排除されていく。近代人は呪術が徹底的に取り払われ，知性で計算され尽くした，「鉄の檻」のような世界，「精神のない専門人」の世界に住むことになるのではないかとウェーバーは懸念した。

しかし，その後の歴史をみると，世界の人心は異なる方向も含んでいたようだ。例えば健康食の広まりを考えてみよう。また，遊びや芸術における呪術的な要素について考えよう。スポーツにおける応援は呪術的な要素に満ち満ちている。目的のための手段を解明する合理的な知識だけでは人間の生活は成り立たない。合理化には限界があるのだ。〔島薗〕

> **95** 特定の動物を神のように崇敬し，犠牲にするというトーテミズムは宗教の原始的な形態とみなせるのだろうか？ トーテミズムは宗教の重要な特徴を教えてくれるものなのだろうか？　　　　　●トーテミズムと供犠

### ◆トーテミズムとは何か

　宗教起源論が盛んだった19世紀末から20世紀の初めにかけて，「トーテミズム」に注目が集まった。オーストラリアやアメリカの諸部族で典型的にみられるもので，氏族などの諸集団が特定の動物や植物と親族関係にあると考えその名でよびあい，それらの動植物に畏敬の念をもち，「食べない」「殺さない」などのタブーを守り，その図像を大切にする。だが，大きな祭でそれを殺して共食する供犠(くぎ)を伴う場合もある。また，同一集団では婚姻しないという外婚制と結びついていることもある。こうした場合，氏族と関係づけられる特定の動植物がトーテム（北米東部のオブジワ族の用語に由来），トーテムをめぐる信仰や習俗の全体がトーテミズムとよばれる。

　E. デュルケムは『宗教生活の原初形態』（1912）で，自分の氏族のトーテムを崇敬するのは，社会結合そのものを聖化しているのだと論じた。精神分析学の創始者 S. フロイトは『トーテムとタブー』（1912-13）で，原始社会で家父長的な家族を超えた結合が可能になったのは，男たちが近親相姦の禁止を納得してトーテムを礼拝し外婚制を守ったのに始まると論じた。そして，原始家族の兄弟たちが父殺しを行い，殺された父をトーテムに託して崇敬したのではないか，トーテミズム儀礼としての供犠は父殺しの記憶と関連するのではないかと想像の翼を広げた。人類が社会秩序の基礎を見出していく際に，トーテミズムが大きな役割を果たしたと考えたのだ。

### ◆トーテミズムへのこだわり

　動物を生け贄に捧げる儀礼（供犠）はユダヤ教でもイスラームでも重要な意義を与えられている。キリスト教にはそれがない。だがキリスト教ではイエスが犠牲となり，そのイエスの血と肉として葡萄酒とパンを食する聖餐が最も重要な儀礼である。聖餐は動物の代わりにイエスという救い主が犠牲に捧げられ復活したのを記念する儀礼だ。聖餐の信仰の意味は原始

宗教のトーテミズムの中に読み取ることができるかもしれない。このような考えは王殺しに注目した『金枝篇』(1890)のフレイザーや『セム族の宗教』(1894)を著したロバートソン・スミスの著作の中にかいまみられる。

これに対して、C. G. レヴィ＝ストロースは『今日のトーテミズム』(1962)でトーテミズムは現に部族社会にみられる観念や儀礼の体系なのではなく、ある時代の西洋の学者たちが自らの関心に基づいてつくりあげた幻想にすぎないと論じた。外婚制、供犠、動植物を用いた命名体系はそれぞれ独立して扱うことができるもので、必然的に結びつくものではない。では、なぜ動植物を人間と結びつけて集団の命名に用いるのかというと、個性ある具体的な種が人間の思考や表現に便利な素材となるからだという。記号を操って神話的（隠喩的・換喩的）思考を行う人間にとって、身近にあって際立った特徴をもつ動物や植物が格好の材料となることに何の不思議もない。これはトーテミズムの一部なのではなく、神話的思考として十分に理解できることだと論じる。

『今日のトーテミズム』以降、トーテミズムが宗教理解の鍵となる重要な概念として取り上げられる機会はなくなった。だが、供犠にこそ宗教の核心となる特徴がみられるという議論はその後も活発になされている。供犠に宗教の核心をみようとする有力な論者の一人は批評家のジョルジュ・バタイユだ。バタイユは『呪われた部分』(1948-54)などの著作で、人間の経験の世界を「有用性」の領域と有用性を超える「至高性」の超域とに分ける。前者は人間が将来に備えて自然を支配し、世界の一部を手段として領有して生産活動に励み、直接的な体験世界の連続性を知性によって切り離して間接化する俗なる領域だ。それに対して後者は有用性の領域を破壊し、禁止されているものの彼方にあって、ときに侵犯され、手段ではなくそれ自身において価値あるものとして体験される聖なる領域だ。供犠の経験の中心には、何かのために備えて消費するのではなく、何の目的もなく破壊し消尽する行為がある。生命の破壊により人間が一度は放棄した直接的な生が回復され、見返りを求めない純粋な贈与が行われる。供犠に関わることにより、人は死を疑似体験するとともに、生命の充溢である至高性に参与すると論じた。

〔島薗〕

## 96 儀礼と社会秩序にはどのような関係があるのだろうか？ 儀礼において日常性と非日常性はどのように関わり合っているのだろうか？　●儀礼と暴力と境界性

### ◆暴力の沈静化

バタイユは非日常的な祝祭にこそ宗教の輝かしい力の源があると考えた。祝祭においては暴力が誇示されるが、それは人間の自由と原初的な生の解放の裏面であるとされた。一方、日常的な平穏さの中で行われる儀礼は晴れやかな祝祭のくすんだ記憶のようなものであり、安定した日常性のための手段に貶められたものと理解されている。他方、デュルケムやフロイトの考えでは、非日常的な祝祭においてあふれこぼれそうになる暴力は原初に起こった無政府状態をかいまみせるもので、人類の生存を脅かすカオスに通じている。むしろ日常的な儀礼においてこそ聖なる秩序の構築がなされ、安定した社会結合の回復が保証されるとみる。この系統の供犠理解はルネ・ジラールの『暴力と聖なるもの』(1972)によって再活性化された。

ジラールは人間の模倣の性向に注目し、暴力がいかに根深く人間性に巣食っているかについて論じる。模倣こそ人間のさまざまな欲望を広げていく。他人が欲望するものだからこそ自分も得たくなるのだ。同じものを欲望するので他人はすぐにライバルとなり暴力が生じる。模倣が広まると互いに似てきて差異と距離が失われ、秩序が瓦解する。暴力は相互的なものであり、伝染し他者を巻き込んでいく。供犠はこの相互的暴力の悪循環を断ち切るものだ。つまり贖罪の羊に暴力を集中させ、自己抑制と禁止を作動させ、差異の体系を立ち上げる。贖罪の羊に対して善なる暴力が集中され、そこで神話が再建され聖なるものが確立される。宗教とは悪しき暴力からよき暴力へと転換させる共同意識のことだとジラールは論じる。

### ◆穢れと境界性

バタイユやジラールの供犠論は壮大な仮説だが、暴力と儀礼の関係について考えるのによい素材を提供してくれる。だが、デュルケムが強調したように儀礼が社会的な結合を強化する機能をもつという点からは、さまざまなコンテクストでさまざまな儀礼がどのような政治的機能を果たすかを

調べる必要がある。特に重要なのは，儀礼と差別や排除との関係だ（→第4章）。そしてそこで穢れの観念が占める位置が問題になる。

穢れの観念の重要性については，宗教的掟の原型としてのタブー論の観点から，また聖なるものがマイナスの側面をもつ聖の両義性の観点から議論されてきた。だが，穢れの意義を秩序と周縁という観点から説明して，宗教研究に新たな次元をもたらしたのは，イギリスの人類学者メアリー・ダグラスの『汚穢と禁忌』（1966）である。ダグラスは穢れの観念は社会秩序の構成に関わって生じると考える。秩序にそって正常なものが定められ中心に位置づけられていくと，それにそぐわないもの，それを脅かすものが異常なもの，曖昧なもの，周縁的なものとしてはみだしてきて，穢れたものとして排除される。例えば，性的放縦に陥った者や反社会的な力をもつ者とされ忌避される。他方，そのように穢れたものとされる周縁的な存在が，特別な霊的力をもつ者として尊ばれることもある。秩序の周縁にあるものは，また秩序を再建する力をもつものとしても現れるのだという。

儀礼においては，日常秩序がいったん解体され，秩序と秩序の境目の境界的な状態が現出する。境界的な状況を経ることによって日常秩序が新たに力を得ることができる。儀礼がこのような構造をもつことを最初に示したのは，オランダ系の宗教民俗学者のA.ファン=へネップだ。ファン=へネップは『通過儀礼』（1909）で，人が生まれてから死ぬまでに通過するさまざまな人生段階でなされる儀礼で，社会的空間の移行がなされることに注目した。通過儀礼は前段階からの分離期，境界期，統合期の3つの段階を経る。境界期には日常生活の秩序が一時的に停止されるのだが，そこに聖なるものの非日常的な特性が現出することになる（→*41*）。

ファン=へネップの着想を発展させ，V.ターナーは『儀礼の過程』（1969）で，境界性(リミナリティ)の特徴として，ふだんの社会構造が解体し階級や差別が逆転したり取り払われたりする状況が現出することを強調した。とりわけ，人々がお互いを隔てている壁の意識から解放され，平等の者同士として一体感をもつ状態を「コミュニタス」と名づけ，その創造的な機能に注目した。儀礼がもつ自由・平等の側面に着目した理論である（→*42*）。

〔島薗〕

**97 偉大な指導者に仰ぎ伏すのは自分を見失うことなのか？ 宗教的指導者崇拝の心理は合理的な現代人にとって縁が薄いものなのだろうか？**

●宗教的指導者崇拝の歴史と現在

### ◆神聖王とその残像

　宗教・政治・軍事の働きがまだあまり分化していなかった社会で，共同体が指導者の下に結束するとき，その指導者は偉大な聖なる王として現れた。邪馬台国の女王卑弥呼にはそのような「神聖王」の性格がありそうだし，天照大神の命に従い，神の血を引く者として大和王権を統率しようとした初期の大和朝廷の天皇にもその面影がある。古代イスラエルではモーセが神聖王の原型であり，後の時代のイエスやムハンマドは神の遣わした救世主や特別の預言者とみなされ，神聖王の像を受け継いだ。東アジアでは弥勒仏の化身であると名乗る人物が，新たに天命を受けたと自覚して新王権の夢を膨らませる例が，歴史上いくつもあった。

　神聖王の下で共同体が一丸となることができるのは，小さな部族社会でないとすれば，せいぜい社会が激しい変動に見舞われる短い期間のことだろう。現実の社会でそのような指導者がとても登場しえないと思われるときでも，人々のイマジネーションの中では神聖王はなお，輝きをもち続ける。近い将来，「救世主」（ユダヤ-キリスト教ではメシア）が到来して地上に理想世界を打ち立てるのを「千年王国」というのはキリスト教の用語だが，イスラームにも仏教にも，また植民地主義の荒波に襲われた多くの先住民社会・部族社会でも理想世界を待望する宗教的熱狂が起こると，神聖王の像が輝きを増した。

　神聖王の性格の一部は多くのシャーマンが引き継いでいる（→ 47）。あるシャーマンの力を心から信じている人にとっては，シャーマンは神聖王の再来である。また，芸術家の中にもシャーマン的な性格を帯びた人は少なくない。芸術家の中には，一般社会から少しはみだした存在で，神秘の世界に親しみ霊感豊かな人々がいる。彼らは一般社会の周辺の境界的な所にいて，日常生活の中で疲弊している生命力の更新をもたらす力をもって

いる。芸術家に憧れるとき，人はシャーマンに，ひいては神聖王に従った古代人からそれほど遠くない。そして，そんな芸術家にもまるっきり縁がないと思われる人々も，娯楽作品（アニメ，漫画，映画，ゲームなど）の世界では，神聖王の像をたっぷり頭脳に焼きつけている。オウム真理教の世界では，アニメ感覚が大きな役割を果たしたことを思い出してもよい。

◆預言者や教祖のカリスマ

神聖王のイメージは別の意味でも現代社会に大きな痕跡を遺している。M. ウェーバーはカリスマ的預言者（→ 44）が宗教的合理化の偉大な担い手だとみなした。K. ヤスパースが枢軸時代の偉大な精神的指導者とみなしたブッダやイエスのような教祖たちも，ウェーバーの用語法ではカリスマ的預言者のよい例だ。カリスマ的な預言者や教祖は神聖王の再来のような存在であり，事実，しばしば救世主と信じられるが，政治的な指導者として新しい体制を打ち立てる代わりに，新たな精神的価値を鼓吹することによって偉大な宗教伝統の基礎を確立する役割を果たす。

偉大な預言者や教祖はまれにしか出現しないが，その記憶は後々まで社会に大きな影響を及ぼす。カリスマの指導者は短い時間を経て歴史の舞台を去るが，カリスマ的指導者の物語（カリスマ神話）は長く語り継がれ，後世の人々に巨大な影響を及ぼす。現代の人類社会でなお巨大な力をもっているのは，救済宗教の教祖たちのカリスマ神話だ。新約聖書の福音書はイエス・キリストのカリスマ神話だし，コーランはムハンマドのカリスマ神話をふんだんに含んでいる。日本の仏教ではブッダとともに，宗祖のカリスマ神話がなじみ深いものだ。過去の指導者の生涯と事跡を語る物語に親しむことで，信徒は宗教的指導者崇拝の世界に自然に導かれていく。

カリスマ神話に親しむことで，人々はあるべき人間の生き方の指針を学び，高い目標と深い意味を宿した人生のモデルをわがものとする。それは一般社会の力関係や権威構造に動かされない価値判断の基準を身につけることにもなる。既存の政治的秩序に抵抗して，付和雷同しない堅固な自己を確立するのを助けもする。指導者崇拝は自律を妨げることもあるだろうが，指導者崇拝ゆえに自律の基盤が得られることも少なくないのだ（→ 59）。　　　　　　　　　　　　　　　　　　　　　　　　　　〔島薗〕

> **98　仏教やキリスト教は神道よりも進化した宗教なのか？宗教に優劣・高低の序列はあるのか？　序列づけをしない宗教の発展論・類型論は可能か？**
> ●「宗教の進化」という考え方

　宗教は劣ったものから優れたものへと変化していくものなのだろうか。「宗教の進化」という言葉を使うとすれば、こうした変化を名ざすのがぴったりだ。この場合は「優劣」を常に意識しつつ宗教史をみることになる。だが、優劣というよりも多様なものの歴史的な変遷という観点から宗教史をみていくこともできる。社会や知識や情報が複雑となれば、文化は変化していき、宗教ももちろん変化していくが、そこに「進化」とよべるようなある方向性をもった連続的変化をみてとることができるだろうか。

◆宗教を優劣でみる見方

　救済宗教はどんな個人にとっても大事な究極的真理を保持していると主張し、地域や文化の壁を越えて広がっていく（→ 73）。普遍主義の主張をもつがゆえにこそ地域や国の範囲を越え、超地域的な団結の基盤となりうるのが救済宗教の特徴の一つである。やがて王や皇帝の支持を受けて国教的な地位につくと真理はすべて自宗教の中にあるとされ、教祖の教えを守る救済宗教の祭司こそ、その社会における正しい知識の管理普及を司る者たちとみなされるようになる。こうして歴史宗教が支配的な地位を得るようになると、既存の部族社会的な基盤をもったアニミズム（かつては原始宗教、未開宗教などともよばれた）は劣ったものとみられるようになる（→ 68, 70）。

　近代になると、今度は文明の進歩という啓蒙主義的な信念が広がっていく。科学的な知識が増大し、産業が発達して富の恩恵が広がってくると、そもそも宗教を過去のものとみる見方も広まってくる。また、優れた宗教は合理性と矛盾するものではないとする考え方も強まる。19 世紀と 20 世紀の大半の時期を通じて、キリスト教・仏教・イスラームなどの歴史宗教の真理と哲学と科学とを統合できるという考えが有力だった。この立場に立つと、神社や祠に家内安全・病気平癒を祈願したり、神々や霊からの知

らせによって病因を特定し、癒しのわざをほどこすシャーマンに相談することは害の多い「迷信」ということになる。高い威信を獲得した医療を妨害し、無益な呪術にエネルギーを費やす反文明的な行為ともみなされる。

◆なお、「宗教の進化」を論じうるか

だが、科学技術の発展とそれに伴う物質的欲望の充足が、かえって環境破壊をもたらしたり、人間関係の断片化や深刻な孤独と不安、そしてモラルの荒廃をもたらしていると感じられるようになると、普遍主義を掲げて政治的勢力拡張に荷担してきた宗教や、合理性をもって科学と合致できるとされた宗教が優れたものであるという考えも疑われるようになる。都市文明や自然破壊や階級支配とともに広がった歴史宗教よりも、自然と共存していこうとする狩猟採集民的な、せいぜい農耕民的な感受性に合致したアニミズムこそ望ましい宗教なのではないか。

このように宗教の優劣の見方が変化してきても、なお「宗教の進化」を論じうるだろうか。社会学者のM. ウェーバーやR. ベラーなどは社会の規模が拡大して複雑度を増し、科学のような人間の合理的知識が増大するにつれ、宗教も一定の方向に変化するので、それを宗教の進化とみなしてよいと考えていた。都市文明が発達し、社会の限られた層により文字文化が独占されると、多くの地域で救済宗教的な普遍主義が世界観や知の正統の地位、あるいはそれに準ずる地位を占めるようになった。「中世」とよびならわされている時代である。

中世の精神文明を支配した宗教を、ウェーバーは世界宗教とよび、ベラーは歴史宗教とよんだ（→ 74）。ベラーの図式では、未開宗教（primitive religion）→古代宗教（archaic religion）→歴史宗教（historic religion）→近代宗教（early modern religion）→現代宗教（modern religion）と進化が進むという。だが、この図式には大きな問題がある。近代宗教とはキリスト教のプロテスタントしか例がないのだ。また、歴史宗教以後の宗教こそ本来の宗教にふさわしい社会批判の機能を果たしうるとされている。宗教の優劣を避けているようにみえながら、キリスト教を、また歴史宗教を優位におく見方が払拭されていない。真に宗教文化の多様性を尊ぶ「宗教の進化」のモデルはまだ示されていない。〔島薗〕

> **99 神仏を同時に拝んでいても気持ちが悪くないのか？
> 異質な宗教が排除し合う傾向と，融合しようとする傾向を
> どう理解すればよいのだろうか？**
> ●シンクレティズムと神仏習合

　結婚式はキリスト教，子どもが生まれると神社に初参り，お葬式や死者供養は仏教という日本人は多い。神棚と仏壇のどちらも置いてある家はたくさんある。地域社会には神社もあればお寺もある。明治維新以前には僧侶が奉仕している神社も多かった。外国の熱心な仏教徒やイスラム教徒やキリスト教徒が聞くと驚くことが多い。では，これは日本に特殊なことなのだろうか。また，どのような場合にこのような事態が生じるのか。

#### ◆異質な宗教の併存

　一つの宗教の教えに従うなら，ほかの宗教には関与してはならないとする宗教もある。キリスト教やイスラームは唯一の神を信仰すべきであり，そうするのであればほかの聖なる存在を尊ぶことはできないはずだと説く。だが，それほど強く排他性をもたない宗教もある。仏教，特に大乗仏教の場合，さまざまな仏や菩薩や天・明王などを崇敬するのは普通のことだったから，地域の神々は仏教の守護神として取り込んでいくことが多く，地域の神々と共存することにそれほど違和感がなかった。また，神道にとっては外来の仏を新たな神として迎え，それまでの神々の群れに加えていくのが，とてもおかしなこととは感じられなかった。

　ある宗教の要素とほかの宗教の要素が組み合わさって，正統的なものとは異なったかたちのものとなったものをシンクレティズムという。クリスマスにもみの木を飾るのは，ヨーロッパ古来の緑の樹木に自然の霊的な生命力をみる信仰と，キリスト生誕を祝すキリスト教のお祭が合体したシンクレティズムだ。日本の仏壇に位牌を祀りその前でお経をあげるのも，先祖の霊を尊ぶ東アジアの儒教的かつアニミズム的な信仰と仏教の礼拝様式が習合したものでシンクレティズムの例だ。

　普遍主義的な宗教が新しい土地に入ると，従来その土地に存在した信仰習俗を取り込みシンクレティズムが生じやすい。また，いくつかの強力な

宗教伝統が併存している場合，それらが結合してどの宗教伝統に属するともいいにくい信仰体系が生じやすい。儒教，仏教，道教が併存してきた東アジアではこれらの諸伝統が混じり合った宗教的実践が多々みられる（→114）。

◆神仏習合と神仏分離

日本の神仏習合は日本の神々の信仰と外来の仏教とが合体したものだが，一つになりきってしまったのではなく，それぞれが異質性を保ち続けたところに注目すべきだろう。仏教の中にも神祇信仰を排除しようとする浄土真宗など排他主義の信仰は根強かった。しかし，ほかの地域では消滅してしまうことが多かった土着の神々の信仰が保たれたという神道の持続力と，それが近代になって大きな力をもつようになった理由を考えたい。神仏習合は相手を受け入れ合ったことによって成り立ったという側面と，お互いに異質性を保ち続けたという側面の双方を理解する必要がある。

これは神道はいつから存在したのかという問題と関わっている。日本のさまざまな神々が地域ごとに崇敬者をもっていたというのなら神道というほどのこともない。日本の神々こそ本源的な存在だと信じ，多くの神々が日本の土地住民に縁がある一体の存在として意識されるには，神道側のアイデンティティ確立の動きが重ねられていかなくてはならなかった。すでに8世紀に記紀神話が成立し，律令制で神祇官という高次の機関が設定されたことは大きな意義をもった。伊勢神宮では早くから神殿地域に僧侶が入れないようにするとともに，独自の教説で仏教に対抗しようとする動きがあった。本地垂迹説はインドの仏が日本では神々の姿をとったとするもので仏を上位におくものだったが，同時に神々が仏に等しい内実をもつ存在だとするもので，神々への崇敬を高めようとする意志をも反映していた。

こうした神道の自覚が次第に強まって，仏教から神道を切り離し，独自の宗教体系として自立していこうとする動きが起こる。やがて神道こそ元にあったもので仏教や儒教はそこから派生したものだとする吉田神道や，仏教や儒教は神に由来する真実を曲げた人為的なもので劣っているとする国学の教説，あるいは日本の神々こそ宇宙の根源にあったとする民衆宗教運動などが現れ，明治維新の神仏分離へと展開する。　　　　　〔島薗〕

> **100** 近代化が進み，科学的知識が普及していくと宗教は衰退していくのか？ 聖なるものは次第に力を弱め，合理性が支配するような世になるのか？ ●世俗化論の妥当性

神話や奇蹟を信じていた時代は終わった。神々が支配すると考えてきた事柄の多くを人間の力で統御できることが明らかになった。かつて権威をもっていた聖典の知識に代わって，科学や世俗的歴史の知識が重要になり，僧侶ではなく科学的専門的知識をもった者が権威をもつ時代となった。科学革命を経て，啓蒙主義を通過した現代人はもはや宗教を見捨てていくのだろうか。F. ニーチェがいったように「神は死んだ」のだろうか。

◆世俗化論

近代化とともに宗教の影響力は衰えていき，人々は宗教的観念や実践に関わる度合いが薄まっていくと考え，この「世俗化」(secularization) を実証できるかどうかを論じることに多大な学問的エネルギーがかけられた時期があった。近代文明の発展により，人間の関心が聖なる (sacred) ものから俗なる (secular) ものに移っていくという世俗化論で，1960年代が特に盛んだった。だが，西洋の近代化が進んだある時期以降の知識人の多くは，特に論じなくても世俗化を自明のこととみなしていたふしがある。

とりわけ19世紀の後半，チャールズ・ダーウィンの進化論が衝撃を与えて以後は，キリスト教教育に代わって近代科学に基づく教育が広まっていく時期でもあった。この時期から20世紀の中葉にかけ，聖書に基づく知識よりも，世俗的な科学や歴史研究に基づく知識がもっと信頼できるという考えが人々の間に浸透していった。それはまた，世界の先進国で国民皆教育が実現していき，事実，近代科学に基づく知識が多くの住民に浸透していく時期でもあった。この時期が近代医学の成功の時期であり，多くの感染症が克服され，平均寿命が延びていく時期だったことも重要である。

ところが1960年代，70年代の宗教社会学の世俗化論は，このような宗教的な知から科学的な知への変容という問題をあまり取り上げることがなく，近代化が始まって以来の社会システムの変化やそこでの宗教の地位をマクロに問うようなものが多かった。社会制度が合理化され，政治や法や

経済や医療などの個々の制度領域は,それぞれ独自の世俗的原則に基づいて運営されていくようになる。そこに宗教的な観念や実践が介入する余地はなくなる。社会制度が分化する以前は宗教が社会生活の全領域に深い関わりをもっていた。近代化によって各領域がそれぞれ合理性に基づく自律的な運営原則を獲得していくと,宗教は排除され,狭い私生活の領域に閉じこもっていかざるをえなくなる。それが世俗化だと論じられた (→ 91)。

◆再聖化論

ところが,イラン革命が起こる1970年代の終わり頃から,世俗化論の妥当性を問い直す論調が力を増してくる。世界各地で宗教復興の兆しがみえ,社会制度の中に宗教的な観念や実践を取り戻そうとする動きがめだつようになった。宗教復興勢力のうち,イスラームやキリスト教の強硬派はファンダメンタリスト(原理主義者)とよばれる機会が増えた。キリスト教圏では福音派,イスラーム圏ではイスラーム主義などともよばれる(→ 34)。インドではヒンドゥー教に基づく社会体制を目標に掲げる民族奉仕団(RSS)やインド人民党(BJP)が力を伸ばすが,これは宗教的ナショナリストの例である。これらの潮流は公立学校で正統的な宗教の教義に基づく宗教教育を施したり,公的生活においても戒律を守ることを求めるなど,社会生活の中に宗教の影響を取り戻そうとする姿勢を明確にしている (→ 30)。

ファンダメンタリストの勢いはどちらかというと発展途上国でめだち,先進国ではますます教会離れの傾向が強まっているようにもみえる。だが,先進国でも宗教勢力の政治力が増しているようでもある。ホセ・カサノヴァは,政教分離が進むことによって,カトリック教会が経済的正義や平和について宗教的信条に基づく政治理念を積極的に説くようになったことについて,「公共宗教」という言葉を用いて論じている。他方,組織的な宗教への帰属は好まないが,それぞれの個人なりの霊性(spirituality)の育成,探究に対する関心は増えている。ホリスティック医療とかトランスパーソナル心理学のように,近代科学の限界を超えて霊性的な要素を専門家の知に組み込むことを求める動きもめだつ。このような状況は世俗化と再聖化を現実に即して調べ直す作業を促している (→ 17, 36)。 〔島薗〕

> ***101*** 宗教集団にはどのようなものがあり，歴史上どのように変化してきたのだろうか？ 宗教を集団という側面からみると，何がみえてくるだろうか？ ●宗教集団の類型論

「宗教」(religion) という言葉には，宗教集団をさす用法もある。多くのアメリカ人は何らかの宗教集団に帰属するのが当然だと考えており，アメリカ社会ではこの用法はごく自然に受け入れられる。救済宗教の諸集団が多数並存し，競い合っている場合だ。他方，多くのユダヤ人やインド人や中国人のように信仰心はあつくても，特定の宗教集団に属しているという自覚をもってはいない場合もある。一つの救済宗教がその社会の大方を支配しているイタリアやアラブ諸国のような場合，その中間となろう。西欧のキリスト教世界から育ってきた宗教社会学の宗教集団類型論は，最初と最後の場合を対比しながらかたちづくられた（→ *91*）。

◆チャーチ／セクト／デノミネーション

M. ウェーバーや E. トレルチは，キリスト教の組織をその社会の主流派であるチャーチと少数派であるセクトに分けることで，宗教集団の社会的機能を理解しようとした。国教やそれに近い影響力をもった宗教集団が存在する場合，その社会の大方の成員は，生まれたときからその宗教集団に帰属することになる。このような宗教集団のあり方がチャーチだ。チャーチはその社会の有力者も密接に関与しており，社会から敬意を集める聖職者がとりしきっている。フランスのカトリック教会やイギリス国教会やドイツの二大教会はチャーチの代表的な例だ。

これに対して，イギリスのバプティスト，カルヴァン派，クエーカーなどは主流派の宗教性が妥協的だとして，聖書に示されたキリストの教えに忠実な信仰を求める少数派の人々が 16～17 世紀につくったセクトである。セクトはその後増大するが，宗教的真理にめざめた個々人の自発的な参加による結社的な集団だ。そこでは聖職者と一般信徒の間の区別は小さく，すべての構成員が真理の実現に責任をもつとされる。セクトは現在の社会状況に批判的な人々が信仰の原点に帰ろうとする非主流の宗教集団だ。

アメリカに移民した初期の清教徒はセクト的な信仰をもつ人々であり，

その後もアメリカにはそこでこそ宗教的理想を実現しようとしてセクトの人々が多数移り住んだ。しかし，やがてセクトのメンバーが安定した社会的地位を得るようになると，現在の社会のあり方に妥協的になっていく。アメリカではさまざまなチャーチやセクトが多数併存し，全体として主流派的な地位を占めるようになる。そうした諸派をデノミネーション（教派）という。H. リチャード・ニーバーはデノミネーションに属することが市民の条件のようになっている 20 世紀前半のアメリカでは，体制批判を具現するキリスト教の精神は窒息しがちだと論じた。

◆「宗教集団」を要しない宗教性

チャーチとセクトを基軸として宗教集団を論じるのはキリスト教世界では妥当かもしれないが，ほかの文化に適用するのは困難だ。イスラームのスンニー派のようにイスラム法学者（ウラマー）や礼拝の先導者（イマーム）は大きな役割をもっていても，僧侶-信徒関係がないような宗教では，「宗教集団」という語のさすものが明確でなくなる。宗教が独自の組織をもたないが，それなりに宗教的な儀礼や実践の体系があるといってよい場合，宗教と政治や法の区別がつきにくくなっている。また，地域や家の共同体がそのまま宗教の単位になっているような日本の伝統社会の場合（→2），宗教集団を問うことは社会集団のあり方そのものを問うことになる（森岡 1962）（→45）。このような場合，そもそも「宗教」という語を分析の軸に据えてよいのかどうかから考え直していく必要があるだろう（→78）。

また，現代ではキリスト教世界も含めて多くの先進国や大都会で，宗教組織に関わりをもたずに霊性（スピリチュアリティ）を育てようとする関心が高まっていることにも注意が必要である。近代化が進むと，個人が自ら霊性を養おうとするとき，宗教集団との関わりがかえって邪魔になると考える傾向が強まる（→36）。すでにトレルチはそのような傾向に注目し，チャーチやセクトと並ぶ，第3のキリスト教の社会形態として，「神秘主義」（mysticism）をあげていた。1970 年代以降の先進国で広まっているニューエイジ（欧米）や精神世界（日本）のような運動は，トレルチが神秘主義とよんだものが具体化してきていることを示すよい例だろう。

〔島薗〕

## 102　集団自殺など自己破壊的な行動をとる教団がでるのはなぜか？

●機能主義，剥奪理論

人民寺院（1978年），太陽寺院（1994年）など，集団自殺という衝撃的な事件を起こした教団がある。異教徒を殺害するテロ以上に外部の者にはわかりにくい行為である。なぜ信者たちは自己破壊に向かったのか。

◆剥奪理論からみた宗教

テロと自殺は一見反対の行為だが，社会を大きく変えたいという志向性をもつ点では似ている。急激な現状変革には，破壊してつくり直すか，脱出（＝自殺）して理想郷を他界で築くしかないという考えから生まれるものである。ではそうした願望をもつのは誰なのか。

それは当然現状に満たされずにいる人々だろうという推論から生まれたのが「剥奪理論」である。不当に不利な境遇におかれていると感じる人々が宗教を求めるというものである。貧しさしか知らなければ不満は起こらないが，周りに比べて自分がいわれなく苦しめられていると感じると，世の中はおかしいと思うようになるという説だ。

剥奪理論は広くは機能主義に属する。機能主義には大別して二つの流れがある。宗教研究に即していえば，一つはE. デュルケム（→ 90）の宗教－社会統合論を先駆とするような，「宗教は社会全体を存続させる働きをもつ」とするもの（→ 103），もう一つは剥奪理論にみられるような，「宗教は個人の欲求不満を充たす働きをもつ」とするものである。

しかし，その不満解消法は誤りであるとこの理論をとる研究者は論じてきた。社会問題は政治的手段によって改善するべきである。宗教を信じれば，それも自殺すればよいとするのは，手段の取り違えだというのである。

もっともな意見に聞こえるが，この理論は強い批判を受け，その母体となる機能主義も1950年代以降は廃れた。なぜそうなったのか，当時の代表的な研究事例である，カーゴ・カルトというメラネシアの宗教運動（19世紀後半～20世紀前半に頻発）についてみよう。

◆カーゴ・カルト（積荷崇拝）

カーゴ(船の積荷)とは白人の植民者がメラネシアにもたらした珍しい宝物(白人からみれば安価な工業製品)のことである。現地の人々はなぜ白人がカーゴを独占しているのか疑問に思った。人々はもともとカーゴは白人ではなくあの世の祖先がつくったものであると考え,それが船で送られる途中で白人に横取りされたのだと結論づけた。そこでカーゴが自分たちのもとへ無事到着するよう,人々は熱心に祈った。トランス状態に陥るような熱狂的な祭(カルト)を続けた。だが,カーゴが到着することはなかった。

この現象の説明にまず適用されたのが剥奪理論だった。すなわち,この宗教運動は,抑圧される被植民者の欲求不満解消のために起こった。だが,人々に本当に必要なのは政治的な抵抗運動である。祭をしたところで人々が豊かになるはずはなく,宗教は邪魔なだけだといった説明がなされた。

だが,この運動には不可解な部分が多かった。自分のカーゴの品々を壊したり,家畜も殺したり,なけなしの貨幣を捨てたりと,自殺まではいかないが自己破壊的行動をとる人々がいた。富を求める人々が,その目的からみるとまったく反対のことをしたのである。そこに注目し,カーゴ・カルトの宗教的意味を解釈する研究が相次いだ。例えば,自分たちの物品を破棄したのは,物は私有すべきでなく分かち合うべきだという伝統的な道徳を白人に教えようとするパフォーマンスだったというような説である。

このような解釈理論が機能主義と交代したのは,機能主義の理論内在的な問題(「役に立つから宗教は存在する」という単純な因果論)もあるが,人間観が貧困だとされたことも大きい。ストレス発散という生理的面よりも文化的面から人間を眺め,カーゴ・カルトは被植民者が西洋化に抗して,自ら世界観・価値観を再編した運動だったとする見方のほうが優勢になったのである。新宗教教団の自殺事件についても類似の解釈が試みられた。

だが,剥奪理論は適用しやすいためか一般には現在でもよく登場する。例えば,「オウム幹部と9.11テロ実行犯は,エリート学生が周りに才能を認められず,不満をもち過激な宗教にひかれるという点で似ている」という指摘があった。しかしどうだろう。双方の若者たちが同じ心理状態にあったのではなく,私たちの説明がワンパターン化しているのだとしたら?

〔藤原〕

## 103 「星条旗のアメリカ」が「宗教的」にみえるのはなぜか？

●象徴と社会

◆象徴の社会的機能

9.11テロ事件後，星条旗にあふれたアメリカを「宗教的」と形容する人が多かった。なぜそうみえるのか整理してみよう。

星条旗を振り気勢を上げる群衆の姿は，E. デュルケムのいう「集合的沸騰」（→ 90）にあたる。祭の盛り上がりに似ているわけだが，もう一つ重要なのは，星条旗が「象徴」である点である。「象徴」の典型的意味は，「鳩は平和の象徴」のように，抽象的な概念を具体的なモノによって表すことである。星条旗はアメリカの国家理念，あるいは理念化した国家そのものを象徴する。現実のモノによって理念や価値が表されるという構図は，モノによって不可視の超越的存在（聖なるもの・神）が表されるのと酷似している。象徴を通して崇高なものを仰ぐのである。また，ひとたび理念や超越的存在を表すと，象徴自体も神聖視されるようになる。聖なるものを表す石が粗末にはされないように，国旗も丁重に扱われる。中でも貿易センタービルの廃墟で発見された星条旗は「聖なる旗」と崇められた。

こうした共通点のため，星条旗を掲げるアメリカ人の姿は「疑似宗教的」といわれやすい。だが，社会学的視点からは，宗教は社会の統合と存続のための文化的装置の一形態とみることができる（機能主義のもう一つの流れ→ 102）。国旗崇拝が宗教を真似ているのではなく，現在の国旗と同様の働きをしたのが，伝統社会では宗教的象徴だったということである。

◆象徴概念の宗教的背景

上記のような社会的機能についてみる限り，宗教的象徴と世俗的象徴には差はない（宗教的象徴は社会の統合に対抗する場合があり，特別だという意見もあるが，それは世俗的象徴についてもいえる。ピース・マークを掲げて反戦運動をする人々がいる）。ここでは宗教研究で使われてきた「象徴」の概念に，ある種の宗教観との奇妙な符合があることを指摘したい。

象徴を通して超越的存在が現れるとする研究者（エリアーデなど，→

93）は、「山を拝む人は山そのものを崇拝しているのではなく、山が象徴する聖なるものに祈っているのだ」と主張してきた。しかし、常にそうだといえるだろうか。聖山は山自体が聖なるものなのだと感じる人はいないだろうか。ではなぜこのような説が一方的に支持されたのかといえば、偶像崇拝の禁止（→ 22）という唯一神教の教義との関係が考えられる。つまり、この説には「未開人だからといって、山を神と同一視するほど愚かではない。拝んでいる対象は、われわれキリスト教徒と同じようにみえない神なのだ」という捩れたオリエンタリズム（→ 112）が潜んでいるのである。

　もう一つ同様の例がある。儀礼・呪術行為は「象徴」的行為であるとする説である。「星条旗を焼く」という怒りの行為にでる人は、それによってアメリカに物理的ダメージを与えられるなどと思ってはいない。同様に、藁人形に釘を打つ人は、それによって敵に危害を加えられると信じているわけではなく、この行為は「象徴」的なものにすぎないとする説である。これも「未開人だからといって、まさかそんな非科学的なことを信じてはいまい」という考えから発しているのだが、直感的に変だと感じる人が多いのではないか。この説にある「象徴」の語法の原型は、プロテスタントの聖餐式解釈にみることができる。カトリックではパンとワインはミサの最中にキリストの肉と血そのものに変わるとしていたが、これに対してプロテスタントでは前者は後者を「象徴」しているにすぎないとした。この解釈は近代科学と調和した。「非科学的なことを信じているわけではない」と主張するために、「象徴」の語が使われるようになったのである。

　これらの説は、他者の宗教を馬鹿にしないという良心から生まれたことではあったが、内実は自己の投影だったと批判されても仕方ないような強引さがある。こうした混乱をほぐそうとするうちに、学術的な象徴概念は日常的用法から次第に離れ、現在では「象徴は何かを表すものではない」とする説すらある。しかし、現代社会の象徴を分析する場合は、その表すものに注目することには意味がある。星条旗にみるものは「強いアメリカ」「苦境で連帯する市民」等々と人によって違っても、それを一つに包み込むのが象徴であり、それがその可能性でもあり危険性でもある。　〔藤原〕

## *104* 謎の団体，フリーメイソンとは何か？

●構造主義，二項対立

◆「構造」という視点の意義

　謎の団体といえば，『ダ・ヴィンチ・コード』のシオン修道会，ジョージ・ブッシュもジョン・ケリーもメンバーだというスカル・アンド・ボーンズが話題になったが，最もよく聞くのはフリーメイソンだろう。しかし，有名なわりにはフリーメイソンというのは調べれば調べるほどかえって謎めく団体である。「フリーメイソンの陰謀」と聞くので危険な団体かと思えば，事典には石工のギルドだとか，アメリカではジョージ・ワシントン，ベンジャミン・フランクリンらもメンバーだったと書かれている。スローガンは博愛主義，自由・平等の実現であるという。だが，それが目的ならばなぜ特別な団体を一般の政治・社会組織とは別につくる必要があったのか。しかもこの団体を秘密結社とする説明もあれば，そうではないとする説明もあるという始末である。

　しかし，ここで次のように考えると，このような団体が社会の中でどのような特性をもっているのかが次第に明らかになる。フリーメイソンが躍進した18～19世紀のアメリカでは，大陸の「カトリック」に対して「プロテスタント」，「階級」に対して「平等」がそのアイデンティティとされていた。カトリックに対するプロテスタントの主な特徴には，儀式を排するというものがある。フリーメイソンはこれらの点でアメリカの表の顔の裏返しになっている。非常に複雑で長時間続くという加入儀式。徒弟・職人・親方から始まり何層にも分岐した位階制。上下関係があるのに，メンバー同士は「兄弟」と呼び合い助け合う。この特徴は反個人主義的である。つまり，神の前に一人立つプロテスタント，特にピューリタンの姿や，資本主義経済の進展の中で加速する競争原理に対立するものである。結社というかたちで外部社会から一線を画し，特定の情報を内部に留める特徴も，出版メディアが発達し情報が広く流通し始めた社会情勢と対照的である（ちなみにフランクリンの生業は出版業であった）。以上のように，アメリカ社会がある一定の方向に進む中，それとは反対の特徴を保持・強化して

いったのがフリーメイソンなのだとみることができる。

このようにある現象をそれ一つのみから理解するのではなく, ほかの現象との関係をみるのが,「構造」の視点から分析するということである。単独で捉える限りは, いくら詳しく調べても, どんなに歴史を遡ってもつかみどころがなかった現象が,「構造」に注目した途端にわかることがある。

### ◆象徴と構造

フリーメイソンの例をみていると, このような団体が出現するのは,「人間には表で否定しても必ずわき起こる儀礼衝動があるから」「男性の上下関係志向は普遍的だから」などと心理学的説明を添えたくなるかもしれない。しかし, C. G. レヴィ = ストロースを中心とする構造主義では, あるかないかわからない心的衝動を措定せずに, 文化が構造をなすのは「二項対立」という最も基本的な思考法によるのだと説明した。人間は事物を男／女, 内／外, 生／死などの2種のカテゴリーに分けることで認識する。その組み合わせが文化の秩序を形成するのである。

構造主義では象徴についても意味ではなく象徴間の関係に注目する。仏教の僧侶の剃髪は「脱俗」を象徴する。だが, なぜ髪のないことが脱俗を表すのかに答えるのは容易ではない。ところが, この習慣が始まったインドをみるならば, これはヒンドゥー教との差異化につながっていたことがわかる。ヒンドゥー教の修行者は, 髪を伸ばし放題に伸ばすことで同じ脱俗を表すことが多い。仏教の僧侶は剃髪, ヨーギはもつれ髪という二項対立をなしているのである。宗教的なもつれ髪には, ほかにドレッドがある。このレゲエ・ミュージシャンらの髪形は, ヨーギの髪とはまた異なる構造的位置にある。それは白人の「文明」に対抗する宗教運動（ジャマイカのラスタファリアニズム）から起こったもので, 人工的な加工はいっさい加えずただ放置することでできる「自然」を象徴しているのである。

ラスタの二項対立は意図的だが, 構造主義は無意識のうちに生まれる構造を解明するという研究法だったため, 証明が難しいとされた。だが, 現在のポストコロニアル批評（→ *111*）は, こうした構造は偶然できるのではなく権力作用の結果だとみなすことにより, 構造主義を引き継いでいる。

〔藤原〕

●第14章参考図書

[入門書]

島薗進『精神世界のゆくえ——現代世界と新霊性運動』東京堂出版，1996年。

関一敏・大塚和夫編『宗教人類学入門』弘文堂，2004年。

[基本書]

アサド，T.／中村圭志訳『世俗の形成——キリスト教，イスラム，近代』みすず書房，2006年（原著：2003年）。

ヴェーバー，M.／大塚久雄訳『プロテスタンティズムの倫理と資本主義の精神』（改訳版），岩波文庫，1989年（原著：1920年）。

エヴァンズ゠プリチャード，E. E.／向井元子訳『ヌアー族の宗教』岩波書店，1982年→上・下，平凡社ライブラリー，1995年（原著：1956年）。

カサノヴァ，J.／津城寛文訳『近代世界の公共宗教』玉川大学出版部，1997年（原著：1944年）。

ギアーツ，C.／吉田禎吾ほか訳『文化の解釈学』I・II，岩波書店，1987年（原著：1973年）。

佐々木宏幹『シャーマニズム——エクスタシーと憑霊の文化』中公新書，1980年。

ジラール，R.／古田幸男訳『暴力と聖なるもの』法政大学出版局，1982年（原著：1972年）。

高取正男『神道の成立』平凡社，1979年。

ダグラス，M.／塚本利明訳『汚穢と禁忌』思潮社，1985年（原著：1966年）。

デュルケム，E.／古野清人『宗教生活の原初形態』岩波書店，1941-42年（原著：1912年）。

バーガー，P. L.／薗田稔訳『聖なる天蓋——神聖世界の社会学』新曜社，1979年（原著：1967年）。

フレイザー，J.／永橋卓介訳『金枝篇』岩波書店，1951-1952年（原著：1925年）。

森岡清美『真宗教団と「家」制度』創文社，1962年。

湯浅博雄『バタイユ——消尽』講談社，1997年。

ユルゲンスマイヤー，M. K.／阿部美哉訳『ナショナリズムの世俗性と宗教性』玉川大学出版部，1995年（原著：1993年）。

ルックマン，T.／赤池憲昭・J. スィンゲドウ訳『見えない宗教』ヨルダン社，1976年（原著：1967年）。

レヴィ゠ストロース，C.／仲沢紀雄訳『今日のトーテミスム』みすず書房，1970年（原著：1962年）。

レヴィ゠ストロース，C.／大橋保夫訳『野生の思考』みすず書房，1976年（原著：1962年）。

# 第15章
# 宗教を思想において問う

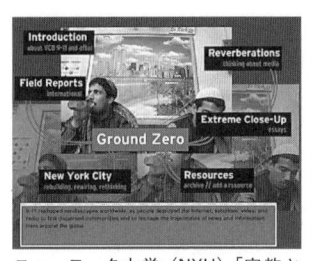

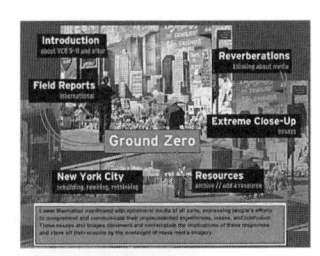

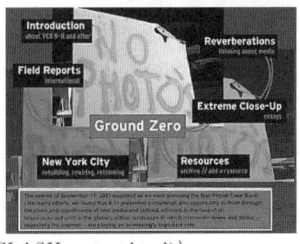

ニューヨーク大学（NYU）「宗教とメディア」センターの9.11テロ記録サイト。あの事件をアメリカ人はどう宗教的に意味づけたのか……。
(Courtesy of Barbara Abrash, the Virtual Casebook Project, New York University. <http://www.nyu.edu/fas/projects/vcb/case_911_FLASHcontent.html>)

　宗教学は諸宗教の序列化は行わない。しかし，単純に「宗教は似たりよったり」，あるいは「それぞれユニークで比べようがない」とするのは，考えることの放棄である。各宗教の特徴が際立つのは思想においてであろう。中でもヒンドゥー教・仏教伝統と唯一神教伝統についてはそういえる。これらの宗教は古来より多数の学者を抱え，人間と社会の現状，救い，救いへの到達手段をどう理解すべきかについて思索を重ねてきた。それにより，特徴ある考え方はいっそう先鋭化したり，それへの反動が起こったりというダイナミズムが生まれた。本章はこうした宗教思想に異文化理解的アプローチで迫る。すなわち，「ありがたい教えの紹介」ではなく，一見奇妙な思想について，なぜそのような考え方がでてくるのかを探り，逆に多くの人が思い込みがちなことについて，本当にそうかと問うてみる。

## 105　すべての宗教は根底ではつながっている？

●宗教多元論とその問題性

◆宗教多元論の意義

　『略奪の大地』(制作国：ブルガリア) という実話を基にした映画がある。舞台は17世紀のブルガリア。オスマン・トルコ帝国がバルカン半島を征服する過程で、キリスト教徒の子弟を強制徴収し、ムスリムとして厳格な訓練を施し、親衛隊としたことから生まれた悲劇を描いたものである。文字通り「コーランか剣か」と詰め寄るイスラム兵がでてくるので、映画がどこまで事実なのかについては意見が分かれるだろうが、一つ印象的な場面がある。イスラム軍により改宗を迫られた村の神父が天啓を得る。「イエスでもアッラーでも神は同じだ」。神父は苦悩から解き放たれ、村人に「命のほうが大事だ。改宗せよ」と告げて回り、自ら先頭に立ってターバンを被り、信仰告白(シャハーダ)を唱えるのである。

　ここにみられるような「宗教はいろいろあっても、拝んでいる神は同じ」という考え方、あるいは「表面的には多様にみえても、追求している根本的な真理は一つ」という考え方は「宗教多元論(多元主義)(プルーラリズム)」とよばれている。比喩を使うなら、諸宗教の信者は同じ一つのものを別々の角度から眺めている、または同じ山の頂上に向かって別々の道を登っているという理解である。日本語の語義からすると一元論のようだが、普通はこれを多元論とよんでいる。この考えをとる人は、宗教の見かけの違いにこだわり対立することはくだらないことだとする。自分の登る山だけが特別だと信じている人たちに、いや、実はみな同じ山頂をめざしているのだと論したいのである。語義通りの多元論、すなわち宗教ごとに山自体が違うというモデルだと、どれか一つだけを真理に至る特別な山とみなす立場(排他主義)を退けることが難しくなり、具合が悪いというわけである。

　多元論の支持者は西洋では近代に入ってから増えた。社会に寛容の精神が広がったことにもよるが、教義よりも宗教体験を重視する宗教観が台頭したことと関係が深い。言語のかたちをとる教義よりも体験のほうが「根

本では同じ」という主張には合いやすい。これは日常的経験についてもそうである。同じ果物をある人は「orange」だと、ある人は「みかん」だと表現し、またある人は「初めてみるものだ」と言ったとしても、一房口に含めば三人とも同じ味を体験するものと普通は思う。宗教体験は、自他の別が消える、宇宙と一体化する等々と特徴づけられてきた体験なのでなおさらである。ニューエイジ（→ 36）ともなると多元論のほうが当たり前である。根はつながっているからと、抵抗なくさまざまな宗教に親しむ人が多い（→ 84）。

◆宗教多元論の問題

　このように平和的な思想なのだが、多元論には問題もある。信者にとっては、自分の宗教の信者であり続ける積極的な理由が希薄になるというところがまず問題になるが、ここではそれよりも論理的な問題をみてみよう。「同じ果物の味は誰にとっても同じ」とは本当にいえるだろうか。自分が体験した味と隣の人が体験した味が同じか否かは、あなたにはどうしたらわかるのか。これは哲学でいうところの「独我論のアポリア」である。「『宗教体験はどの宗教の信者でも同じ』といえるのか」とだけ問うと、「そんな超越的な体験のことは証明しようがない」という答えが返ってきがちだが、これは対象が宗教だからということで逃げられる問題ではない。「宗教体験はみな同じ」と主張するためには、独我論を乗り越えることが課題になる。それはまた、独我論の袋小路に陥った近代哲学を根本的に問うことでもある。

　この問題はまた、多元論と一見対照的である、「山は宗教ごとに別」、すなわち「諸宗教はそれぞれユニークで共通部分はない」という考え方（通常「相対主義」という）にも及んでいる。この考え方では「宗教Ａの信者の宗教体験はみな同じ」ことになるが、信者の集団が小さくなっただけで論理的には多元論と変わっていないからである。

　さらにいえば、多元論や相対主義ではすべての宗教が並列の関係にあることが最初から前提されているのも問題である。諸宗教の社会的平等を謳うのはいい。しかし、例えば「山」をそもそも設定しないような宗教はないのか。次項以降ではこれについて考えてみよう。

〔藤原〕

> *106* ある一つの宗教思想だけが非常に変わっていて、それに比べるとほかの宗教思想はみな似たようなものだとする説が20年前に日本で流行した。
> ●ポストモダン思想における仏教評価

◆ 1980年代の仏教ブーム

「すべての宗教は根本的には同じ」とは簡単にいえないとすると、では「根本的に違う」宗教はあるのだろうか。これについては、諸宗教がそれぞれ互いに異なるのではなく、ある一つの宗教だけが特異なのだという極端な議論が起こったことがある。昔の外国ではなく最近の日本の話だ。1980年代に論壇を賑わせた思想に「ポストモダニズム」というものがある。定義が多様化しており混乱しやすい言葉だが、ここでいうのは当時哲学・思想の分野で流行し、「ポスト構造主義」とも「ニューアカ(デミズム)」ともよばれたものである。その論客たちが、一つだけ次元の違う宗教として注目したのは仏教であった。それはなぜだったのか。

ポストモダニズムは「近代」の思想やシステムが行き詰まったためにそれを超えんとして生まれた思想である。前項で言及した独我論のアポリアは、主客二元論に基づく近代哲学の行き詰まりを象徴するものであった。同時期に科学も危機を迎えたと盛んにいわれるようになった。理論物理学などの現代科学で、従来の説明体系では対応できない新発見が相次いだのである。近代科学は基本的な物体の捉え方については近代哲学と共通していたので、前者の危機はすなわち後者の危機でもあったわけだ。

その共通の物の捉え方とは実体主義である。実体とは存在するもの、特にさまざまなものの背後に基体として存在するものをさし、実体主義とは実体があることを大前提とする立場をいう。西洋哲学は古来より実体主義であった。基盤であるキリスト教が実体主義の最たるものだったからである。キリスト教の神は、他の助けを借りず自分自身で存在しているので、実体中の実体といえる。その神が創った、人間や世界、あるいは精神や物質も実体である。近代以降の神が排除された世俗的な哲学でも、精神か物質のどちらかは究極の実体とみなされ、そこから世界の成り立ちが説明さ

れてきた。この実体主義は、広くとれば構造主義まで続いたのである。

ポストモダニストはこの実体主義こそが間違いだったと指摘し、哲学の一大転換を図った。仏教を特別視したのは、それが実体主義を徹底的に否定した世界唯一の思想だからであった。仏教の中心である「無我」の思想で否定されている「我」とは実体のことなのである。人間が煩悩をもつのは、実体があると錯覚しそれに執着するからだと仏教では教えてきた。

ということは、ポストモダニズムと仏教からみれば、キリスト教には根本的なミスがあり、それだけではなくほかのすべての宗教も間違っていることになる。神・霊や何らかの究極原理（ヒンドゥー教のブラフマンなど）を「ある」としない宗教はないからである。道家思想は「無」の哲学といわれるが、その「無」は実体化されている。仏教は厳密にはただ虚無を説くのではなく、「ある・ない」の二元論自体が迷いであるとみ、それとは一段レベルが異なる「無」「空」（→ 54）の概念を使うのである。

したがって、ポストモダンの観点からは仏教は宗教の中でも別格であり、最先端の哲学をはるか昔に先取りしていたということになった。かくして仏教（生活仏教ではなく哲学仏教）は若者に新鮮な刺激を与えた。

◆「近代の超克」論

だが、実はそのような事態は80年代が初めてではなかった。戦前の京都学派の「近代の超克」論は、仏教思想を武器に西洋近代を批判したものだった。このときは思想上の対決に止まらず、実際の戦争を正当化したため、その後京都学派の思想は魅力的だが危険だと警戒されるようになった。

このことを私たちはどう受け止めればよいか。仏教がその他の宗教より論理的には一段上位にあるとしたポストモダニストの主張は理にかない、だからこそ第一線の研究者もそこに可能性をかいまみた。しかしまた、その特異性ゆえに、京都学派の例のように政治に利用される危険性もあることを忘れてはならない。80年代に仏教は近代の閉塞状況を打破するのではという期待感が増したときには、オウム真理教も勢力を拡大したのだった。

また同じポストモダニズムでも、欧米では仏教はそれほど持ち上げられない。むしろ宗教を批判的（還元的）にみるのがポストモダン的だとされている。東洋宗教を評価するのはニューエイジ系である。　　　〔藤原〕

***107*** 日本人のいう「無宗教」は西洋では「無神論」と誤解されやすいという。どこが違うのか？

●無神論，ヒューマニズム

◆無神論とは何か

どの宗教が特異とみられるかは，状況や観点にもよる。日本の多くの人にとって知名度の割になじみが薄いのは，ユダヤ・キリスト・イスラームの思想であろう。これら唯一神教とよばれる宗教は，神の数が一つである点だけではなく，考え方において総合的に多神教とは異なっている（→ *53*）。その特徴をこれから *110* まで，四つの問いを導入としてみていこう。

あなたの宗教は何かときかれて「無宗教です」と答えると，唯一神教圏では「無神論者」（atheist）だと受け取られることがある。そう思われると面倒なことになりかねないので気をつけよという人もいる。なぜなのか。

『コリーナ・コリーナ』というアメリカ映画がある。母親を失った少女の心を家政婦が徐々に開いていくというストーリーだが，この少女の父親が無神論者という設定である。家政婦のほうはごく一般的なアメリカのキリスト教徒という役で，少女を慰めようと「ママは天国からみている」と話しかける。ところが，これを聞いた父親は家政婦に「そんなことを娘に吹き込んでもらっては困る」ときつく注意する。天国というのは悲しみを和らげるために人間が創り上げたものにすぎないというのである。

またアメリカ映画『コンタクト』は，人類が初めて異星人を訪問することになったという設定だが，その飛行士一名を決める選考会のシーンがある。最有力候補の科学者は無神論者で，「あなたは神の存在を信じるか」という質問を受けて「データのないものは信じない」と答える。とたんに「人類の多くが神を信じているのだから，信じない者はその代表としてふさわしくない」と異議が起こり，科学者は落選する。

このように無神論者は，神，天国，霊魂などをすべてフィクションとみなす。ただ個人的に信じられないからというのではなく，これらは非科学的であり，心の弱い人間の現実逃避の手段にすぎないといっさい否定する。天国・地獄ならばキリスト教徒でも信じない人はいるが，その伝統では究

極の実体（→ 106）とされてきた「神」を否定するわけだから，無神論者を自称するのは相当の覚悟を要する。感情的な宗教嫌いではなく熟慮による主体的な選択から生まれたアンチ宗教の立場なのである。

したがって，無神論者は宗教者と激しく敵対することになる。例としてあげた2つの映画はフィクションだが，無神論者が社会的にいかに浮いた存在かが描かれている。ただし，どちらの映画も，神を信じる人が人口の95％いるとされるアメリカのものであることには注意が必要だ。筆者はフランス出身の医師に「アメリカ人って宗教的すぎて変だと思わない？」と話しかけられたことがあるが，少なくとも彼の周囲では自然に無神論である人のほうが普通だったそうである。

また，「特に信仰はないが，無神論ではない」というと，「では不可知論者（agnostic）か」ときかれることがある。不可知論とは，「人間が認識できるのはこの現実世界のものだけであるから，神は存在するとはいえないが存在しないともいえない」という立場である。これは必ずしも宗教批判には結びつかない。人間の限界をわきまえることに止まるからである。

◆ヒューマニズムの多様な意味

もう一つ誤解を生みやすい言葉に「ヒューマニズム」がある。日本ではこの言葉は博愛に満ちた人道主義や人間の尊厳を重んじる好ましい立場として理解されている。ルネサンス期の人文主義という思想をさす場合もある。ところが，アメリカなどではヒューマニズムというとマイナスに受け取られることがある。この言葉は無神論に近いもの，すなわち神を否定し人間がすべてを支配しているとおごる立場だという理解があるのだ。例えば保守的キリスト教徒（→ 31, 34）は，人工妊娠中絶を容認する人々をよく「ヒューマニスト」とよんで非難している（この場合は「人間中心主義」と訳すとよさそうだが，この言葉はポストモダニスト（→ 106）が別の文脈で使っている）。

以上のような問題があるので，仏教徒などと自称するほうがいいのか無神論だと思われても構わないのかは相手次第なのである。まず相手がどういう宗教観の持ち主なのかを探るのが，リスク回避には必要だし，宗教研究の日常的な実践の第一歩でもある。〔藤原〕

> **108** なぜ神を信じられるのか？ 災難，迫害といった現実は信仰を脅かさないのか？
>
> ●神義論（弁神論）

◆9.11に神はどこにいたのか

無宗教の人間は，宗教者，特に熱心な唯一神教徒をみると，「なぜ信じられるのか」と不思議に思うものである。信者であっても病気や災害からは逃れられないようにみえる。毎日神に祈り善行を積んだのに災難に見舞われた場合，その人は「本当に神はいるのか」と疑わないのか（→58）。

信者がこのような疑問を抱くのはよくあることで，それへの答えは「神義論」（弁神論）（→18, 90）とよばれている。神義論はほとんどの宗教にも存在するが，唯一神教の神は絶対的・超越的とされるために，その神義論にはほかの宗教にはない特徴が現れている。一つ例をとって説明しよう。

9.11テロののち，アメリカのユダヤ・キリスト教徒はまさにこの神義論に直面した——「全知全能の神はテロを防ごうと思えば事前に止めることができたはずである。それなのになぜそうしなかったのか」。ほかの宗教ではこのような場合，「テロは神罰だったのだ」となるか「守り神の隙をついて悪魔がテロを起こしたのだ」となる。実はアメリカのキリスト教徒からも9.11＝神罰説はでたのだが，すぐに否定された。保守派のリーダーが，テロはリベラル派（前項で述べたヒューマニスト）に対する神の怒りだと述べたのだが，これは日頃の論敵を叩くのに悲劇をだしに使うような行為だと顰蹙をかったのである。神罰説をとると，「テロリストは悪くない」ということにもなるので，アメリカではとても受け入れられなかったのである。

それでは悪魔がテロを起こしたと考えればよいかというと，そうは簡単にいかないのが唯一神教である。それはこの宗教では神は絶対的存在だからである。悪魔に出し抜かれるようではその神は完全とはいえない。そこで次のような二つの説明が現れた。

◆神の決定と人間の自由意志

一つは，神がテロを起こした（自ら手を下したかテロリストの行為を黙認

した)が,それは被害者への罰ではなく,善いことなのだというもの。テロを惨事とするのは,あくまで私たち人間の見方である。神は神のみぞ知る深遠なプラン(＝神による決定・予定)の一環としてテロを起こしたのである。神はすべて善いように取り計らっているのだと信じよという説である(実際にはここまで割り切るのは難しいらしく,人間の目からも善いとみえる結果を何かしら指摘して納得するケースも多い。例えば「テロは惨事だったが,その後アメリカ人はかつてないほどに団結することができた。これは素晴らしいではないか。神を讃えよう」といった説がだされた)。

もう一つは,テロを起こしたのは神ではなく人間(テロリスト)だとする説明である。この世の出来事は基本的にすべて神の思い通りなのだが,神は人間に「自由意志」を与え,人間自ら善をなすか悪をなすかを決める余地を残しておいた。自由に自分の行為を選択できるということは,それに責任をもつということでもある。神はわざと人間をそのような状態におき,成長ぶりをみることにしたのである。テロは人間の自由意志によるものだったとする解釈は,それを人間がなした悪とみなすことにほかならない。

後者の説をとらず前者を支持する信者がいるのは,人間の自由裁量がきく部分を認めすぎると神の絶対性がそのぶん減少するというジレンマがあるためである。神の決定力に対する人間の自由意志の割合をどの程度とするかは,どの唯一神教でも伝統的な一大争点なのである。

どちらの説明にしても,信じない人にはかなり無理のある理屈にみえるかもしれない。だが,この理屈こそが唯一神教徒が神を信じ続ける秘密である。「苦しいときの神頼みはいけない」と日本ではよくいうが,唯一神教には「日頃から信心深い善人でも神頼みはいけない」という考え方がある。善いことをしたからといって神に褒美を願うのは,神と取引をする行為であり,絶対神を貶めることになると考えるためである。

「善行には報う」という常識すら超えた神を設定することにより,唯一神教は神に対する疑いをシャットアウトする論理を得た。災難が起こるのは,自分たちのせいである,あるいは神は善をなしているのであり,それを疑うのは信仰が足りないと反省する。このため,苦難や迫害に合うほど,神を恨むどころか信仰が強化されるという逆説が生まれたのである。〔藤原〕

### 109　唯一神教では神に人間が奴隷のように従っているようにみえるのだが？

●独裁制・陰謀説との比較，進化論批判

冒頭の言葉は，「どうも印象が悪い」と一学生が実際に語ったものである。神と人が宴の席で交流するというような民俗宗教的観念と唯一神教は原理的に疎遠であることは確かなのだが，ここではこの問いを次のように置き換えてみよう。超越的な唯一神に絶対的に服従する信者たちの姿は，独裁制と構図的には似ている。『スター・ウォーズ』などの映画に典型的にみられるように，アメリカを筆頭に西洋キリスト教圏では，「敵」は独裁者に盲従する群衆として表象されることが多い。独裁支配＝悪としながら，キリスト教徒たちは神への絶対帰依については違和感を抱かないのか。

◆決定論と独裁制の違い

これについては次のような区別がなされている。神はこの世の出来事を（神からみてであるが）善い方向へと決定している。人間は自由意志ゆえに神に背き悪をなすことがある。独裁制はこの反対である。独裁者は悪者であり，悪政によって人民を苦しめている。この場合，人民が独裁者の言いなりにならず，自分たちの意志によって対抗し，自由を勝ち取るのは善い。

このように絶対神と人間の関係と，独裁者と人民の関係は逆転している。しかし，この説明では，神は善，独裁者は悪という前提が論点先取となっている。神が実は邪悪な存在で，人間を破滅に導いているという可能性は論理的には打ち消せないのだが，それでもあえて神は善であると全面的に信頼するのが信仰というものなのである。

興味深いのは，人間の「自由」が悪と結びついているところである。近代以前はこの考えは徹底しており，自由意志よりも神の摂理に従うほうが世界は望ましい状態になるとされたので，現実社会での教会の圧政に対して革命を起こしたければ，自分たちの自由意志を否定するのがよいという，いまとは逆の発想すら存在していた。ところが，近代になると「自由」は善いものである，重要な人権であるという意識が広まる。現代アメリカ社会を舞台にした映画『ドグマ』では，人間に自由意志があることを羨まし

がる天使が登場するが（天使は自然に神に従うように創られている），昔のキリスト教徒はそのような話は思いつきもしなかったのではないか。

しかし，「自由」に積極的価値がおかれるようになった結果，近代においては唯一神教と独裁制の違いは，実際には微妙な問題になってきたのである。そのことを反映するのが昨今の「陰謀説」の流行である。

### ◆陰謀説と天地創造説の接点

陰謀説とは，いわば独裁制の独裁者を「見えない」存在と想定する説明体系である。「すべては裏で，ある強力な悪者によって操られている」というものである。日本にも陰謀論者はいるが，「神はこの世の出来事をすべて決定している」という思想が伝統的に存在するキリスト教圏・イスラーム圏では，陰謀説はなじみやすいのか盛んであるという。神が邪神である可能性は論理的には否定できないと先に述べたが，陰謀説はまさに裏で糸を引いている存在が悪意をもっていると前提するところから始まる。

アメリカのＳＦ映画では特に陰謀説が花盛りである。陰の支配者は人間とは限らず，宇宙人であったり，『マトリックス』のようにコンピュータであったりする。神は実は宇宙人だった，人間を創造したのは宇宙人だと信じる宗教は実在する。クローン人間開発で有名になったラエリアン教団（→6）である。荒唐無稽でも，宇宙人＝創造者説のほうが進化論よりも唯一神教の世界観には合う。保守的な唯一神教徒（→31, 34）が進化論を否定するのは，それが聖書の記述と違うからというだけではない。進化論はものごとは偶然起こるという機械論的世界観に基づいている。これに対して，人間を進化の偶然の所産とみなすのは味気ない，誰かが理由あって人間を創ったに違いないと信じるのが，唯一神教，宇宙人教に共通する目的論的世界観である。

より広くは，唯一神教と陰謀説はともに，「この世の出来事は偶然起こるのではない」という思想に貫かれている。陰謀説は唯一神教と似ているがオカルト的だとされるものだとすると，仏教でこれに対応するのは俗にいう「因縁」の観念である。「あなたの不幸は前世からの因縁による」の類だ。これも「ものごとは偶然起こる」とは思えない人の説明原理である。

〔藤原〕

## 110 キリスト教徒やイスラム教徒は自己を絶対化しやすく，宗教戦争を起こしやすい？
●二元論，選民思想，聖戦と正戦

これは日本社会では一つの通念となっているかもしれない。「彼らは善悪二元論をとるので，自分たちを善，異教徒を悪とし，滅ぼそうとする。これは一神教の病理である」――この理解は正しいだろうか。

◆「二元論」のレッテル化

仏教，特に106で取り上げた哲学仏教があらゆる二元論を相対化するのに比較すれば，唯一神教は二元論的であるということは間違ってはいない。仏教側が二元論は迷いのもとだといえば，唯一神教側は善悪まで相対化しては社会悪に立ち向かえないと反論するのが常であった。ところが近年，欧米の思想界では善悪二元論を批判する声がめだっている。その中心は宗教論者よりもポストコロニアリズム（→111）の論客である。社会的抑圧は，自分たちを善であり優越する存在，他者（他人種・民族など）を悪であり劣等な存在とする二元論的認識に基づいているというのである。

ここで注目したいのは，そのような批判では善悪二元論はキリスト教ではなくマニ教に帰されている点である。マニ教はイランで3世紀に起こった。同程度の力をもつ善神と悪神を二神立てるので，確かに唯一神教よりもいっそう善悪二元論的ではある。しかし「マニ教善悪二元論」を非難する欧米人をみていると，それこそ宗教的少数派に対する差別ではないかという疑問がわく。仏教からみれば人間はみな二元論的認識をもつ。それをマニ教に特化するのは，差別を生むこの思想は欧米文化の本質には関係なく，イランからの悪影響なのだと責任転嫁するような行為である。

だが，翻って考えると，「キリスト教やイスラームは好戦的，日本の宗教は平和的」と決めつける人もまた同じことをしているのではないか。つまり，こう考える人の視点こそが，善い宗教・悪い宗教を単純に二分する二元論ではないだろうか。106で述べたように，仏教や神道であっても，何らかの点でほかより優れていると自認すれば戦争を正当化しうるのである（→62, 66）。

◆選民思想

　他方、ユダヤ教は「ユダヤ人のみを神に選ばれた民と信じるので、排他的・攻撃的である」といわれてきた。しかし、ユダヤ教の選民思想には一つ変わった特徴がある。「世界の諸民族の中で、なぜユダヤ人だけが特別に選ばれたのか」という問いに対するユダヤ教徒のスタンダードな答えは「わからない」である。唯一神教では神は人間をはるかに超越しており、その考えは人智を超えているとする。したがって、神がなぜ自分たちを選んだのかは、人間である以上ユダヤ人にもわからないというわけである。多民族より優れているから、ということではなく、なぜだか知らないが選ばれてしまった。しかも、選ばれた後は〈特別ご優待〉の扱いを受けるどころか、苦難と迫害の連続でしごきにしごかれてきた。だが、それゆえに強固な信仰を保持してきたということは 108 で述べた通りである。これに対して、自民族の優越性を前提とする、ナチス・ドイツのアーリア人崇拝や国家神道の神国思想は、一度の敗戦で著しく弱体化したのである。

◆聖戦 (holy war) と正戦 (just war)

　9.11 テロ後、次のように語るアメリカのキリスト教倫理学者がいた。「テロリストはテロを聖戦とみなし、異教徒であれば一般市民でも殺害する。私たちが依拠する正戦はその反対で、道義的理由に基づき、一般市民の犠牲は避ける」。そう、現在アメリカのキリスト教徒は（一部の保守派を除き）聖戦や宗教戦争を前近代のものとし、戦争を正当化する場合は正戦論をとる。正戦論は、信仰の違いに関係なく納得できる正しい理由（自衛はよいが侵略はいけないなど）と節度ある攻撃方法（非戦闘員は対象から外すなど）を正しい戦争の条件とする。このように戦争正当化の論理は、文明国を自認するアメリカのキリスト教徒の間では宗教とは無縁のものになった。

　しかし、実際の正戦論は聖戦論と共通するところもある。聖戦論は、ある宗教の内輪の基準で敵を決める理論だとみることができる。それでは正戦論はその反対で普遍的かというと、正戦の基準が国際世論をよそに一国内部でのみ了解されたものであるなら、聖戦論と同じく閉じられている。逆に宗教的理由による反戦が普遍性をもつということもあるかもしれない（→ 25, 27）。

〔藤原〕

●第 15 章参考図書
[入門書]
落合仁司『「神」の証明——なぜ宗教は成り立つか』講談社現代新書, 1998 年。
小坂国継『西田幾多郎の思想』講談社学術文庫, 2002 年。
中沢新一『カイエ・ソバージュ』1～5 巻, 講談社選書メチエ, 2002-04 年。
仁戸田六三郎監修『現代宗教思想のエッセンス——世界 20 大宗教の本質と展望』（改訂版）, ぺりかん社, 1994 年。
花岡永子『絶対無の哲学——西田哲学研究入門』世界思想社, 2001 年。
廣松渉『「近代の超克」論——昭和思想史への一視覚』講談社学術文庫, 1989 年（初刊：1980 年）。
廣松渉・吉田宏哲『仏教と事的世界観』朝日出版社, 1979 年。
町田宗鳳『〈狂い〉と信仰——狂わなければ救われない』PHP 新書, 1999 年。
山本誠作・長谷正當編『現代宗教思想を学ぶ人のために』世界思想社, 1998 年。

[基本書]
植島啓司『男が女になる病気——医学の人類学的構造についての 30 の断片』集英社文庫, 1998 年（初刊：1980 年）。
上田閑照『私とは何か』岩波新書, 2000 年。
ヴェーバー, M./大塚久雄訳『宗教社会学論選』みすず書房, 1972 年（原著：1916-20 年）。
ウォーザー（ウォルツァー）, M./荒井章三訳『出エジプトと解放の政治学』新教出版社, 1987 年（原著：1985 年）。
カプラ, F./吉福伸逸ほか訳『タオ自然学——現代物理学の先端から「東洋の世紀」がはじまる』（改訂版）, 工作舎, 1990 年（原著：1975 年）。
デコスタ, G. 編/森本あんり訳『キリスト教は他宗教をどう考えるか——ポスト多元主義の宗教と神学』教文館, 1997 年（原著：1990 年）。
西田幾多郎『善の研究』岩波文庫, 1979 年（初刊：1911 年）。
ヒック, J./間瀬啓允訳『神は多くの名前をもつ——新しい宗教的多元論』岩波書店, 1986 年（原著：1980 年）。
森本あんり『アジア神学講義——グローバル化するコンテクストの神学』創文社, 2004 年。
山内進編『「正しい戦争」という思想』勁草書房, 2006 年。
リンドベック, G. A./田丸徳善監修/星川啓治・山梨有希子訳『教理の本質——ポストリベラル時代の宗教と神学』ヨルダン社, 2003 年（原著：1984 年）。

# 第16章
# 新しい問いと宗教学

1960年代を中心に,各地の小学校で,子供たちが木の電柱を再利用して「トーテムポール」を作った(後列の両端の児童の背後に立っているのがトーテムポール)。

---

　大型書店の人文・社会科学書コーナーでよくみかける「ポストコロニアリズム」(ポスト植民地主義・ポストコロニアル批評)という言葉は,分野横断的な新しい思想運動をさす。植民地時代に由来する「西洋白人男性」中心的な世界のあり方・ものの捉え方を変えようという動きである。しかし,これまでの宗教学にそのような反省が皆無だったわけではないので,何が新しいのか,従来の研究には何が足りなかったのかを確認したい。また,この運動を一時の流行に終わらせないためにも,ただそれを輸入するのではなく,宗教学の知見を活かした提言を試みたい。

## *111* 宗教は人間のためになるのか，それとも害になるのか？
●異文化理解とポストコロニアリズムの間

「ある特定の宗教がということではなく，どの宗教も人間にとってプラスになっているとは思えない」。このように言う人は，「宗教は心の弱い人の現実逃避だ」と考えていることが多い。研究者の中にもマルクスの「宗教は民衆のアヘンである」という類の宗教観をもつ人は少なくない。しかし，宗教学はこの種の宗教批判にはあまり与してこなかった。なぜか。

### ◆異文化理解の学としての宗教学

それは，宗教学は，このマルクス主義的な宗教観に反発しながら形成されてきたためである。「宗教の救済はまやかしだ」と知的エリートが人々を啓蒙するというのがこの宗教批判の構図である。しかし，普通の人々をそのように愚か者扱いしてよいのか，というのが宗教学の根本的な問いだった。その人々の信仰の中には，何か私たちは知らない知恵や価値観が含まれているのではないか。それに照らせば問題があるのはむしろ私たちのほうだということがわかってこないか。このように，自分のものさしを使って他者を裁断するのではなく，自分とは異質な他者を知ることにより自分の思い込みを正していくというのが宗教学のスタンスとなった。「益か害か」を即断する前に，その判断基準を自省するということである。

つまるところ，従来の宗教学は異文化理解の学の一種とみることができる。「宗教はアヘンだ」といわないのは，自分に信仰があるから宗教を擁護したいのではなく，「他者」に対する敬意の表明なのである。この「他者」は，狭義の異文化の人々だけでなく，無信仰の立場からみた宗教者をもさす。近代生まれの学である宗教学は，世俗的(セキュラー)な視点をとることを前提とした。合理化する近代社会においては，宗教は最も非合理であるからと究極の異文化として位置づけられたのである。

### ◆ポストコロニアル批評の衝撃

ところが，1990年代に入ると，このような異文化理解の諸学は偽善だったと告発する声が強くなった。これを「ポストコロニアル批評」とい

う。いまの日本では植民地(コロニー)と聞いても実感としてよくわからないという人が多いかもしれないが、この言葉・批評理論がカバーする領域は広い。

例えば、母校の小学校にトーテムポールがあったという記憶はないだろうか。トーテムポールとは西海岸のネイティブ・アメリカン（インディアン）の宗教的モニュメントである。日本では1960年代を中心に、小学校の卒業記念や図工の題材としてトーテムポールをつくることが流行した。その頃はインディアンものの童謡やCMも流行り、ちょっとしたインディアンブームだった。だが当時、ネイティブ・アメリカンは実際にはどのように暮らしているのかを知っていた人は何人くらいいただろうか。

実は1970年までアメリカはネイティブ・アメリカンに対して同化政策をとり、その伝統的な宗教活動を著しく制限していた。その一方で一般の学校では、トーテムポールづくりが導入された（これを日本はまねたことになる）。つまり、ネイティヴ・アメリカンには「宗教を捨てて文明化＝白人化せよ」と命じ、そのトーテムポールは「これは子どもにはちょうどいい」と教材に使い回したのである。

その間、研究者は何をしたかというと、ネイティブを虐げるなと政府に体を張って立ち向かうよりも、廃れゆく風習を書き留め、「トーテムポールにはしかじかの宗教的意味がある」とネイティブに〈なり代わって〉一般社会に語るほうが多かったのである（このように自分について語る言葉を奪われたネイティブにあたる人々は「サバルタン」と総称されている）。

当事者不在のインディアンブームを異文化理解とよぶのは欺瞞であること、それに普通の日本人もいかに加担したか、それを研究者はいかに助長したかがわかるだろう。このように従来の異文化研究が社会的抑圧と共犯関係にあったことを問題化したのがポストコロニアル批評である。

この批評の影響力は急増しているが、一つ問題提起をしたい。植民者側が植民地の文化について「語る権利」を独占したというが、伝統的宗教の中には、宗教について語ることは「権利」ではなく「不遜な行為」だとする考えもある。「語る権利」の普遍化は自分のものさしの特権化にはならないのか。それを問わずしてこの批評は異文化研究の乗り越えになるだろうか。

〔藤原〕

## 112 ゴスペル・ブームはなぜ起こったか？
### ●オリエンタリズム，アイデンティティ

◆オリエンタリズム

前項で述べたように，ポストコロニアリズムはマイノリティに対する抑圧を主題化する。宗教との関係では，「マジョリティの宗教が抑圧・差別を正当化した」という「宗教はアヘン」的論調と，「マイノリティの宗教が抑圧・差別された」という論調に大別できる。狭義の政治問題にとどまらず，マジョリティがマイノリティに負のイメージを付与する（「表象する」「まなざす」）ことでいかにその支配を正当化したかが指摘されてきた。この問題を「オリエンタリズム」という。西洋人が東洋人(オリエンタル)を非理性的・野蛮的と決めつけてきた問題を典型とするためである。

冷戦終結後，アクション系ハリウッド映画の敵役は，アラブ・ゲリラであることが圧倒的に増えた。そのようなアラブ人は，たいてい非人間的な存在として，すなわち名前も顔も判別不能，話す言葉は意味不明のテロリスト軍団として描かれている。これぞいまも続くオリエンタリズムであり，「アメリカはなぜイスラームをそこまで敵視するのか」という問いが自然に上がるような状況だった。ところが，9.11テロ後，状況は一変した。アメリカはもちろん日本も，「イスラームはなぜアメリカを憎むのか」という問い一色になったのである。この2つの問いの違いは大きい。不可解なのはアメリカではなくイスラームだとなった。そして，アメリカ-アラブ関係論では湾岸戦争・アフガン戦争といった国際政治史の事実関係的問題が前景化し，オリエンタリズムの問題はみえにくくなってしまった。

◆アイデンティティとステレオタイプ

オリエンタリズムはまなざす者に差別意識がなくても起こる。『ワッツタックス』という記録映画に，ジェシー・ジャクソン牧師（公民権運動指導者）を中心にアフリカ系アメリカ人の大観衆が "I am somebody!" と叫ぶ場面がある。これは「かっこいい」が，アラブ系ムスリムが同様のことをするならば，それは「怖い」と感じる若者は多いのではないか。宗教をよりどころとした民族主義運動であることに変わりはないのに，イメージ

は対照的である。このアラブ系ムスリムへの偏見がオリエンタリズムであることはいうまでもないが、アフリカ系アメリカ人への好感もまたそうなのである。「黒人はかっこいい」も固定観念だからだ。その「かっこよさ」の構成要素としてはスポーツと音楽が大きいだろうが、宗教に関してはどうか。

オリエンタリズムにおける他者イメージは、必ず自己イメージとポジ・ネガの関係をつくっている。自己イメージ（自分たちらしさ）は「アイデンティティ」、他者イメージ（あの人たちらしさ）は「ステレオタイプ」という。この例の場合は、「私たち＝非宗教的」、それに対してアフリカ系アメリカ人とアラブ系ムスリムはともに「宗教的」とイメージされている。ただし、前者ではそれが「誠実さ」「たくましさ」として肯定されているのに対し、後者では「狂信」として暗黙のうちに否定されているのである。

このイメージは日本特有というわけではなく、アメリカでも白人は自分たちより黒人は「宗教的」だと表象してきた。それは「白人＝文明的」というアイデンティティとセットであり、黒人の宗教性は「素朴な信心深さ」または「迷信的」とみなされてきた。これに対してアフリカ系アメリカ人は、単純に偏見を否定するよりも「黒人のほうが宗教的」をプラスのアイデンティティに転換する戦略にでた。「奴隷主の白人より自分たちのほうがよほど真のキリスト教徒じゃないか」というわけである。

この対決は信仰の表現形式にも及んだ。白人は自分たちの礼拝を「洗練」、ゴスペルを歌い踊る黒人の礼拝を「野生的」とし、軽蔑かつ憧れの対象としてきた。アフリカ系アメリカ人のほうは、魂（ソウルフル）がこもった礼拝こそ自分たちらしさだと熱狂をエスカレートさせる人々もいれば、決めつけに反発し静かな礼拝を新たなアイデンティティに選ぶ人々（ムスリム系など）もいる。

最近の日本のゴスペル・ブームは、このアイデンティティの駆け引きの中に私たちも参入したということを意味する。「信仰のない日本人がまねしても」という意見があるが、オリエンタリズムに照らせばもう一つの「まね」があることがわかる。それは、ゴスペルに「自然」を再発見し解放感を得る白人のまなざしに私たちのまなざしが一体化したことである。

〔藤原〕

## 113　ユダヤ教徒とユダヤ人は同じものか？

●本質主義，構築主義

### ◆オリエンタリズムが基づく恣意的な「くくり」作用

　前項を敷衍すれば，アイデンティティはある集団の中に最初から存在するのではなく，力の異なる集団間の駆け引きの中で形成され変化し続ける。「～らしさ」とは，ある狙いをもつフィクションだということだ。このような見方を「構築主義」とよぶ。対をなすのは「本質主義」，すなわちある集団の人々にはアイデンティティは本来備わっているとする見方である。

　オリエンタリズム批判は，構築主義に徹することで，従来の差別批判とは一線を画している。「○○人」「○○教徒」に対する差別は，まず人々をそのような単位で〈くくる〉ことから始まる。もともと文化・民族・宗教が違うから自然に別々の集団に分かれるのではない。〈奴ら〉と〈われら〉は違うという意識が先行し，それぞれの〈くくり〉の内部の人間は「似た者同士」だという思い込みが生まれる。ここから他者に対するステレオタイプ，自己に対するアイデンティティが形成されるのである。

　本質主義的な見方に慣れている人は，「いや，日本人と韓国人はやはり違う」などといいたくなるだろう。また，構築主義は「その偏見には根拠がない」と差別を批判する力をもつが，「自分たちらしさ」への信念に支えられたマイノリティは「それはフィクションだ」といわれれば傷つくだろう。とはいえ，構築主義によって新たにみえてくるものは大きい。

### ◆構築主義からみたユダヤ教徒とユダヤ人

　ユダヤ教徒とユダヤ人は同じなのか否かについて明記してある本は少ない。本質主義をとる限り，これは非常に混乱する問題だからである。

　アメリカ映画『僕たちのアナババナ』ではラビ（ユダヤ教指導者）は民族存続のため"jew"としか結婚できないというのが騒動の発端である。主人公は"jew"ではない女性に恋し悩むのだが，オチはあっけない。女性が"jew"に改宗することにしたため問題は解消したのである。"jew"になるには母親が"jew"であるか，勉強して改宗すればOKということになっている。

英語ではユダヤ教徒もユダヤ人も"jew"なのでひっかからないが，さて，この女性はユダヤ教徒になったのか，それともユダヤ人になったのか。もし女性が日本人なら，彼女はあくまで「ユダヤ教徒の日本人」だ。だから映画の女性も「ユダヤ教徒」にはなったが「ユダヤ人」ではないだろう。しかし，問題の発端は民族を守れという掟ではなかったか。それでは，ユダヤ教徒になることはユダヤ人になることでもあるのか。

　これは「民族」「宗教」という〈くくり〉が恣意的な構築物であることを示すよい例である。「民族」概念は血縁共同体とも文化共同体ともとられてきた。血縁共同体とすれば，他民族はユダヤ教徒にはなれてもユダヤ人にはなれないはずだ。ところが，現在「ユダヤ人」と総称される人々は身体的特徴においては実に多様だ。映画に登場する典型的ユダヤ人は，私たちなら「背が低めの黒髪の白人」と形容しそうな風貌である。だが，実際には金髪のユダヤ人も，"black jew"とよばれる人たちもいる。古代より他民族であってもユダヤ教に改宗することによりユダヤ民族の一員として迎えられた人は数多く存在してきたのである。血のつながりとしてのユダヤ人にこだわるのは，むしろナチスや「マラーノ」（ユダヤ人キリスト教徒）という語をつくった差別する者の側であった。

　では，「民族」を文化共同体ととるとどうなるか。「ユダヤ人」はその言葉からして「ユダヤ教」という文化的要素を共有する集団である。だが，ユダヤ教の聖典・戒律などは確かに共通性が高いが，その他の文化的要素となるとこれも地域によって多様である。「豚は食べない」などは一緒でも，パンはベーグルの地域もあればピタの地域もある。近代以降は信仰を捨てる世俗的ユダヤ人も出現するので文化的共同性はますます曖昧になる。

　しかし，「民族」「宗教」概念を構築物とみれば，論理的整合性に悩む必要は消える。"jew"という〈くくり〉をつくりたいその内外の人々が，それぞれの思惑のもと，異なる「民族」「宗教」概念により"jew"を名ざしてきたのである。「日本人はユダヤ教徒にはなれてもユダヤ人にはなれない」と考えるのは，「日本人＝単一民族説」に立っているか，文化の最も主要な単位を「国民国家」という〈くくり〉とすることを自明視しているかによる。

〔藤原〕

> *114* ブードゥー教は人を呪う恐ろしい宗教だと聞いているが、どうして生まれたのか？
>
> ●ハイブリッド，クレオール

◆ハイブリッド（異種混淆）とシンクレティズム

構築主義の観点からは、「○○文化」「○○人」などは単一のルーツをもたず、最初からミックス状態だったことになる。この状態を「ハイブリッド」とよんでいる。カリブ海地域に由来する「クレオール」（もとはその仏領植民地の黒人奴隷が創造した混成言語をさす）という言葉も使われる。宗教にも適用可能な概念だが、宗教学には「シンクレティズム」（神仏習合のように、複数の宗教が混じり合った状態、→99）という概念が以前から存在する。ハイブリッドはシンクレティズムとどこが違うのだろうか。

第1に、シンクレティズム概念では、混じり合う前の複数の宗教はそれぞれ純粋であったことが前提になる。「純神道」と「純仏教」が合体して神仏習合を生んだとみるのである。これに対して、ハイブリッド概念は、「純○○教」というものはどこにもないことを示している。習合前の神道や仏教もすでにハイブリッド状態だったということである。

類似概念に「マルチカルチュラル」（→31）がある。北米で多文化（民族）共存の状態をさすためにつくられた言葉である。よく「サラダボウル」にたとえられるのだが、この比喩は実は非常に本質主義的だ。ハイブリッドの発想ならば、トマト、レタス、キュウリがボウルに入って初めて混合状態となるのではなく、トマト、レタス、キュウリのそれぞれがすでに複数の野菜の掛け合わせから生まれた「雑種(ハイブリッド)」だとみなければならない。マルチカルチュラルをマルチレリジャスとおいても同じことがいえる。

第2に、特に「クレオール」の場合だが、当事者（カリブ諸島の文化人等）が自覚的・肯定的に使い出した概念という性格をもつ。「シンクレティズム」は学者の分析用語であり、「混ざり物＝まがい物」という否定的ニュアンスを伴うこともあった。「クレオール」が肯定的なのは、ある種の勢力に対抗する運動を象徴するからである。その勢力とは、西洋（アメリカ）文化による世界の画一化としての「グローバル化」と、それとは

逆向きの本質主義としての「土着主義」（奴隷の子孫による「純アフリカ性」回帰運動など）である。この2つに対抗し、「文化は混ざっているほうが豊かだ」と主張するクレオール主義は、極めて現代的な現象といえる。

◆ハイブリッド宗教としてのブードゥー教

さて、カリブの宗教で最も有名なのはブードゥー教である。この宗教はマスコミではすっかりアフリカの邪教扱いされている。だが、この言葉は仏領ハイチの奴隷の宗教に対して使われたのが最初である。支配者からカトリックを強制されつつも祖国アフリカの宗教を守るため、二つを巧みに融合したのがブードゥー教だというのが従来の理解であった。

しかし、ハイブリッド論からみれば、「アフリカの宗教」という実体はない。映画や小説に頻出するブードゥー教の特徴は、呪い、蛇崇拝、動物の生け贄、憑霊などだが、これらはアフリカ以外にも存在する。祭壇に実際に祀られるのは、映画で使われがちな気味の悪い神像ではなく、キリスト教ともアフリカとも関係の薄い人形であることが少なくない。奴隷には素材としてカトリックと故郷の記憶があったことは確かだが、できあがったのは「カトリック」と「アフリカの宗教」を足して2で割ったものではなく、新しいハイブリッド宗教なのである。

また、同種の宗教は、ハイチだけでなく中南米に広く存在している。ではなぜブードゥーだけが邪教として有名になったのか。それは、ハイチが黒人奴隷初の独立国であることと関係がある。ハイチの独立革命は、アメリカの奴隷解放宣言より60年も早い。北米の白人は、自分たちの奴隷がまねて謀反を起こさぬよう、独立の推進力となったブードゥー教をことさらに侮蔑した。そのマイナス・イメージがその後グローバル化により世界に広がり、さらに「ブードゥー」の語はアフリカに逆輸入されたのである。

いまではアメリカでブードゥー的宗教が訴えられるのは、呪いより生け贄が動物虐待だという理由による。「信教の自由」（→ 30）は実際には〈信仰〉の自由にすぎない。〈行動〉に重きをおく宗教は訴訟を起こされやすい（カルト視されないアーミッシュなども同様）。「マルチレリジャス」どころではなく、近代的「宗教」概念（→ 78）により一部の宗教は不利益を被っている。

〔藤原〕

> *115* その昔，西洋では大規模な「魔女狩り」が起こったが，現代社会には自ら進んで「私は魔女です」と名乗りをあげる女性たちが存在する。　　　●フェミニズム

### ◆フェミニズムによる宗教批判

　女性を差別や抑圧から解放するための思想・運動であるフェミニズムは，宗教にはどのように関わってきたのだろうか。宗教は人々の世界観や生活様式の根本を規定してきただけに，社会における性差別が問題化したとき，その原因は宗教にある，少なくとも重大な責任はあるとフェミニズムからは批判されることになる。これまでのめだつ動きは次の三種である。

　①聖典に女性差別的記述があるかどうかを調べ，ある場合はどうすればその差別を克服できるかを考える。②社会の中で実際に起こっている（過去に起こった）宗教による女性差別についてその原因を明らかにし，どう対処するかを考える。③新しいフェミニズム的宗教をつくる。以下では，①，③（②は *116*）の順で説明する。

### ◆聖典に含まれた女性差別

　聖書，経典，クルアーン（コーラン）といった聖典は，各宗教の基礎であるゆえ，それが女性差別を含んでいるか否かはフェミニズムの第1の関心事となってきた。現実には，女性差別的な部分がない聖典は皆無といってよいほどである。聖書ではエバ（イヴ）に由来する罰として女性には産みの苦しみが科せられたとある。また，イエスも弟子たちもみな男性として描かれている。仏教の経典には，女性は男性の修行の邪魔であるとか，女性は穢れているので女性のままでは解脱（成仏）できないといった記述がある。クルアーンの天国の描写では，男性には美人の処女妻が新たにあてがわれるというくだりがある。これらの世界宗教とよばれる宗教は，人類の普遍的救済を説いたはずなのに，性別では男性優先となっているのである。

　聖典に差別的部分があると確認できたら，対応は二つに分かれる。その宗教は根から病んでいると丸ごと捨ててしまうか（革命派），問題箇所を削除したり，表現・解釈を変えたりといった工夫によって宗教を蘇らせる

か（改革派）である。

革命派と改革派は正反対のようにみえるが，構築主義による本質主義批判が盛んになるにつれ，むしろ共通の前提があることが明らかになってきた。改革派は，「その宗教は本来は差別的でない」と主張する。だが，「本来は」というのは本質主義の語りである。「女性は仕える性」は社会的フィクションだとしながら，「本当の○○教」を措定し，それを現状批判の基点としてよいのか。あるべき宗教の姿を求めることは，抵抗運動の上では避けえないのか。反対に，聖典が差別的だからその宗教はだめだとする革命派も，宗教は聖典の原典という一つのルーツによって決定され変わらないとみる点において，やはり本質主義的なのである（→ 23）。

◆現代の魔女——wicca

③は既存の宗教を見限った女性たちによるオルタナティブな宗教運動である。この項の冒頭にあげた魔女の現代的変貌はその典型例である。中世から近世にかけて西洋では大規模な魔女狩りが起こったが，現在では犠牲になったのは普通の女性たちだったとされている（少数だが男性もいた）。家父長制的状況で，社会不安・ストレスが高まる中，一部の女性が〈いじめ〉の対象（スケープゴート）にされたのである。

このようにかつては魔女だと指さされることは死を意味したが，1970年前後の対抗文化期からは，堂々と魔女（wicca）を名乗る女性たちがアメリカなどで活動を広げるようになった。西洋社会で支配的なキリスト教を男性中心的であると批判し，魔術を女性主体の宗教として復権させようという運動である。女神を崇拝し自然との調和を重視する。伝統的民族宗教にも女神崇拝はあるが，「女性は産む性」といった観念と結びついている。それに比べれば魔女は伝統的な性役割に縛られない女性像を示すとして現代社会で受け入れられたのである。ただし，この運動も「女性」と「自然」を結びつけることによって，男性＝理性的－女性＝本能的という古典的な二項対立を克服できていないのではないかといった問題をはらんでいる。

差別なき新しい宗教をつくりだす運動も，このように簡単ではない。それでは，現に存在する宗教における差別克服はどうか。*116* でみていこう。

〔藤原〕

## *116* イスラーム女性のベールは「民族衣装」か「学校の制服」か，それとも？

● 「人権」対「文化」

◆ベールは人権侵害か守るべき文化か

前項の②のフェミニズム的宗教批判が直面しているのは次の問題である。ある宗教に女性差別的慣習がある。これに外部から「やめよ」というのは信仰への干渉にならないか。さらに深刻なのは，批判する側が先進国，宗教が途上国に属するケースである。先進国のフェミニストが途上国の宗教を非難する態度は，途上国の女性からは高圧的だととられる場合があるからだ。「彼女たちは抑圧されていることを知らないのだ。助けなくては」という人権派と「私たちの文化に干渉しないで」という文化保護派が衝突している。ここには二つの戦いが交差している。男性中心主義に対する女性の異議申し立てと，西洋中心主義に対する第三世界の異議申し立てだ。

フェミニストはこの「人権重視」と「文化の多様性重視」のジレンマの克服を試みているが，ここでは比較宗教（→ *81*）の視点を加えてみたい。事例としてはイスラーム女性のベールを取り上げる（→ *23*）。

9.11テロ後，アフガンのタリバン政権が注目された中，イスラームのベールは女性の抑圧の象徴であり，それをとることが解放の証であるかのように報道された。しかし以前はこの見方（＝先進国の人権主義）は日本ではそれほど一般的なものではなく，むしろベールは着物のような民族衣装とみられていた。それに対してメディアが示したのは，校則の厳しい学校の服装規定の比喩，強制的に同じ格好をさせられ，おしゃれを自由に楽しめない女性たちというイメージである。このようなベール批判に対して，いや，これは制服ではないが，民族衣装とみるのも不十分だ，宗教的な意味があるのだという意見がイスラーム専門家らからだされた。その主なものは，①ベールは女性を容姿で判断しようとする男性の視線を避けるので，かえって女性は自由を得ている。先進国の女性のほうがよほど不自由である。②ベールの目的は女性に禁欲を強いることではなく，誘惑に弱い男性の禁欲を助けてあげることである。③宗教的なものではあるが，イスラー

ム以前の文化の名残である。

このほか,宗教には関係なく,ベールの機能性を指摘する意見もあった。アフガンのベールは顔の前面も覆うという徹底したスタイルである。これは砂ぼこりや高地の強い日差しを防ぐのに役に立っているとする説である。

興味深い諸説ではあるが,問題は,これらはいつどこで誰が唱えたものか(ムスリムか研究者か,それはどのような思想的・社会的立場の人か,女性にとってその説は動機か理由か原因かなど)が曖昧なことである。これらの点を明示化した「ベール擁護言説」の歴史研究が必要である。

◆比較宗教学からみると

このような議論の中で見落とされがちなのは,欧米もベール文化圏だということである。カトリックのミサ,葬儀で女性はベールを被る。修道女は終日ベール姿である。そして結婚式のベール。いずれも女性に慎みを求めるものだ。つまり,西洋では特別に宗教的な場,ハレの日に女性はベールを着ける。これに対してイスラームでは西洋的意味では宗教生活と世俗生活を峻別しない。毎日がキリスト教でいえば神に向かう日曜である。したがって,イスラーム女性が毎日ベールを着用するのは,構造的には一貫性がある。西洋に比べ非常に特異な慣習というわけではないのである。イスラームのベールのみを問題化するのは,二重基準ではないだろうか。

人権か文化かの対立は,生命に関わる場合に先鋭化する。インドの寡婦殉死(サティ),アフリカなどの女子割礼(FGM:女性性器切除)などがある。男性が女性の性を管理する手段と批判されるFGMは,女性に激しい痛みを与え,死に至らしめることもある。その点では人権侵害の最たるものだが,FGM批判にすら二重基準があることが「比較」によりみえてくる。割礼=野蛮というイメージが強いが,アメリカでは半分以上の男子が出生時に病院で割礼を受けている。衛生学的なものといわれるが,導入の発端はヴィクトリア朝の性潔癖性やその後の宗教的健康ブームである。「トラウマになる」と最近は反対もあるが,長年続けてきたユダヤ人への配慮などの政治的駆け引きがある。「男子割礼は問題ないがFGMは」というFGM批判者は,その言葉が別のポリティックスに組み込まれていることを知らずにいるのである。〔藤原〕

## ●第16章参考図書

**[入門書]**

大越愛子『女性と宗教』(叢書 現代の宗教 11), 岩波書店, 1997年。

大谷栄一ほか編『構築される信念——宗教社会学のアクチュアリティを求めて』ハーベスト社, 2000年。

姜尚中編『ポストコロニアリズム』作品社, 2001年。

女性と仏教東海・関東ネットワーク『ジェンダーイコールな仏教をめざして』朱鷺書房, 2004年。

本橋哲也『ポストコロニアリズム』岩波新書, 2005年。

**[基本書]**

荒木美智雄編『世界の民衆宗教』ミネルヴァ書房, 2004年。

磯前順一『記紀神話のメタヒストリー』吉川弘文館, 1998年。

上野千鶴子編『構築主義とは何か』勁草書房, 2001年。

岡真理『彼女の「正しい」名前とは何か——第三世界フェミニズムの思想』青土社, 2000年。

川橋範子・黒木雅子『混在するめぐみ——ポストコロニアル時代の宗教とフェミニズム』人文書院, 2004年。

クリフォード, J.・G. マーカス編／春日直樹ほか訳『文化を書く』紀伊國屋書店, 1996年 (原著:1986年)。

コンデ, M.／風呂本惇子・西井のぶ子訳『わたしはティチューバ——セイラムの黒人魔女』新水社, 1998年 (原著:1986年)。

サイード, E. W.／板垣雄三監訳『オリエンタリズム』平凡社, 1986年 (原著:1978年)。

杉田英明『日本人の中東発見——逆遠近法のなかの比較文化史』東京大学出版会, 1995年。

竹沢尚一郎『表象の植民地帝国——近代フランスと人文諸科学』世界思想社, 2001年。

バナール, M.／金井和子訳『黒いアテナ——古典文明のアフロ・アジア的ルーツ 2』上・下, 藤原書店, 2004-05年 (原著:1987, 1991年)。

羽田正『イスラーム世界の創造』東京大学出版会, 2005年。

複数文化研究会編『〈複数文化〉のために——ポストコロニアリズムとクレオール性の現在』人文書院, 1998年。

柳炳徳ほか編『宗教から東アジアの近代を問う』ぺりかん社, 2002年。

終 章
# 宗教学の実践

アフリカ系アメリカ人学生に向けた，先祖を思うお祭「クワンザ」の呼びかけ。彼らの自己決定や責任や結束を再確認する場として，40年前に新たに創始された。南カリフォルニア大学構内にて。

宗教学を学びながら気になることはいくつもある。熱心に宗教を生きている人からみると，学問として，それも比較しながら宗教について学んでいる人はおかしな存在にみえる。そもそも自分が深い関わりをもっているのでもない宗教について，詳しい知識を得ることに何の意味があるのか。宗教を生きることなしに宗教の核心が捉えられるだろうか。宗教学は宗教を批判的に分析することができるのだろうか。ほかの学問と宗教学はどのような関係にあるのか。宗教学独自の方法はあるのだろうか等々。これらの問題はどれも深い意義があるもので，答も本来さまざまであるはずだ。ここでは一つの考え方を示して，読者自身に考えてもらうための材料を提供することにしよう。宗教学はなかなか難しいが楽しくもあることを感じ取っていただきたい。

> ***117*** 学問研究により他者の宗教に関わることにはどのような意味があるのだろうか？ 学問を通して他者の宗教と関わる際，どのような態度で関わるべきだろうか？
> ●他者の宗教とどう関わるか

◆地平を広げる

　宗教学を学ぶとき，他者の宗教に関わるという体験をすることになる。もちろん学問を通して関わるのだから，多くは間接的な関わり方であり，立場が異なることによる難しい問題にただちに巻き込まれるわけではない。

　宗教学のクラスのレポートを書くために，ある宗教団体の施設を訪問しなくてはならなくなったとしよう。その団体は研究や取材，あるいは観光目的や好奇心からの外部の訪問者を受け入れる機会があまりなかった団体だとする。宗教集団側はあなたを説得しようとするかもしれないし，警戒して寄せつけないかもしれない。そうしたとき，自分はどういうわけでここへ来たかをよく考え直してみなくてはならなくなるだろう。

　自分が日頃どのような宗教に関わっているにしろ，どの宗教にも関わっていないにしろ，他者の宗教に関わることの意味が問われている。振り返ってみれば「広く宗教について学ぶ」とき，この問いがわいてくるのは当然だ。宗教学を深く学ぼうとすれば必ずといってよいほど伴う経験だ。

　他者の宗教に関わることの意義は自明であるとも思われる。自分がよく理解できていない生き方や考え方について学び，他者に対して誤った価値判断をしたり，無知に由来する違和感をもたないようにすることはあなたの世界を豊かにしてくれる。他者の宗教から，これまで自分が気づかなかった世界や人生についての考え方を学ぶことができるかもしれない。また，遠くから眺めているだけではよくわからなかったが，その宗教が市民や社会に害悪を及ぼしていることに気がつくようになるかもしれない。以上のうちのどのような経験が生じるにしろ，自分の知識や考え方の地平が広がることになるだろう。そのような地平の広がりをもった視野でものごとに関わっていけば，人類の諸文化の間の相互理解の深まりに貢献していくこともできるかもしれない。また，社会人として度量があり幅のある人

間に成長していく助けとなることもあると期待できる。

### ◆他者の価値観に関わり合うこと，利益の葛藤

しかし，他者の宗教を学ぶことは安全でよいことばかりもたらすとは限らない。他者と関わることは他者と対立したり，他者の影響で自分が変わる可能性を含んでいる。他者の宗教と関わる場合，他者に攻撃的に関わられたり，他者の宗教に共鳴して引き込まれていく可能性が十分にある。

最初に宗教団体を訪問するという例をあげたが，書物を通して学ぶ場合でも似たようなことは起こりうる。大学にレポートを提出するだけならよいが，学んだことを公表するとなるとすでにそこに葛藤の危険性が生じている。当事者にとって，自ら崇高だと信ずるものが不当に貶められていると感じれば，黙ってはいられないと思うだろう。厳しい抗議を申し入れられることもありえないことではない。では相手の立場を配慮して真実を歪めなくてはならないのか。だが，真実を軽視するのもどうか。関わり合いが始まったときから，すでに葛藤が始まっているともいえるのだ。

当事者が寛容な場合，別の危険が潜んでいる。当事者にとってたいへん大事な事柄について，それに気づかず失礼を冒してしまう可能性が大きい。また，こちらの先入観で誤解したまま，理解したと思い込んでしまうこともある。他者の心の奥深くに土足でどかどかと入り込んだり，無責任な意見を広めてしまうという危険だ。何について学ぶときにもあることだが，宗教は当事者の実存をかけたたいへん重い関心事を含んでいることが多いので，こうした危険について慎重に配慮する必要がある。

このような危険と裏腹だということは，もし注意深く，かつ心を開いて取り組むならば，とても豊かな実りを期待できるということでもある。地平の広がりと述べたが，そこには冒険の要素も含んでいる。ただ，あくまで謙虚な冒険者でなくてはならない。当事者が自らの人生をかけて生き抜こうとしているものである場合，どんな意義深い知的冒険もその重みに対して不釣り合いなのではなかろうか。必要なときははっきりと自らの価値判断を表明すべきである。だが，他者の生がよりよくあってほしいという願いを忘れず，自らもまたよりよい生を求める者として，ともに謙虚に理解し合おうとする姿勢をもち続けていたいものである。〔島薗〕

> *118* なぜ宗教を学ぶのだろうか？ 宗教だけを学びたいのだろうか？ 宗教学を学ぶことは，人間や世界についてどのような側面から学んでいることになるのだろうか？
> ●宗教から人間と世界を問う

◆宗教学の位置

　人文社会系の学問には，歴史学，哲学，社会学，心理学，文化人類学，法学，経済学などさまざまな分野がある。その中で宗教学はどのような位置を占めるのだろうか。ある意味では宗教学の範囲はたいへん広い。人類文化のどこをみても宗教に関わる事柄が含まれている。古今東西のどの文化についても，その文化と宗教との関わりを問うことができる。先史時代の人類遺跡には宗教を偲ばせるものが多々含まれている。宗教にはほとんど関わりがないと思われた，現代の先端的な医学の世界でも，昨今，宗教と関わりが深い死生観や生命倫理に関わる論題が，多々投げかけられている。宗教について理解を深めようとすれば，どのような領域にもでかけていって学んでくる気構えが必要となる。

　というわけで，宗教について学ぶということははっきりしているものの，どのように学ぶかははっきりしていない。歴史学，社会学，哲学，心理学，文化人類学など，さまざまな学問の方法から学び，それらを援用しながら問いを深めていこうとする。その意味ではやや専門性の薄い学問といえるだろう。もっとも教育学や地理学も同様だし，哲学や社会学や心理学や文化人類学もさまざまな方法を用いるようになってきており，専門学問分野の間の壁が低くなっているのが現状だから，特定の専門的方法がないからといって特に引け目に感じる必要もないだろう。ただし，専門学問の方法に対して敬意をもって接すべきで，軽く見下すようなことがあってはならない。ときに狭苦しくみえることがあるとしても，確かな知を得るために過去の人々が骨を折ってきたことにはそれ相応のわけがあるのだ。

　広い範囲の人類文化に関わるということから生じるほかの特徴として，比較を重んじるということがある。キリスト教や仏教やイスラームを深く学ぶことが大きな目的だとしても，宗教学的に学ぶときには諸宗教につい

ても学び，それらと比較しながら，個々の宗教への理解を深めようとする姿勢を尊ぶのが宗教学だ。*117*「他者の宗教とどう関わるか」の項で，他者との関わりの重要性を強調したが，宗教学はさまざまな他者を鏡にし，自らを省みる作業を多面的に試みる学問ともいうことができるだろう。

◆「宗教から」学ぶ

こうして「宗教について」学ぶことは，また「宗教から」人間について，世界について学ぶことでもある。当然のことだが，学問は専門知識や実用知識を得るためだけにあるのではない。正確な知識を得るために宗教学は科学に近づいていく側面がある。だが，学問はそれ自身，自らが成熟していくための「道」ともみうる側面がある。宗教学においてはそうした側面が重要になる。というのは宗教とは人間がどう生きているか，どう生きていくかの全体に関わるものなので，それについて学ぶ学問においても「道」的な性格が重さを増しがちなのだ。

もっとも「道」などといったからといって，かしこまって「道学」的な学問に仕立てようなどとする必要はない。宗教学は特定宗教を信仰する立場から学ばれる神学や教学とは一線を画する。神学や教学は信徒の共同体に何ほどか責任を負っているので，はっきりとした方向性をもった大きな「道」を歩むことに比されよう。宗教学では「道」がどのような輪郭をもつかよくわからない。歩んだところに「道」ができる「けもの道」のようでもあり，気ままな散歩道のようでもある。

別の言い方をすると，宗教学は「宗教」を窓として，人間や世界について理解を深めていく学問だということである。宗教学は宗教についての専門的学問であることに満足できず，「宗教から」世界の中で人間が生きていることの全体を問い，学んでいこうとするような姿勢をもちがちなのだ。望みが高すぎるといえるのかもしれない。

しかし，古今東西のさまざまな人たちの生のかたちを比較するという宗教学の性格上，宗教学はあらゆる方向に窓を開けておかざるをえない。気が散るのは避けられない。専門的な学問的技量が身につかなくなるという危険も岩場や谷間もそこここにある。だが，このように考えてくると，なかなか楽しそうな開放系の「道」のようにみえてこないだろうか。〔島薗〕

> ***119*** 宗教はそれを生きてこそ意味があるのではないだろうか？ 自ら宗教を生きることをせず，外から傍観したり，口をはさんだりするのは意義ある活動なのだろうか？
> ●宗教を生きることと宗教を学ぶこと

◆求心的と遠心的

特定の宗教を熱心に信仰し実践している人も，特定の宗教に関わることが少なくどの宗教にも距離があると感じている人も宗教学を学ぶことができる。だが，宗教を熱心に信仰し実践している人の中には，宗教はそれを生きてこそ意味があるものなのに，横から傍観し，ときには冷たく観察したり，批判したりする宗教学の姿勢になじめない思いをもつ人も少なくない。神学や教学に親近感をもつ人の中にも，宗教学の取り組み方は表面的で実存的な真摯さを欠いていると感じている人が少なくない。

宗教学者の中にも求道的，実存的，あるいは教化的なスタイルに近い立場をとる人はいる。宗教が人間の生き方を支え，あるべき人間の姿をかたちづくるものと捉え，そこから目を離すまいとするのだ。求心的な宗教学のあり方で，信仰の原点を確認しようとするタイプの神学，教学に近い立場といえるだろう。宗教哲学や宗教心理学の中に，こうした傾向をもったものが多い。他方，宗教学には広く宗教的生から生じる諸現象に目を配り，さまざまな人間のさまざまな宗教の現れを広く理解しようとする方向も含まれている。宗教社会学や宗教人類学では，身体的な基盤にまで，また社会生活の基底にまで視野を広げて宗教を理解しようとすることが多い。宗教学の遠心的な局面が前面にでた研究方向だ。

求心的な側面から描くだけでも，遠心的な側面から描くだけでもの足りない気がする。宗教の全体像を描こうとすれば，求心的な方向性と遠心的な方向性の双方を織り交ぜて，宗教にアプローチせざるをえないだろう。

◆内から生きつつ，距離をとっていること

宗教に対して遠心的に接すること，つまりは何程か客観的に距離をとって眺めることはおおいに意義がある。宗教は政治的な機能をもち，ある種の人たちにとってたいへん抑圧的に感じられていることもある。宗教が要

因の一つとなって，人々の対立抗争が深刻になることもある。真摯に宗教を生きている人が，市民を巻き込んで危害を及ぼしたりすることもある。これらについて，その要因をできるだけ正確に理解しようとするのは，遠心的な宗教学の重要な役割の一部だ。

いま現在，内から宗教を熱心に生きようとしている人は遠心的な姿勢に違和感を感じることが少なくない。そこにこそ究極の真理への道があると考え，真剣に取り組んでいるのを，横から冷ややかにみられるのは居心地がよくないものだ。しかし，現代社会ではたとえ宗教を熱心に内から生きようとしている人でも，特定宗教に距離をとり，横からみている姿勢をとることが少なくないはずだ。他宗教に対して，そのような姿勢をとるのは避けられない。他宗教でもおおいに共鳴できるという場合もあろうが，すべての宗教に共鳴できるかといえば，そうはいかないだろう。他方，自らは宗教に内から関わるようなことがないと思っている人でも，人生の危機や死生の分かれ目などには，宗教の求道的・実存的な側面を身近なものと感じることが多いものだ。また，宗教に深い関わりをもつ他者に対して敬意をもち，その生き方を如実に理解したいと思うこともあるだろう。

宗教に求心的に関わる宗教学のあり方と宗教に遠心的に関わる宗教学のあり方の両側面は，そもそも現代人が自らの内側に抱え込んでいるものなのだ。これはまた，現代において特定宗教に強くコミットしている人と，特定宗教に対して距離をとって生きている人が，入り交じって暮らしていることの反映でもあろう。

初期近代（近世）以前の時代には，支配的な宗教に距離をとる学知は成り立ちにくかった。こうした段階では宗教学的な知のあり方はまれにしか現れない。宗教からの自由が現実のものとなり，宗教を内から生きることが自明のことではなくなったときから，知の世界に宗教学の場が生み出されてくる。その場では，宗教についての知の求心的な側面と遠心的な側面がせめぎあっている。宗教についての知のこの二つの側面は相互に排他的なものではない。宗教学は宗教を内から生きるようにして理解するとともに，外から距離をとって客観視もする。そのバランスが宗教学を学ぶことの醍醐味といえるかもしれない。

〔島薗〕

●終章参考図書
[入門書]
池上良正編『岩波講座 宗教』全10巻，岩波書店，2003-04年。
キッペンベルク, H. G.／月本昭男・渡辺学・久保田浩訳『宗教史の発見――宗教学と近代』岩波書店，2005年（原著：1997年）。
島薗進・鶴岡賀雄編『〈宗教〉再考』ぺりかん社，2004年。
宗教社会学研究会編『いま宗教をどうとらえるか』海鳴社，1992年。
棚次正和・山中弘編『宗教学入門』ミネルヴァ書房，2005年。
田丸徳善『宗教学の歴史と課題』山本書店，1987年。
[基本書]
深澤英隆『啓蒙と霊性――近代宗教言説の生成と変容』岩波書店，2006年。

## ●資料——各種統計でみる世界の宗教の現状●

### ◆宗教統計の難しさ

宗教信者数などのデータをみるなら,日本国内では文化庁による『宗教年鑑』が基本である。大半の宗教団体(全団体ではない)の連絡先や信者数,教師数などが載っている。ただし信者数は自己申告で,計算方法も教団によって異なる。お参りしている信者だけでなくその家族までも会員数に含めている教団,特定の地域に居住している人々を自動的に信者とみなしている教団,あるいは実際に参拝などの活動をしている人だけを数えて申告している教団など,さまざまである。そもそも活動の仕方が違うのだから,数え方を統一するわけにもいかない。また,そもそも申告をしていない教団,宗教法人として活動していない団体などもある。

### ◆完全な世界宗教統計はない

表は,Encyclopædia Britannica Premium Service(web版『ブリタニカ世界大百科事典』)にある,世界の宗教信者数の最新データ(2002年半ば時点)のものである。元の表は,アフリカ,アジア,ヨーロッパ,ラテンアメリカ,北アメリカ,オセアニアの6地域に分かれているが,割愛し,宗教ごとの合計のみを掲載してある。

この数字は,各種の宗教統計,また国家統計その他を分析し総括した大まかなものだ。現時点でこれに匹敵する統計はなく,世界の各種年鑑(almanac)の大多数が参照しているのもこのデータである。一部にadherents.com (http://www.adherents.com) を引用している本もあるが,内容は古く,おすすめできない。

### ◆データの裏事情

この表は,いまのところ,"キリスト教が世界で一番信者が多い宗教である"ことを示すために使うことができる。が,カテゴリーの分け方,数字がどう計算されるか,また自分はこの表のどこに入るか(あるいは,どこにも入らないか)を想像してみることで,データの裏事情がみえてくる。

たとえば,この表の総計は,無宗教や無神論者も合わせると,現在の世界総人口65億人に近い数字となっている。ということは,誤差を考慮に入れつつ,世界の一人ひとりが特定の一つの宗教のみを選んでいる(フタマタはかけていない)とみていることになる。

その場合,本書の読者であるあなたはどこに入る(入らない)だろうか。多くの日本人の場合,菩提寺たる仏教寺院の檀家として,また,地域の神社の氏子として数えられていることが,かつては多かった。あなたは,尋ねられればどのよ

**表 世界の宗教信者数**

| 宗教・教派 | 計 |
|---|---|
| キリスト教合計 Christians | 2,038,905,000 |
| うち，教会に所属 Affiliated Christians | 1,926,649,000 |
| ローマカトリック Roman Catholics | 1,076,951,000 |
| プロテスタント Protestants | 349,792,000 |
| 東方正教会 Orthodox | 217,522,000 |
| 英国国教会系 Anglicans | 81,663,000 |
| その他独立系 Independents | 398,085,000 |
| キリスト教系新宗教 Marginal Christians | 27,199,000 |
| うち，教会非所属 Unaffiliated Christians | 111,851,000 |
| バハイ教 Baha'is | 7,406,000 |
| 仏教 Buddhists | 364,014,000 |
| 中国民間宗教 Chinese folk religionists | 389,543,000 |
| 儒教 Confucianists | 6,327,000 |
| 部族宗教 Ethnic religionists | 231,708,000 |
| ヒンドゥー教 Hindus | 828,130,000 |
| ジャイナ教 Jains | 4,345,000 |
| ユダヤ教 Jews | 14,535,000 |
| イスラム Muslims | 1,226,403,000 |
| 新宗教 New-Religionists | 103,249,000 |
| 神道 Shintoists | 2,703,000 |
| シク教 Sikhs | 23,821,000 |
| シャマニズム Spiritists | 12,601,000 |
| 道教 Taoists | 2,685,000 |
| ゾロアスター教 Zoroastrians | 2,659,000 |
| その他の宗教 Other religionists | 1,096,000 |
| 無宗教 Nonreligious | 774,615,000 |
| 無神論 Atheists | 150,434,000 |
| 総　計 | **6,203,789,000** |

(注) 多様な集計方法を組み合わせた概数のため，合計が総和と一致しない箇所がある。

うに答えるだろう。「オレは宗教なんて信じない」といいながら，テレビのオカルト特集を好んで見たり，「幽霊出没ゾーン」に行ってみたりする人は，無神論者とも無宗教ともいえないかもしれない。内容的にシャーマニズム（ここではspiritists；霊魂の存在やそのさまざまな力を信じていることととりあえず定義しておく）のカテゴリーにとりあえず入れられることに納得できるか。日本人故に神道か仏教に機械的にカウントされている可能性もありそうである。

ローマ法王庁のような中心をもたないムスリムの人口はどうやって計算するのだろう。ムスリムのための国際連携機関であるイスラム諸国会議機構（Organization of the Islamic Conference：OIC）の全会員国の人口を合わせた数字ではない。なぜなら，ムスリムが最大多数ではないレバノンのような国もメンバーになっている一方，インドのように，OICメンバーではなくとも多数のムスリムが国内に居住する（しかし最大多数はヒンドゥー教徒）国もあるからだ。

このようにみていくと，このデータは，客観的な調査を用いながらも，キリスト教を第一の前提とした観点からまとめられたのではないかと疑われる。これを他の宗教の見地からまとめ直すと，たとえ数字は変わらなかったとしても，ずいぶん違った雰囲気になるはずである。

なお，この信者数は，棄教や改宗以外でもリアルタイムで変動する。たとえば出生率が重要だ。ムスリムの人口は急激に増加しており，その背景には，ムスリムの出生率が高いことがあげられている。だが，近年プロテスタント（特に妊娠中絶を強く批判する福音主義的プロテスタント）の信者増も著しく，家族計画（避妊）に批判的なカトリック以上に出生率が高くなっているという指摘もある。

◆宗教的価値観をめぐる国際比較や国内調査

ブリタニカのデータは，キリスト教を中心に本人の所属を重視した統計になっているので，無宗教の人や無神論者がうまくおさまっていない（キリスト教以外にはそのような枠がない）。そこで，信者だけでなく社会全体の宗教的価値観を国際比較しようとした二つの試みを紹介しておきたい。いずれもすべての人を対象としたのではなく，一部を抜き出しての標本調査である。

一つは，国際社会調査プログラム（International Social Survey Programme 〈http://www.issp.org/homepage.htm〉）であり，もう一つは，世界価値観調査（World Values Survey 〈http://www.worldvaluessurvey.org/〉）である。両者のサイトで質問紙やデータが入手可能である。宗教についての質問を国ごとに微妙に変えなければならないなど，価値観の国際比較というのは実に難しい。

日本では，統計数理研究所やNHK放送文化研究所が，これらの国際比較と関わりながら，また独自に，継続的な国内外の意識調査を重ねている。また，朝日，読売，毎日の三紙は国内の意識調査を電話調査などの方法で継続的に行って

おり，特に読売は継続的に宗教的価値観についての質問を入れてきた。これらをみることにより，人々がどのような宗教的価値観をもっているか，いや正確にいえば，宗教的価値観についての質問に人々がどう答えてきたかをつかめるだろう。

### ◆地域ごとの多様性，地域の中の多様性

この国は○○教国，という理解の仕方は，今日，人々がグローバルに移動する時代において，ますます難しくなっている。メキシコのように圧倒的にローマカトリックが多かったり，インドネシアのように圧倒的にムスリムが多かったりする国もあるが，その中にも多様性が見出される。すでにみたように，「イスラム教国」を定義するにも，イスラム諸国会議機構への加盟を基準にするのか，ムスリムが最大多数になっていることを基準とするのか，あるいは最大多数でなくてもインドのように相当数いればイスラム国とみなすとすればその基準はどこにあるかなど，さまざまな問題が予想される。だから，世界のどの地域に何教徒が多いかを，大まかに「この国は○○教国」と判断して世界地図上に表す試みがあるが，本書においてはあえて行っていない。

国どころか，一つの都市が国際色豊かにさまざまな民族・宗教のコミュニティを集めている例も多く，いくつかは共同研究の対象となってきた。アメリカでいえば，たとえば，ハーバード大学世界宗教研究所が中心となった多元主義プロジェクト（The Pluralism Project 〈http://www.pluralism.org/〉）は，ボストン以外にも対象領域を広げて比較研究に踏み出しているし，南カリフォルニア大学の宗教と市民文化研究所（the Center for Religion and Civic Culture 〈http://www.usc.edu/schools/college/crcc/〉）は，移民都市としてのロサンゼルスの宗教的多様性を調査することに始まって，移民が由来する諸国にまで調査対象を広げている。

日本の小都市にも異国の教会やモスクがぽつりぽつりと現れてきている。身近なところから他の宗教について触れる機会は，今後もっと増えていくはずである。

### ●参考図書

文化庁編『宗教年鑑 平成16年版』ぎょうせい，2005年。
國學院大學21世紀COEプログラム『日本人の宗教意識・神観に関する世論調査』報告書，2005年10月。
読売新聞社世論調査部編『日本の世論』弘文堂，2002年。
NHK放送世論調査所編『日本人の宗教意識』日本放送出版協会，1984年。
統計数理研究所国民性国際調査委員会編『国民性七か国比較』出光書店，1998年。
"Worldwide Adherents of All Religions by Six Continental Areas, Mid-2002" Encyclopedia Britannica from Encyclopedia Britannica Premium Service. http://www.britannica.com/eb/article?tocId=9394911, 2006年2月。

# ●引用・参照文献一覧●

## ◆序　章

NHK 放送文化研究所編『現代日本人の意識構造』(第 6 版), NHK ブックス, 2004 年。
柳川啓一『祭と儀礼の宗教学』筑摩書房, 1987 年。

## ◆第 1 章

有元正雄『真宗の宗教社会史』吉川弘文館, 1995 年。
キュブラー＝ロス, E.／川口正吉訳『死ぬ瞬間——死に行く人々との対話』読売新聞社, 1971 年 (原著：1969 年)。
教皇ヨハネ・パウロ二世回勅『いのちの福音』カトリック中央協議会, 1996 年 (原著：1995 年)。
ゴーラー, J.／宇都宮輝夫訳『死と悲しみの社会学』ヨルダン社, 1986 年 (原著：1965 年)。
ムーディ, R. Jr.／中山善之訳『かいまみた死後の世界』評論社, 1977 年 (原著：1975 年)。
ラフルーア, W. R.／森下直貴ほか訳『水子——〈中絶〉をめぐる日本文化の底流』青木書店, 2006 年 (原著：1992 年)。
読売新聞社, 全国世論調査, 読売新聞, 1952 年 10 月 22 日。
読売新聞社, 世論調査「宗教に関する国民意識」, 読売新聞, 1994 年 7 月 3 日。

## ◆第 2 章

荒井献「新約聖書における自然観」『宗教研究』69(1), 25-48 頁, 1995 年。
鬼頭秀一『自然保護を問いなおす——環境倫理とネットワーク』ちくま新書, 1996 年。
沢山美果子『出産と身体の近世』勁草書房, 1998 年。
島薗進『精神世界のゆくえ——現代世界と新霊性運動』東京堂出版, 1996 年。
島薗進『癒す知の系譜——科学と宗教のはざま』吉川弘文館, 2005 年。
末木文美士『仏教 vs. 倫理』ちくま新書, 2006 年。
鈴木正崇編『大地と神々の共生』(講座　人間と環境 10), 昭和堂, 1999 年。
デュルケム, E.／古野清人訳『宗教生活の原初形態』岩波文庫, 1941-42 年 (原著：1912 年)。
波平恵美子『いのちの文化人類学』新潮社, 1996 年。
パスモア, J.／間瀬啓允訳『自然に対する人間の責任』岩波書店, 1998 年 (原著：1974 年)。
ベッカー, C. 編『生と死のケアを考える』法藏館, 2000 年。
ホワイト, L. Jr.／青木靖三訳『機械と神』(新装版), みすず書房, 1990 年 (原著：1968 年)。

山崎広光『〈いのち〉論のエチカ』北樹出版，1995年。

Miyamoto, Y., "Japanese Religions", in B. Taylor ed., *The Encyclopedia of Religion and Nature*, Thoemmes Continuum, 2005.

Wach, J., *Sociology of Religion*, University of Chicago Press, 1944.

中央教育審議会「新しい時代にふさわしい教育基本法と教育振興基本計画の在り方について」（平成15年3月20日答申），2003年，http://www.mext.go.jp/b_menu/shingi/chukyo/chukyo0/toushin/030301.htm，2006年1月31日。

中央教育審議会「『新しい時代を拓く心を育てるために』——次世代を育てる心を失う危機」（中央教育審議会「幼児期からの心の教育の在り方について」平成10年6月30日答申），1998年，http://www.mext.go.jp/b_menu/shingi/12/chuuou/toushin/980601.htm，2006年1月31日。

## ◆第3章

青木保『タイの僧院にて』中公文庫，1979年。

臼田寛ほか「WHO憲章の健康定義が改正に至らなかった経緯」『日本公衆衛生誌』47(12)，1013-17頁，2000年。

大谷栄一『近代日本の日蓮主義運動』法藏館，2001年。

小川英爾『ひとりひとりの墓——生者の墓「安穏廟」』大東出版社，2000年。

葛西賢太「『スピリチュアリティ』を使う人々——普及の試みと標準化の試みをめぐって」湯浅泰雄監修『スピリチュアリティの現在——宗教・倫理・心理の観点』人文書院，2003年。

ガートナー，A・F．リースマン編／久保紘章監訳『セルフ・ヘルプ・グループの理論と実際』川島書店，1985年（原著：1977年）。

金子郁容『ボランティア——もう一つの情報社会』岩波新書，1992年。

国際宗教研究所編／中牧弘允・対馬路人責任編集『阪神大震災と宗教』東方出版，1996年。

佐々木閑「インド仏教の中の民間習俗」『宗教研究』333，2002年。

佐々木宏幹『シャーマニズム』中公新書，1980年。

佐々木宏幹『憑霊とシャーマン——宗教人類学ノート』東京大学出版会，1983年。

サミュエルズ，A．／村本詔司・村本邦子訳『ユングとポスト・ユンギアン』創元社，1990年（原著：1985年）。

『思想』〔特集「仏教／近代／アジア」〕，943，岩波書店，2002年。

鈴木大拙『日本的霊性』岩波文庫，1972年。

田中利典・正木晃『はじめての修験道』春秋社，2004年。

日本宗教学会『宗教研究』〔特集「癒しと救い」〕，308，1996年。

バーガー，P．／薗田稔訳『聖なる天蓋——神聖世界の社会学』新曜社，1979年（原著：1967年）。

藤田庄市『熊野，修験の道を往く——「大峯奥駈」完全踏破』淡交社，2005年。

ボウカー，J．／脇本平也監訳『苦難の意味』教文館，1982年（原著：1970年）。

三木英編著『復興と宗教――震災後の人と社会を癒すもの』東方出版，2001年。
ムコパディヤーヤ，R.『日本の社会参加仏教――法音寺と立正佼成会の社会活動と社会倫理』東信堂，2005年。
湯浅泰雄編『スピリチュアリティの現在――宗教・倫理・心理の観点』人文書院，2003年。
弓山達也「日本におけるヒーリング・ブームの展開」『宗教研究』308，1996年。
金峯山修験本宗総本山金峯山寺のホームページ，http://www.kinpusen.or.jp/

## ◆第4章

板垣雄三・エルマンジェラ，M./仲正昌樹編『メガ帝国主義の出現とイスラーム・グローバル現象――イラク戦争後の世界』世界書院，2004年。
井筒俊彦訳『コーラン』（改訳），岩波文庫，1964年。
伊豫谷登士翁「グローバリゼーション・国際化」『別冊世界50問 これが核心だ！』687，92頁，岩波書店，2001年。
川又俊則『ライフヒストリー研究の基礎――個人の「語り」にみる現代日本のキリスト教』創風社，2002年。
田上太秀『仏教と性差別――インド原典が語る』東京書籍，1992年。
田中公明『活仏たちのチベット――ダライラマとカルマパ』春秋社，2000年。
西川潤・野田真里編『仏教・開発・NGO――タイ開発僧に学ぶ共生の智慧』新評論，2001年。
日本弁護士連合会消費者問題対策委員会編『宗教トラブルの予防・救済の手引――宗教的活動にかかわる人権侵害についての判断基準』教育史料出版会，1999年。
東本貢司「Football Original Soundtrack vol.06 愛すべきスコットランド流『意地の極意』」『サッカー批評』Issue 28，双葉社，2005年。
フロイト，S./浜川祥枝訳『ある幻想の未来』（フロイト著作集3），人文書院，1969年（原著：1927年）。
山口広ほか『カルト宗教のトラブル対策――日本と欧米の実情と取り組み』教育史料出版会，2000年。
Juergensmeyer, M., *Terror in the Mind of God: The Global Rise of Religious Violence*, University of California Press, 1999. (＝立山良司監修／古賀林幸・櫻井元雄訳『グローバル時代の宗教とテロリズム――いま，なぜ神の名で人の命が奪われるのか』明石書店，2003年)
Muslim Wakeup!, "What is Progressive Islam?", http://www.muslimwakeup.com/main/archives/2005/04/what_is_progres_1.php, 2006年1月1日。
Yifa, "Rethinking about the Rule of Gurudharma", paper presented at 7th International Conference on Buddhist‐Christian Dialogue, 2005.
Boston Globe, "Diocese gives abuse data", 2004年2月27日。

◆第5章

阿部美哉『政教分離』サイマル出版会,1989年。
アンダーソン,B./白石さや・白石隆訳『想像の共同体——ナショナリズムの起源と流行』(増補版),NTT出版,1997年(原著:1983年)。
粟津賢太「ナショナリズムとモニュメンタリズム」大谷栄一ほか編『構築される信念——宗教社会学のアクチュアリティを求めて』ハーベスト社,2000年。
池内恵『現代アラブの社会思想——終末論とイスラーム主義』講談社現代新書,2002年。
井門富二夫編『占領と日本宗教』未來社,1993年。
井上順孝・阪本是丸編『日本型政教関係の誕生』第一書房,1987年。
臼杵陽『原理主義』岩波書店,1999年。
大谷栄一『近代日本の日蓮主義運動』法藏館,2001年。
川村邦光編『戦死者のゆくえ——語りと表象から』青弓社,2003年。
阪本是丸『国家神道形成過程の研究』岩波書店,1994年。
佐藤幸治・木下毅『現代国家と宗教団体——紛争処理の比較法的検討』岩波書店,1992年。
田中伸尚『政教分離——地鎮祭から玉串料まで』岩波ブックレット,1997年。
津城寛文,『〈公共宗教〉の光と影』春秋社,2005年。
中野毅ほか編『宗教とナショナリズム』世界思想社,1997年。
新田均『近代政教関係の基礎的研究』大明堂,1997年。
藤原聖子「報復攻撃に対するキリスト教諸派・大学知識人の反応」『大正大学研究論叢』〔特集「9.11テロと大学」〕,11,80-112頁,2003年。
森孝一「『宗教国家』アメリカは原理主義を克服できるか?」『現代思想』30 (12),2002年。
山口輝臣『明治国家と宗教』東京大学出版会,1999年。
ラヘイ,T.・ジェンキンズ,J./上野五男訳『レフトビハインド』いのちのことば社フォレストブックス,2002年(原著:1995年)。
Marty, M. et al. eds., *Fundamentalisms and the State: Remaking Polities, Economies, and Militance*, University of Chicago Press, 1993.
ニューヨーク大学「メディアと宗教」センター「9.11テロの記録」, http://www.nyu.edu/fas/projects/vcb/case_911_FLASHcontent.html
"'Holiday' Cards Ring Hollow for Some on Bushes' List" By Alan Cooperman, Washington Post, December 7, 2005; page A01, http://www.capitolholidaytree2004.org/

◆第6章

石井研士『データブック 現代日本人の宗教——戦後50年の宗教意識と宗教行動』新曜社,1997年。

島薗進『精神世界のゆくえ――現代世界と新霊性運動』東京堂出版，1996年．
島薗進・石井研士編『消費される〈宗教〉』春秋社，1996年．
島薗進・越智貢編『心情の変容』（情報社会の文化4），東京大学出版会，1998年．
スワンソン，P.・林淳編『異文化から見た日本宗教の世界』法藏館，2000年．
田中公明『活仏たちのチベット――ダライラマとカルマパ』春秋社，2000年．
ダライラマ／山際素男訳『ダライ・ラマ自伝』文藝春秋，1992年（原著：1990年）．
土佐昌樹『インターネットと宗教――カルト・原理主義・サイバー宗教の現在』岩波書店，1998年．
日本聖書協会訳『聖書』1955年．
ハッサン，S.／浅見定雄訳『マインド・コントロールの恐怖』恒友出版，1993年（原著：1990年）．
ハラー，H.／福田宏年訳『セブン・イヤーズ・イン・チベット――チベットの7年』角川書店，1997年（原著：1953年）．
ハンチントン，S, P.／鈴木主税訳『文明の衝突』集英社，1998年（原著：1996年）．
柳田國男『柳田國男全集13』ちくま文庫，1990年．
Marty, M. et al. eds., *Fundamentalisms and the State: Remaking Polities, Economies, and Militance*, University of Chicago Press, 1993.
Merton, G., "Church of God with Signs Following", *Encyclopedia of American Religions*, 7th ed., Thomson & Gale, 2003.

## ◆第7章

芦田徹郎『祭りと宗教の現代社会学』世界思想社，2001年．
ウェーバー，M.／武藤一雄・薗田宗人・薗田坦訳『宗教社会学』（経済と社会，第2部第5章）創文社，1976年（原著：1972年）．
島薗進編『何のための「宗教」か？――現代宗教の抑圧と自由』青弓社，1994年．
棚次正和『宗教の根源――祈りの人間論序説』世界思想社，1998年．
寺戸淳子『ルルド傷病者巡礼の世界』知泉書館，2006年．
星野英紀『巡礼――聖と俗の現象学』講談社現代新書，1981年．
福島真人『身体の構築学――社会的学習過程としての身体技法』ひつじ書房，1995年．
Covington, D., *Salvation on Sand Mountain: Snake Handling and Redemption in Southern Appalachia*, reprint, Penguin USA, 1996, p.113. (Addison-Wesley, 1995)

## ◆第8章

オング，W. J.／桜井直文・林正寛・糟谷啓介訳『声の文化と文字の文化』藤原書店，1991年（原著：1982年）．
川崎信定訳『チベットの死者の書』ちくま学芸文庫，1993年．
木村武史『北米先住民ホティノンショーニー――イロクォイ神話の研究』大学教育出版，2000年．
関山和夫『説教の歴史』白水社，1992年．

◆第9章

秋本吉徳訳注『常陸国風土記』講談社学術文庫，2001年。
荒木美智雄『宗教の創造力』講談社学術文庫，2001年。
ウォシャウスキー，L・A. ウォシャウスキー／岡山徹訳『マトリックス』角川書店，1999年（原著：1994年）。
梅原伸太郎『「他界」論——死生観の比較宗教学』春秋社，1995年。
折口信夫「神道概論」『折口信夫全集 ノート編追補第1巻』中央公論社，1987年。
金岡秀友校注『般若心経』講談社学術文庫，2001年。
鎌田東二『聖地への旅——精神地理学事始』青弓社，1999年。
楠正弘編『解脱と救済』平楽寺書店，1983年。
西郷信綱『古代人と夢』平凡社，1972年。
荘子／金谷治訳注『荘子』（第1冊 内篇），岩波文庫，1971年。
鶴見和子編『南方熊楠——地球志向の比較学』（日本民俗文化大系4），講談社，1978年。
長尾雅人・戸崎宏正訳『大乗仏典1 般若部経典』中公文庫，2001年。
西島建男『新宗教の神々』講談社現代新書，1988年。
ニーチェ，F.／信太正三訳『悦ばしき知識』（ニーチェ全集8），ちくま学芸文庫，1993年（原著：1882-87年）。
橳島次郎『神の比較社会学』弘文堂，1987年。
広井良典『死生観を問いなおす』ちくま新書，2001年。
ベンヤミン，W.／今村仁司ほか訳『パサージュ論』全5巻，岩波書店，1993-95年（原著：1982年）。
堀一郎『我が國民間信仰史の研究』1・2，東京創元社，1955年，1953年。
宮本要太郎「聖者のパラドックス」島岩・坂田貞二編『聖者たちのインド』春秋社，2000年。
柳田國男「先祖の話」（柳田國男全集15），筑摩書房，1998年。
ユング，C.G.／林道義訳『元型論』（増補改訂版），紀伊國屋書店，1999年（原著：1976年）。
歴史学研究会編『再生する終末思想』（シリーズ歴史学の現在5），青木書店，2000年。
Eliade, M., *The Myth of Eternal Return*, Princeton University Press, 1954.（＝堀一郎訳『永遠回帰の神話』未來社，1963年）
Eliade, M., *Myths, Dreams, and Mysteries: The Encounter between Contemporary Faiths and Archaic Realities*, Harper & Row, 1960.（＝岡三郎訳『神話と夢想と秘儀』国文社，1972年）
Weatley, P., *Nagara and Commandery: Origins of the Southeast Asian Urban Tradition*（University of Chicago Geography Research Papers），University of Chicago, 1983.

◆第 10 章

板垣雄三『「対テロ戦争」とイスラム世界』岩波新書, 2002 年。

市川裕『ユダヤ教の精神構造』東京大学出版会, 2004 年。

ヴェーバー, M./大塚久雄訳『プロテスタンティズムの倫理と資本主義の精神』(改訳版), 岩波文庫, 1989 年（原著：1920 年）。

オットー, R./山谷省吾訳『聖なるもの』岩波文庫, 1968 年（原著：1917 年）。

ジェイムズ, W./桝田啓三郎訳『宗教的経験の諸相』上・下, 岩波文庫, 1969-70 年（原著：1901-02 年）。

シュライエルマッハー, F./佐野勝也・石井次郎訳『宗教論』岩波文庫, 1949 年（原著：1799 年）。

土屋恵一郎『正義論／自由論——寛容の時代へ』岩波現代文庫, 2002 年。

鶴岡賀雄「『神秘主義の本質』への問いに向けて」『東京大学宗教学年報』18, 1-14 頁, 2000 年。

橋爪大三郎『人間にとって法とは何か』PHP 新書, 2003 年。

深澤英隆「『体験』と『伝統』——近年の神秘主義論争に寄せて」脇本平也・柳川啓一編『宗教体験への接近』(現代宗教学 1), 東京大学出版会, 1992 年。

深澤英隆「『宗教』の生誕——近代宗教概念の生成と呪縛」関一敏ほか編『宗教とは何か』(岩波講座 宗教 1), 岩波書店, 2003 年。

フーコー, M./渡辺守章訳『性の歴史 1 知への意志』新潮社, 1986 年（原著：1976 年）。

古矢旬『アメリカ——過去と現在の間』岩波新書, 2004 年。

堀米庸三『正統と異端——ヨーロッパ精神の底流』中公新書, 1964 年。

Grundmann, H., *Religious Movements in the Middle Ages*, translated by S. Rowan, University of Notre Dame Press, 1995.

Harpham, G. G., *The Ascetic Imperative in Culture and Criticism*, University of Chicago Press, 1987.

McGinn, B., "Appendix: Theoretical Foundations, The Modern Study of Mysticism", *The Foundations of Mysticism: Origins to the Fifth Century*, Crossroad, 1994.

Michel de Certeau, *The Mystic Fable, Volume 1: The Sixteenth and Seventeenth Centuries*, translated by M. B. Smith, University of Chicago Press, 1992.

Proudfoot, W., *Religious Experience*, University of California Press, 1985.

Smith, W. C., *The Meaning and End of Religion*, Fortress Press, 1991.

Stout, J., *The Flight From Authority: Religion, Morality, and the Quest for Autonomy*, University of Notre Dame Press, 1981.

Stout, J., *Ethics After Babel: The Languages of Morals and Their Discontents*, Beacon Press, 1988.

Stout, J., *Democracy and Tradition*, Princeton University Press, 2004.

◆第 11 章

ウィルソン, B./池田昭訳『セクト──その宗教社会学』平凡社, 1972 年 →（再刊）『宗教セクト』恒星社厚生閣, 1991 年（原著：1970 年）。

ヴェーバー, M./大塚久雄・生松敬三訳『宗教社会学論選』みすず書房, 1972 年（原著：1916-20 年）。

キッペンベルク, H. G./月本昭男・渡辺学・久保田浩訳『宗教史の発見──宗教学と近代』岩波書店, 2005 年（原著：1997 年）。

シュタイナー, F./井上兼行訳『タブー』せりか書房, 1970 年（原著：1956 年）。

鈴木中正編『千年王国的民衆運動の研究──中国・東南アジアにおける』東京大学出版会, 1982 年。

関一敏『聖母の出現──近代フォーク・カトリシズム考』日本エディタースクール出版部, 1993 年。

デュルケム, E./古野清人訳『宗教生活の原初形態』上・下, 岩波文庫, 1941-1942 年（原著：1912 年）。

ピアジェ, J./大伴茂訳『児童の世界観』（臨床児童心理学 II), 同文書院, 1955 年（原著：1926 年）。

フロイト, S./高橋義孝ほか訳「トーテムとタブー」井村恒郎ほか編『文化・芸術論』（フロイト著作集 3), 人文書院, 1969 年（原著：1912-13 年）。

マレット, R. R./竹中信常訳『宗教と呪術──比較宗教学入門』誠信書房, 1964 年（原著：1909 年）。

村上重良『世界の宗教』岩波ジュニア新書, 1980 年。

村上重良『日本の宗教』岩波ジュニア新書, 1981 年。

ルソー, J.-J./桑原武夫・前川貞次郎訳『社会契約論』岩波書店, 1954 年（原著：1761 年）。

Smith, W. C., *The Meaning and End of Religion*, Harper and Row, 1963.

Tylor, E. B., *Primitive Culture*, Murray, 1871.

◆第 12 章

アサド, T./中村圭志訳『宗教の系譜──キリスト教とイスラムにおける権力の根拠と訓練』岩波書店, 2004 年（原著：1993 年）。

池上良正ほか編『宗教とはなにか』（岩波講座 宗教 1), 岩波書店, 2003 年。

ヴェーバー, M./大塚久雄・生松敬三訳『宗教社会学論選』みすず書房, 1972 年（原著：1916-20 年）。

島薗進・鶴岡賀雄編『〈宗教〉再考』ペリカン社, 2004 年。

田川建三『歴史的類比の思想』（新装版), 勁草書房, 1983 年。

藤原聖子『「聖」概念と近代──批判的比較宗教学に向けて』大正大学出版会, 2005。

Smith, W. C., *The Meaning and End of Religion: A New Approach to the Religious Traditions of Mankind*, Macmillan, 1963.

Taylor, M. C. ed., *Critical Terms for Religious Studies*, University of Chicago Press, 1998.

朝日新聞社「科学者の4割『神を信じる』米で調査　80年前と変わらず」, 朝日新聞, 1997年4月4日。

Committee for the Scientific Investigation of Claims of the Paranormal, http://www.csicop.org/

Leading scientists still reject God, Edward J. Larson, http://www.stephenjaygould.org/ctrl/news/file002.html, 2005年12月。

## ◆第13章

石井研士『都市の年中行事――変容する日本人の心性』春秋社, 1994年。

エリクソン, E. H./星野美賀子訳『ガンディーの真理――戦闘的非暴力の起源』1・2, みすず書房, 1973-74年（原著：1969年）。

樫尾直樹編『スピリチュアリティを生きる』せりか書房, 2002年。

川崎信定訳『チベットの死者の書』ちくま学芸文庫, 1993年。

キューブラー＝ロス, E./川口正吉訳『死ぬ瞬間』読売新聞社, 1971年（原著：1969年）。

ジェイムズ, W./桝田啓三郎訳『宗教的経験の諸相』上・下, 岩波文庫, 1969-70年（原著：1901-02年）。

デュルケム, E./井伊玄太郎訳『社会分業論』講談社学術文庫, 1989年（原著：1893年）。

ハックスリー, A./中村保男訳『永遠の哲学――究極のリアリティ』平河出版社, 1988年（原著：1945年）。

バニヤン, J./池谷敏雄訳『天路歴程』正・続, 新教出版社, 1976年（原著：1678年, 1684年）。

フロイト, S./高橋義孝ほか訳「トーテムとタブー」井村恒郎ほか編『文化・芸術論』（フロイト著作集3）, 人文書院, 1969年（原著：1912-13年）。

フロイト, S./浜川祥枝訳「ある幻想の未来」井村恒郎ほか編『文化・芸術論』（フロイト著作集3）, 人文書院, 1969年（原著：1927年）。

ベルクソン, H./平山高次訳『道徳と宗教の二源泉』岩波文庫, 1953年（原著：1932年）。

安丸良夫『出口なお』朝日新聞社, 1987年。

ユング, C. G./宇野昌人ほか訳『心霊現象の心理と病理』法政大学出版局, 1982年（原著：1902年）。

ユング, C. G./湯浅泰雄・黒木幹夫訳『東洋的瞑想の心理学』創元社, 1983年（原著：1958年）。

Fowler, J. W., *Stages of Faith: The Psychology of Human Development and the Quest for Meaning*, Harper, 1995.

全国霊感商法対策弁護士連合会編『霊感商法の実態』, http://www.1k.mesh.ne.jp/

reikan/, 2005年5月。

日本経済新聞社「私の履歴書」日本経済新聞連載（日本経済新聞社編『私の履歴書』のバックナンバーは図書館などでも読むことができるだろう）。

## ◆第14章

アサド, T.／中村圭志訳『宗教の系譜——キリスト教とイスラムにおける権力の根拠と訓練』岩波書店, 2004年（原著：1993年）。

アサド, T.／中村圭志訳『世俗の形成——キリスト教, イスラム, 近代』みすず書房, 2006年（原著：2003年）。

ウィルソン, B.／池田昭訳『セクト——その宗教社会学』平凡社, 1972年→（再刊）『宗教セクト』恒星社厚生閣, 1991年（原著：1970年）。

ヴェーバー, M.／大塚久雄・生松敬三訳『宗教社会学論選』みすず書房, 1972年（原著：1916-20年）。

ウェーバー, M.／武藤一雄ほか訳「宗教社会学」（経済と社会, 第2部第5章）創文社, 1976年（原著：1956年）。

エリアーデ, M.／風間敏夫訳『聖と俗——宗教的なるものの本質について』法政大学出版局, 1969年（原著：1957年）

エリアーデ, M.／久米博訳『宗教学概論』1～3（エリアーデ著作集1～3）, せりか書房, 1974年（原著：1949年）。

オットー, R.／華園聰麿訳『聖なるもの』創元社, 2005年（原著：1917年）。

オベーセーカラ, G.／渋谷利雄訳『メドゥーサの髪——エクスタシーと文化の創造』言叢社, 1988年（原著：1981年）。

カイヨワ, R.／内藤莞爾訳『聖なるものの社会学』弘文堂, 1971年（原著：1951年）。

カサノヴァ, J.／津城寛文訳『近代世界の公共宗教』玉川大学出版部, 1997年（原著：1994年）。

カーンズ, M. C.／野崎嘉信訳『結社の時代——19世紀アメリカの秘密儀礼』法政大学出版局, 1993年（原著：1989年）。

ケペル, G.／中島ひかる訳『宗教の復讐』晶文社, 1992年（原著：1991年）。

宗教社会学研究会編『教祖とその周辺』雄山閣出版, 1987年。

高取正男『神道の成立』平凡社, 1979年。

竹沢尚一郎『象徴と権力——儀礼の一般理論』勁草書房, 1987年。

ターナー, V. W.／富倉光雄訳『儀礼の過程』（新装版）, 思索社, 1996年（原著：1969年）。

タンバイア, S.／多和田裕司訳『呪術・科学・宗教——人類学における「普遍」と「相対」』思文閣出版, 1996年（原著：1990年）。

ニーバー, H. R.／柴田史子訳『アメリカ型キリスト教の社会的起源』ヨルダン社, 1984年（原著：1929年）。

バタイユ, G.／中山元訳『呪われた部分——有用性の限界』筑摩書房, 2003年（原著：1948-54年）。

浜本満『秩序の方法——ケニア海岸地方の日常生活における儀礼的実践と語り』弘文堂，2001 年。

バレット，L. E.／山田裕康訳『ラスタファリアンズ——レゲエを生んだ思想』平凡社，1996 年（原著：1988 年）。

ファン=ヘネップ，A.／綾部恒雄・綾部裕子訳『通過儀礼』弘文堂，1977 年（原著：1909 年）。

フレイザー，J.／永橋卓介訳『金枝篇』岩波文庫，1951-52 年（原著：1890；1922 年）。

フロイト，S.／高橋義孝ほか訳「トーテムとタブー」井村恒郎ほか編『文化・芸術論』（フロイト著作集 3），人文書院，1969 年（原著：1912-13 年）。

ベラー，R. N.／河合秀和訳『社会変革と宗教倫理』未来社，1973 年（原著：1964 年）。

マリノフスキー，B.／宮武公夫・高橋巌根訳『呪術・科学・宗教・神話』人文書院，1997 年（原著：1948 年）。

森岡清美『真宗教団と「家」制度』創文社，1962 年。

ユルゲンスマイヤー，M. K.／阿部美哉訳『ナショナリズムの世俗性と宗教性』玉川大学出版部，1995 年（原著：1993 年）。

レヴィ=ストロース，C. G.／仲沢紀雄訳『今日のトーテミスム』みすず書房，1970 年（原著：1962 年）。

ロバートソン，R.／田丸徳善監訳『宗教の社会学——文化と組織としての宗教理解』川島書店，1983 年（原著：1970 年）。

ワースレイ，P.／吉田正紀訳『千年王国と未開社会』紀伊國屋書店，1981 年（原著：1968 年）。

Burridge, K., *Mambu: A Melanesian Millennium*, Routledge, 2004 (1960).

Smith, J. Z., *Imagining Religion: From Babylon to Jonestown*, University of Chicago Press, 1982.

Tylor, E. B., *Primitive Culture*, Murray, 1871.

## ◆第 15 章

ウンターマン，A.／石川耕一郎・市川裕訳『ユダヤ人——その信仰と生活』筑摩書房，1983 年（原著：1981 年）。

デイヴィス，S. T. 編／本多峰子訳『神は悪の問題に答えられるか——神義論をめぐる 5 つの答え』教文館，2002 年（原著：1982 年）。

中沢新一『チベットのモーツァルト』せりか書房，1983 年。

ヒック，J.／間瀬啓允訳『神は多くの名前をもつ——新しい宗教的多元論』岩波書店，1986 年（原著：1980 年）。

藤原聖子「報復攻撃に対するキリスト教諸派・大学知識人の反応」『大正大学研究論叢』〔特集「9.11 テロと大学」〕，11，80-112 頁，2003 年。

三島憲一「自由意志」『哲学・思想事典』岩波書店，1998 年。

Walzer, M., *Just and Unjust Wars: A Moral Argument with Historical Illustrations*, 3rd ed., Basic Books, 2000.

The Society of Christian Ethics, http://www.scethics.org/, 2002年1月11日。
"The Many Faces of Terrorism", http://www.wagingpeace.org/articles/2001/10/00_knelman_many-faces.htm, 2001年10月。
『コリーナ・コリーナ』(ジェシー・ネルソン監督), 1994年。
『コンタクト』(ロバート・ゼメキス監督), 1997年。
『スター・ウォーズ』(ジョージ・ルーカス監督), 1977年。
『ドグマ』(ケヴィン・スミス監督), 1999年。
『マトリックス』(アンディ・ウォシャウスキー, ラリー・ウォシャウスキー監督), 1999年。
『略奪の大地』(リュドミル・スタイコフ監督), 1988年。

## ◆第16章

上野千鶴子編『構築主義とは何か』勁草書房, 2001年。
ウンターマン, A./石川耕一郎・市川裕訳『ユダヤ人——その信仰と生活』筑摩書房, 1983年(原著:1981年)。
エック, D./池田智訳『宗教に分裂するアメリカ——キリスト教国家から多宗教共生国家へ』2005年(原著:2001年)。
太田好信『民族誌的近代への介入——文化を語る権利は誰にあるのか』人文書院, 2001年。
片倉もとこ『イスラームの日常世界』岩波新書, 1991年。
川橋範子・黒木雅子『混在するめぐみ——ポストコロニアル時代の宗教とフェミニズム』人文書院, 2004年。
サイード, E. W./板垣雄三監訳『オリエンタリズム』平凡社, 1986年(原著:1978年)。
千田有紀「フェミニズムと植民地主義——岡真理による女性性器切除批判を手がかりとして」『大航海』〔特集「漂流するジェンダー」〕, 43, 新書館, 2002年。
中村哲「報道されないタリバンの素顔——17年間医師としてアフガンに暮らして」『中央公論』116(12), 2001年。
複数文化研究会編『〈複数文化〉のために——ポストコロニアリズムとクレオール性の現在』人文書院, 1998年。
古谷嘉章『異種混淆の近代と人類学——ラテンアメリカのコンタクト・ゾーンから』人文書院, 2001年。
メンミ, A./菊池昌實ほか訳『イスラエルの神話——ユダヤ人問題に出口はあるか』新評論, 1983年(原著:1966年)。
八木久美子「『イスラム服』の訴えるもの——イスラム復興現象の中での女性」片岡幸彦編『地球村の行方』新評論, 1999年。
Brown, K, M., *Mama Lola: A Vodou Priestess in Brooklyn*, University of California Press, 1991.
Olupona, J. K. ed., *Beyond Primitivism: Indigenous Religious Traditions and*

*Modernity*, Routledge, 2004.

Raboteau, A. J., *Slave Religion: The "Invisible Institution" in the Antebellum South*, Updated ed., Oxford University Press, 2004.

The Circumcision Information and Resource Pages, http://www.cirp.org/

"U.S. Supreme Court Ruling, on Santeria Animal Sacrifices", http://www.religioustolerance.org/santeri1.htm, 2000年8月。

『僕たちのアナバナナ』(エドワード・ノートン監督), 2000年。

『ワッツタックス』(メル・スチュアート監督), 1972年。

## ●事項索引●

### ◇あ 行

愛
　　――の宗教　192
　　神の――　138
　　神への――　152
アイデンティティ　208,263,264
愛別離苦　138
アクシス・ムンディ（世界の軸）　144,194
悪人正機　147
アーシューラー　45
アッラー　246
アニミズム　19,22,29,30,127,163,164,166,171,218,220,230
アノミー（規範喪失）　214
アブラハムの宗教　146
アフラ・マズダ　146
アフリカの宗教　267
天照大神　228
アメリカ同時多発テロ　→テロ
阿羅漢　141
アラベスク　54
アーリア人崇拝　257
アーリマン（ダエーワ）　146
アルカイダ　63,156
安穏廟　51
家（イエ）　4,35,51,90,102,108
異　教　220
イギリス国教会　236
畏敬の念　32
生け贄　267
イザナギ　28,126
イザナミ　28,126
イスラーム　22,45,50,54,57,64,76,85,109,111,119,137,141,152,168,171,172,176,187,193,194,224,232,235,250,255,262,270
　　――過激派　63,76,156
　　――主義（原理主義，復興運動）75,82,235
　　――神秘主義　→スーフィズム
　　――のシーア派　45,60
　　――のスンニー派　237
　　進歩的――　64
イスラム教徒（ムスリム）　45,60,85,143,246,262
イスラム法（シャリーア）　75,152
イスラム法学者（ウラマー）　69,237
イタコ　113
一神教　→唯一神教
遺伝子操作（生命操作）　16,18,153
稲荷信仰　170
いのち
　　――の実感　37
　　――の操作　16
　　――の始まり　14
　　永遠の――　12,17
祈　り　48,96,98,100,112,116,122
異文化理解　219
癒　し　43,86,176
イラク戦争　60
イラン革命　69,75,235
インド人民党（BJP）　235
ウタキ（御嶽，御岳）　142
宇　宙　134,144,159,221
ウンマ　109,128
永遠の哲学　200
英国心霊科学協会　210
エキュメニズム　201

エバ（イヴ） 268
エホバの証人 73,177
エルサレム 88,103,143
縁　起 65
オウム真理教 13,16,38,58,106,150,
　172,184,249
オスマン・トルコ帝国 246
オリエンタリズム 219,241,262,264
オレンダ →マナ
怨憎会苦 138
陰陽道 28

◇か　行

改革派 269
外婚制 224
改　宗 193,198,246,264
回　心 174,198,209
戒　律 48,152
家　郷 91
革命派 268
カーゴ・カルト 238
家族（家庭） 17,32,34,36,97,174
学　校 38
合致的集団 34
割　礼 271
カトリック 56,201,242,267
カトリック教会 14,16,58,65,96,235,
　236
カーバ神殿 143,194
カバラー 150
寡婦殉死（サティ） 271
神　12,17,28,35,44,54,56,72,98,100,
　102,109,128,146,163,167,178,191,
　232,234,246,250,252,254
　――の意志　75,135
　――の啓示　134
カムサ 126
カリスマ 107,165,229

カルヴァン派 236
カルヴィニズムの倫理 153
カルト 34,58,81,82,110
環境問題 30,153,167
環境倫理 31,191
感染呪術 222
観音信仰 176
緩和ケア 21
喜捨・救貧 64
機能主義 219,238,240
救済（宗教） 111,131,141,170,172,
　174,176,195,215,229,230,236,260
　世俗的―― 145
救済論 135,140
救世主（メシア） 135,137,172,176,
　228
旧約聖書 45,56,123
教育基本法 38
教　学 121,277,278
共感呪術 222
教　義 64,96,112,116,120,162,246
教　祖 140,172,184
教　団 108
教　典 →聖典
経典（お経） 23,116,119,122,268
教派神道 5,173
キリスト教 5,22,50,54,61,73,76,82,
　111,119,127,128,134,137,138,141,
　143,150,152,154,168,171,172,176,
　193,198,216,220,224,232,235,248,
　250,252,254,256,269
　――神秘主義 150
　保守的（派）―― 69,74,82,251
儀　礼 36,39,90,96,99,100,103,112,
　127,144,162,165,185,220,223,224,
　226
儀礼主義 96
禁　忌 100,103

事項索引　299

近代宗教　231
「近代の超克」論　249
禁　欲　96,105,112,153,195,270
苦（苦難）　45,138
空　130,249
偶像崇拝　54,171,241
クエーカー（フレンド派）　177,236
供　犠　13,100,163,224,226
苦　行　45,96,103,105,153
求不得苦　138
グリーフワーク　21
グ　ル　141
クルアーン　→コーラン
クレオール　266
黒住教　173,177
グローバル化　36,62,84,109,145,266
　反――運動　63
クローン人間　16,255
穢れ（ケガレ）　126,227
解　脱　34,130,147,172,268
血盆経　57
権　威　58,69,106,144
健　康　42
原始宗教　162,214,218,222,224
現世利益　85,99,136,138,171
現代宗教　231
原理主義（ファンダメンタリズム）
　62,74,76,82,217,235
言論の自由　38
公共宗教　73,235
公共心　33
構造主義　243,249
構造主義人類学　219
構築主義　264,266,269
合理化　215,223,229
五陰盛苦　138
国　学　129
極楽浄土　22,24

穀霊信仰　127
「古事記」　28
個人化　36
ゴスペル　263
コスモゴニー（宇宙の創生，創世神話）
　134,144
古代宗教　231
「胡蝶の夢」　132
国家神道　5,33,68,169,179,187,257
国教制　69
言　霊　116
コムニタス　227
コーラン（クルアーン）　57,77,84,
　116,119,193,229,246,268
金光教　173,177

◇さ　行

サイコヒストリー　208
祭　司　112
祭　祀　100
坐　禅　99,105,150
サバルタン　261
サンガ　→僧伽
参　拝　102
死　16,20,24,127,130,210
　――の比較文化　22
シーア派　45,60,69
シオン修道会　242
四苦八苦　138
司　祭　112
自　殺　81,88,238
死者儀礼　71
死生観　20,22,127,276
自　然　28,30
地蔵信仰　176
寺檀制度　4
実体主義　248
自然法爾（法爾自然）　28

ジハード →聖戦
慈悲 65
市民宗教 69,72,178
社会学 214,276
社会革命 72
社会契約説 157
『社会契約論』 178
社会行動 64
社会参加仏教 51
捨身供養 13
シャハーダ（信仰告白） 246
シャーマニズム 22,163,167,171
シャーマン 113,228,230
シャリーア →イスラム法
自由意志 253,254
宗教NGO 64
宗教改革 89,119,155,177
宗教学 6,151,185,186,188,190,192,194,218,221,260,274,276,278
宗教観 187,188,246,251,260
宗教起源論 165,166,218,220,224
宗教教育 38,235
宗教現象学 221
宗教社会学 165,216,234,236,278
宗教集団類型論 →類型論
宗教心理学 278
宗教人類学 165,218,278
宗教性 59,102,236,263
宗教制度 48
宗教戦争 60,257
宗教体験 87,116,133,141,151,200,216,220,246
宗教多元論（多元主義, プルーラリズム） 246
宗教的アイデンティティ 170
宗教的情操 32,38
宗教哲学 159,161,278
宗教の進化 230

宗教の本質 158
宗教文化 19,170,218,231
宗教民俗学 218
集合的沸騰 214,240
十字軍 128
住職 112
宗祖 140
終末信仰 146
終末論 77,127,137,138
修行 49,97,104
儒教 28,35,127,172,175,232
修行者（ヨーギ） 243
呪術 163,215,222,231
「出エジプト記」 152
「十戒」 152
出家 49
受難 45
殉教 13,25,45
殉死 13
巡礼 45,103,105,176
象徴 240,243
小伝統 170
浄土真宗 106,112,233
贖罪 138
女子割礼（FGM） 271
女性差別 →性差別
諸法無我 220
神学 120,154,158,189,277,278
人格崇拝 203
進化論 234,255
信教の自由 5,38,68,73,80,178,267
神義論（弁神論） 44,215,252
シンクレティズム 168,232,266
信仰 96,99,104,106,116,119,140,185,191,198,204,260,278
新興宗教 5,177
信仰治療 43
神社神道 5,91,172

新宗教　111,136,172,175,176,195,200,209
神聖王　228
神道　28,38,72,127,128,147,168,170,172,232
神道儀礼　71
神秘主義　96,99,150,195,216,237
神秘体験　150,198,200
神父　35,60,112
神仏習合　128,233
人民寺院　238
新約聖書　56,106,192,198,229
心理学　198,202,276
心理療法　87,202
神話　25,116,118,162,229,234
　──的思考　225
枢軸時代（軸の時代）　174,229
救い　139,172,195
スコラ学　150
スサノオ　128
スピリチュアリティ（霊性）　31,37,43,46,85,87,175,207,217,235,237
スーフィー　→スーフィズム
スーフィズム（イスラーム神秘主義）　150,200
性　56,269
　──差別　56,109,268,270
　──的虐待　58
正義　156
政教一致社会　74
政教分離（ライシテ）　5,39,68,72,74,178,235
聖餐　224
聖者（聖人）　56,141
聖者崇拝　141,171,176
聖書　50,72,77,82,84,116,119,123,134,193,236,255,268
聖職者　56,112,173,193,236

精神世界　87,237
精神分析　210
正戦　257
聖戦（ジハード）　13,25,76,156,169,257
聖像　54
聖地　97,103,142,176,194
聖典（教典）　25,56,84,117,119,122,268
正統と異端　154
聖と俗　220
聖なるもの　86,178,200,207,220,234,240
聖務　48
生命操作　→遺伝子操作
生命の質（QOL）　21
生命倫理　191,276
成立宗教　170
精霊　166
　──（への）信仰　167,220
世界宗教　175,231,268
セクト　177,216,236
セジ　164
世俗化　109,216,234
世俗的救済　145
世俗的合理主義　175
世俗内禁欲　153
絶対神　146,253
善悪二元論　146,156,256
宣教師　112
戦争　→紛争
先祖祭祀　→祖先崇拝
先達　46,58
千年王国論　137
洗脳　110,185
選民思想　257
創価学会　177
臓器移植　18

僧伽（サンガ） 69,109
『荘子』 132
葬式仏教 51
創唱宗教 109,144
「創世記」 30,56
創世神話 →コスモゴニー
曹洞宗 91
草木成仏 28
僧侶 50,64,112,173,243
祖師 140
組織的宗教 170
祖先崇拝（祖先祭祀） 4,90,140
祖霊信仰論 127
ゾロアスター教 137,146,167
尊厳死 74

◇た 行

大師信仰 176
大乗仏教 65,152,176,232
代替療法 43
大伝統 171
第二バチカン公会議 61,65,201
太陽寺院 238
他界観 126
多神教 128,167,220,250
堕 胎 →妊娠中絶
脱呪術化 223
タブー 163,164,224
WHO（世界保健機関） 42
多文化主義（マルチカルチュラリズム） 74,266
たま（魂，魄，霊） 127
タリバン政権 75,76
タンキー 113
断食月 →ラマダーン
地域共同体（地域社会） 23,36,50,90,97,109,171
『チベットの死者の書』 122

チベット仏教 55,85
チャーチ 216,236
超常現象 190
鎮守の森（杜） 91,142
通過儀礼 97,101,227
剃 髪 243
哲 学 188,200,276
デノミネーション（教派） 177,216,237
テロ 2,63,76,81,156,238
　9.11（同時多発）── 60,76,128,146,240,252,257,262,270
天 国 22,57,250,268
転 生 127
転生活仏 85
伝道（布教） 110,145,174,205
伝道師 112
伝統宗教 87,90
天理教 107,172,177
ドイツ神秘主義 151
道 教 28,127,168,233
東方正教会 155
独身制 34,112
土着主義 267
トーテミズム 163,214,224
トーテムポール 261
トランスパーソナル心理学 235

◇な 行

ナーガールジュナ 130
嘆きの壁 88,143
ナショナリスト 235
ナショナリズム 37,69,70,75,128,167,169,179
二元論 →善悪二元論
尼 僧 57
日蓮主義運動 69
「日本書紀」 28

ニューエイジ　87, 237, 247, 249
女人禁制　46, 56
如来教　177
妊娠中絶（堕胎）　14, 74, 157, 251
涅槃　13, 130, 138
年中行事　90, 97, 170
脳死　18
祝詞　122
ノロ　113

◇は　行

ハイブリッド　266
博愛主義　242
剥奪理論　238
ハシディズム　150
八正道　130
バプティスト　236
バラカ　→マナ
パレスチナ問題　62, 76
汎神論　29
般若心経　123, 131
ヒエロファニー　221
比較宗教　270
否定神学　150
ビハーラ　51
ヒューマニズム　251
ピューリタン　242
ヒンドゥー教　22, 128, 141, 168, 172, 235, 243, 249
ファンダメンタリズム　→原理主義
フェミニズム　268, 270
布教　→伝道
福音書　192, 229
福音派（エヴァンジェリカル）　14, 74, 82, 235
部族宗教　→未開宗教
仏教　5, 22, 28, 57, 71, 111, 119, 127, 128, 131, 138, 141, 147, 152, 168, 170, 172, 220, 232, 243, 249, 256
　行動する――（社会参加――）　51, 65
復古神道　129
ブッダガヤ　143
ブードゥー教　267
ブラフマン　249
プリースト　112
フリーメイソン　242
プレアニミズム　164
プロチョイス　14, 75
プロテスタント　14, 54, 56, 62, 82, 96, 112, 201, 203, 231, 241, 242
　――的宗教観　187
　――の保守派（保守的――）　16, 82, 157
　禁欲的――　215
プロライフ　14, 75
文化人類学　170, 219, 276
紛争（戦争）　60, 64, 139, 257
　イラク――　60
文明の衝突　86, 128
ヘブンズ・ゲート事件　88
ベール　270
変成男子　57
ペンテコステ派　83
法（ダルマ）　109, 111
暴力　226
牧師　112
菩薩　129, 136, 141, 232
ポストコロニアリズム　256, 262
ポストコロニアル批評　243, 260
ポストモダニスト　248, 251
ポストモダニズム　248
ホスピス　21
仏　17, 98, 100, 102, 109, 129, 232
ボランティア　50, 63, 65, 111
ホリスティック医療　235

本地垂迹　128,233
本質主義　264
煩悩　130,249

◇ま行

マイノリティ　262,264
マインドコントロール　80,110,185,205
枕経　122,211
魔女　269
マジョリティ　262
祭（祝祭）　36,90,97,101,171,201,226
マナ（オレンダ，バラカ，ワカン）　163,164,214
マナイズム　164,167,220
マニ教　256
マラーノ（ユダヤ人キリスト教徒）　265
マルチカルチュラリズム（マルチカルチュラル）　→多文化主義
「見えない宗教」　217
未開宗教（部族宗教）　163,171,188,231
水子供養　15
禊　126
道　104,111,277
ミフラーブ　54
民衆宗教　233
民俗学　127
民俗宗教　22,170,202,254
民族宗教　168,269
民俗文化　222
民族奉仕団（RSS）　235
無我　249
無宗教　2,97,185,187,250,252
無神論　129,250
ムスリム　→イスラム教徒

ムーダン　113
迷信　5,231
瞑想　96,98,112,136,150,195,200
女神崇拝　269
メシア　→救世主
メシアニズム　137
メソジスト派　177
メッカ　103,143
　──への巡礼　45
メディア・リテラシー　89
メノナイト派　177
モニュメンタリズム　70
モニュメント　143,261
もののあはれ　29
モルモン教　172,177

◇や行

八百万の神々　128
靖国参拝（靖国問題）　68,70,72
病（病気）　44,138
唯一神教（唯一絶対神信仰，一神教）　28,35,128,146,163,167,215,241,250,252,254,256
唯物論的科学主義　129
ユタ　44,113,209
ユダヤ教　73,96,134,137,138,143,150,152,168,224,250,252,257,265
　──指導者（ラビ）　264
ユダヤ人　61,76,257,264
ユートピア思想　175
夢　132
ユング心理学　45
善いサマリア人　50
預言者　107,113,172,228
　ユダヤの──　174
「ヨブ記」　45

◇ら 行

ライシテ →政教分離
来世中心主義　137
ライフスタイル　30,110
ラエリアン・ムーブメント（ラエリアン教団）　16,255
ラスタファリアニズム　243
ラ ビ　→ユダヤ教指導者
ラマダーン（断食月）　45
立正佼正会　177
律 法　152
律法主義　96
律令制度　233
リベラリズム（リベラル派）　187,252
利 益　136,185
臨死体験　23,211
隣人愛　152
輪 廻　12,127,130,147
輪廻転生　22
類感呪術（模倣呪術）　222
類型論　194,216,236
類似宗教　177
ルルドの泉　176
霊（霊魂）　22,44,100,126,163,166,211,250
霊感商法　86
霊 性　→スピリチュアリティ
礼 拝　54,97,100
　——の先導者（イマーム）　237
歴史宗教　175,176,230
蓮華入峯　46
ローカル化　84
ローマ・カトリック教会　34,56,155

◇わ 行

ワカン　→マナ
ワリー　141

## ●人名索引●

◇あ 行

アサド, T.　217
アンダーソン, B.　70,179
イエス　→イエス・キリスト
イエス・キリスト　54,106,134,138,
　152,154,174,199,228,246
ウィートリー, P.　144
ウェーバー, M.　107,153,165,172,
　175,195,214,216,223,229,231,236
エヴァンス゠プリッチャード, E. E.
　218
エマソン, R. W.　31
エリアーデ, M.　163,167,194,221
エリクソン, E. H.　208
オットー, R.　159,220
折口信夫　127

◇か 行

カサノヴァ, J.　235
ガンディー, M.　208
ギアーツ, C.　219
キュブラー゠ロス, E.　21,210
キリスト　→イエス・キリスト
ケネディ, J. F.　178,217
孔　子　174
ゴータマ・ブッダ　→ブッダ
コドリントン, R.　164
ゴーラー, J.　20
コント, A.　214

◇さ 行

ジェイムズ, W.　151,198
釈　迦　34,57,129
シュライエルマッハー, F.　159

ジラール, R.　226
親　鸞　106,147
鈴木大拙　47
スミス, R.　225
ソクラテス　174
ソロー, H. D.　31
ソンダース, C.　21

◇た 行

タイラー, E.　164,166,218,220
ダーウィン, C.　234
ダグラス, M.　227
ターナー, V.　227
ダライラマ　85
ティク・ナット・ハン　65
ティリッヒ, P.　221
デュルケム, E.　163,165,203,214,216,
　218,220,223,224,226,238,240
トクビル, A. de　214
トレルチ, E.　216,236

◇な 行

中山みき　107
ニーチェ, F.　129,234
ニーバー, H. R.　216,237

◇は 行

パスモア, J.　31
バタイユ, G.　225,226
ハックスリー, A.　200
ファウラー, J. W.　209
ファン゠ヘネップ, A.　101,227
フーコー, M　153
ブッシュ, G. W.　60,128,146,156
ブッダ　107,109,130,138,174,229

307

フレイザー, J.　218, 222, 225
フロイト, S.　55, 153, 165, 218, 224, 226
ベラー, R.　69, 175, 178, 217, 231
ベンヤミン, W.　133
法然　107, 147
ホメイニー, R.　69
ホワイト, L. Jr.　30

◇ま　行

マリノフスキー, B.　218, 223
マルクス, K.　214
マレット, R.　164, 220
南方熊楠　142
ミュラー, M.　192
ムーディ, R. Jr.　23
ムハンマド（マホメット）　45, 61, 107, 109, 228
モーセ　134, 228
本居宣長　29

◇や　行

ヤスパース, K.　174, 229
柳田國男　90, 127
ユング, C. G.　133, 202, 209
ヨハネ・パウロ2世　61

◇ら　行

リンカーン, A.　217
ルソー, J.-J.　178
ルター, M.　88
ルックマン, T.　217
レヴィ=ストロース, C. G.　219, 225, 243
レッドフィールド, R.　170, 218

◇わ　行

ワシントン, G.　217
和辻哲郎　29

◆編者紹介

島薗　進　上智大学グリーフケア研究所所長
　　　　　東京大学名誉教授

葛西賢太　上智大学グリーフケア研究所特任准教授

福嶋信吉

藤原聖子　東京大学大学院人文社会系研究科教授

宗教学キーワード
*Keywords in Religious Studies*　　有斐閣双書

2006年 9 月30日　初版第 1 刷発行
2020年12月25日　初版第10刷発行

編　者　　島薗　　進
　　　　　葛西　賢太
　　　　　福嶋　信吉
　　　　　藤原　聖子

発行者　　江草　貞治

東京都千代田区神田神保町 2-17
発行所　　株式会社　有　斐　閣
電話　(03)3264-1315〔編集〕
　　　(03)3265-6811〔営業〕
郵便番号 101-0051
http://www.yuhikaku.co.jp/

印刷　図書印刷株式会社・製本　牧製本印刷株式会社
© 2006, Susumu Shimazono, Kenta Kasai, Shinkichi Fukushima,
Satoko Fujiwara. Printed in Japan
落丁，乱丁本はお取替えいたします。

★定価はカバーに表示してあります。

ISBN4-641-05883-0

Ⓡ 本書の全部または一部を無断で複写複製(コピー)することは，著作権法上での例外を除き，禁じられています。本書からの複写を希望される場合は，日本複製権センター(03-3401-2382)にご連絡ください。